全国水利行业规划教材　高职高专水利水电类
中国水利教育协会策划组织

生产建设项目水土保持

主　编　王青兰　黄百顺
副主编　黄梦琪　谢　娟
主　审　张德喜

黄河水利出版社
·郑州·

内容提要

本书是全国水利行业规划教材，是根据中国水利教育协会全国水利水电高职教研会制定的生产建设项目水土保持课程标准编写完成的。本书内容包括水土保持生态建设基础知识、生产建设项目水土流失防治技术、水土保持方案编制方法及典型工程水土保持方案分析等几部分。水土保持生态建设基础知识包括绪论以及第一章至第四章的内容；生产建设项目水土流失防治技术为第五章至第十三章的内容；第十四章、第十五章为水土保持方案编制方法与典型工程水土保持方案分析的内容。

本书可作为高职高专院校水利水电工程类专业、建筑工程类专业、交通工程类专业、城镇建设和工矿业开发等工程类专业的教科书，并可供农业、林业、水利、环境保护、城市管理等部门及相关科研单位、生产单位的有关技术人员参考使用。

图书在版编目(CIP)数据

生产建设项目水土保持/王青兰，黄百顺主编. —郑州：黄河水利出版社，2013.10

全国水利行业规划教材

ISBN 978-7-5509-0549-8

Ⅰ.①生… Ⅱ.①王… ②黄… Ⅲ.①基本建设项目-水土保持-高等职业教育-教材 Ⅳ.①S157

中国版本图书馆 CIP 数据核字(2013)第226713号

组稿编辑：王路平 电话：0371-66022212 E-mail：hhslwlp@163.com

出 版 社：黄河水利出版社

地址：河南省郑州市顺河路黄委会综合楼14层 邮政编码：450003

发行单位：黄河水利出版社

发行部电话：0371-66026940、66020550、66028024、66022620(传真)

E-mail：hhslcbs@126.com

承印单位：黄河水利委员会印刷厂

开本：787 mm×1 092 mm 1/16

印张：15.75

字数：360千字 印数：1—4 100

版次：2013年10月第1版 印次：2013年10月第1次印刷

定价：33.00元

前 言

本书是根据《教育部关于全面提高高等职业教育教学质量的若干意见》(教高[2006]16号)、《教育部关于推进高等职业教育改革创新引领职业教育科学发展的若干意见》(教职成[2011]12号)、《水利部、教育部关于进一步推进水利职业教育改革发展的意见》(水人事[2013]121号)等文件精神,由全国水利水电高职教研会拟定的教材编写规划,在中国水利教育协会指导下,由全国水利水电高职教研会组织编写的第二轮水利水电类专业规划教材。第二轮教材以学生能力培养为主线,具有鲜明的时代特点,体现出实用性、实践性、创新性的教材特色,是一套理论联系实际、教学面向生产的高职高专教育精品规划教材。

随着高新科学技术的迅猛发展,城市化、工业化进程的加快以及各类生产建设如公路建设、铁路建设、水利工程建设、电力工程建设和工矿企业建设等项目的增多,使得人为生产建设活动造成的水土流失对自然生态环境的影响越来越突出。目前,人们面临着人口、资源和环境三大难题,特别是环境问题已成为全社会关注的焦点,而水土流失作为我国的头号环境问题,直接影响着我国经济社会的可持续发展,并成为影响生态安全的最大隐患。因此,随着我国水土保持生态建设方面的法律法规、国家标准和技术规范的配套、完善与贯彻执行,生产建设项目水土保持方案的编制逐步步入制度化和规范化的轨道,生产建设项目水土保持的内容已渗透和应用到各类生产建设活动中。本书在介绍水土保持生态建设基础知识的基础上,重点对生产建设项目采取的水土保持技术、水土保持方案编制的方法以及各类典型工程水土保持方案分析等内容进行了较详细的讲解,以期达到通过依法编制水土保持方案,有效地防治生产建设活动造成的人为水土流失,使各类生产建设活动和水土保持生态建设的内容相互结合,全面落实"三同时"制度,确保水土保持生态建设在支撑经济社会可持续发展中发挥应有的作用。

本书编写人员及编写分工如下:山西水利职业技术学院王青兰编写绪论、第一章、第二章和第三章,杨凌职业技术学院霍海霞编写第四章和第十一章,浙江同济科技职业学院谢娟编写第五章和第十四章,安徽水利水电职业技术学院黄百顺编写第六章、第十三章和第十五章,杨凌职业技术学院黄梦琪编写第七章至第十章和第十二章。全书由王青兰和黄百顺担任主编,王青兰负责全书统稿,由黄梦琪、谢娟担任副主编,由河南水利与环境职业学院张德喜担任主审。

本书在编写过程中,参考和引述了国内相关教材、著作及许多专家近年研究的新成果。山西省水土保持科学研究所副所长杨才敏高级工程师、山西省水土保持科学研究所曲继宗高级工程师和河南水利与环境职业学院张德喜高级讲师等提出了许多宝贵的建议，黄河水利出版社给予了极大的支持和帮助。山西水利职业技术学院水利工程系、建筑工程系、道路与桥梁工程系和教务处等部门给予了积极的协助。在此谨向他们表示诚挚的谢意！

由于编者理论水平和实践经验有限，本书错误和疏漏之处在所难免，敬请读者批评指正。

编　者

2013 年 6 月

目　录

绪　论

【学习目标】

掌握我国各土壤侵蚀类型区的分布特点和重点防治区采取的防治措施类型;理解水土保持与相关学科和相关行业的相互联系;了解水土保持生态建设在维护水土资源的可持续利用、减免各种生态灾难,支撑经济、社会可持续发展方面的重要意义。

一、我国水土流失概况及成因

我国是世界上水土流失最为严重的国家之一。在全国陆地960万km^2的总土地面积中,山地、丘陵和高原的面积约占总土地面积的2/3,特殊的自然地形地势条件、社会经济基础以及随着各类生产建设项目的增多等原因,使得我国每年的水土流失总量达50亿t。水土流失的分布由山区、丘陵区、风沙区、大江大河的中上游地区(尤以长江上游和黄河中游最为严重)扩展到人为活动密集的生产建设项目区、城镇、平原区和沿海地区。据2002年全国遥感普查结果,我国水土流失总面积达492万km^2,占陆地总土地面积的51%,其中水力侵蚀面积179万km^2,风力侵蚀面积188万km^2,冻融侵蚀面积125 km^2,水蚀和风蚀两项面积合计达367万km^2。全国荒漠化土地总面积为263.62万km^2,占国土总面积的27.5%。全国沙化土地面积为173.97万km^2,占国土总面积的18.12%。又据第一次全国水利普查公告,土壤侵蚀的水力、风力侵蚀面积共计294.91万km^2,其中水力侵蚀129.32万km^2,风力侵蚀165.59万km^2。严重的水土流失和大面积的土地荒漠化、沙化直接影响着我国经济社会的可持续发展,水土流失作为头号环境问题已引起全社会的高度重视。

目前,我国《土壤侵蚀分类分级标准》(SL 190—2007)中按照形成水土流失的主要自然侵蚀外营力(主要考虑自然侵蚀外营力与土壤侵蚀高度关联而且较稳定的因素),将全国划分为3个一级土壤侵蚀类型区,即水力侵蚀类型区、风力侵蚀类型区和冻融侵蚀类型区。在此基础上又依据形态学原则(地质、地貌和土壤等形态),将三大侵蚀类型区划分为9个二级土壤侵蚀类型区,其中水力侵蚀类型区划分为西北黄土高原区、东北黑土区、北方土石山区、南方红壤丘陵区和西南土石山区5个二级类型区;风力侵蚀类型区划分为"三北"戈壁沙漠及沙地风沙区(主要分布在西北、华北和东北的西部,包括新疆、青海、甘肃、宁夏、内蒙古、陕西、黑龙江等省区的沙漠戈壁和沙地)和沿河环湖滨海平原风沙区(主要在山东黄泛平原、鄱阳湖滨湖沙地、福建和海南滨海区)2个二级类型区;冻融侵蚀类型区划分为北方冻融土侵蚀区(主要为东北大兴安岭山地及新疆的天山山地)和青藏高原冰川侵蚀区(在青藏高原和高山雪线以上)2个二级类型区。由于土壤侵蚀的范围和强度是一个动态变化过程,因此实践中还应特别重视利用土壤侵蚀动态监测评价的有关成果。

我国所处地理位置和地形地貌等自然条件的特殊性,自然资源在地域上分布的不平衡性所带来的资源开发利用与基础设施建设在南北（或东西）分布的不均匀格局，以及社会经济基础薄弱、人为生产建设活动范围急剧扩张和人为建设活动强度的增大，我国水土流失更多地体现在自然外营力与人类活动的外营力共同作用而形成，这也使得我国水土流失的类型更加多样化，成因更加复杂。尤其是生产建设项目产生的水土流失既有自然水土流失的普遍规律，也有与人为不合理活动密切相关促使水土流失加速形成的特点。如施工过程中不注意保护和合理利用水土资源或工程建设对地形地貌扰动程度过大或废弃固体物堆放不合理等都会加剧水土流失的形成。因此，水土流失的成因既受相对稳定的自然外营力的影响，又与人类不合理活动有着内在的联系。从而造成我国水土流失的分布具有地域上的不完整性、新增水土流失分布的不均衡性、水土流失形成的突发性、水土流失形式的多样性（如水力侵蚀、风力侵蚀、冻融侵蚀、滑坡和泥石流等侵蚀类型多且相互交错分布）、水土流失具有潜在危险性以及水土流失与环境污染相伴发生等特点，水土流失的危害已直接影响到我国经济社会的可持续发展。

2012 年，水利部颁布的《全国水土保持区划（试行）》将全国划分为 8 个一级区、41 个二级区和 117 个三级区。一级区为总体格局区，二级区为区域协调区，三级区为基本功能区。区划的目的是分区提出不同的生产发展方向和水土流失防治要求，水土保持区划将会在相当长的时期内有效指导一定范围内水土保持综合规划和单项规划。因此，水土保持区划是一种部门区划。为了便于管理，水土保持区划一般不打破行政界限，它与土壤侵蚀类型区以自然侵蚀外营力为主划分类型区有着本质的区别。

二、全国水土流失重点防治区的防治特点

根据我国水土流失的特点，为明确全国水土流失防治的重点区域，达到分区防治、分类指导，有效地预防和治理水土流失的目的。2006 年（2006 年水利部公告第 2 号）我国划定了 42 个国家级水土流失重点防治区（包括重点预防保护区 16 个、重点监督区 7 个和重点治理区 19 个），面积 237.11 万 km^2，其中水土流失面积 106.74 万 km^2。

（一）重点预防保护区

国家级重点预防保护区为跨省（区、市）且天然林区和草原面积超过 1 000 km^2 的区域，包括大兴安岭、呼伦贝尔、长白山、滦河、黑河绿洲、塔里木河绿洲、子午岭、六盘山、三江源、金沙江上游、岷江上游、汉江上游等，总面积 97.63 万 km^2，其中水土流失面积 29.45 万 km^2。该区属于大面积的森林、草原分布和已集中连片治理的区域，目前水土流失较轻，林草覆盖度较高，但存在水土流失加剧的潜在危险，主要为次生林区、草原区、重要水源区、萎缩的自然绿洲区等。

该区主要防治特点为：坚持预防为主、保护优先的方针；建立健全管护机构，强化监督管理；制定、实施防止破坏林草植被的规划和保护措施，如采取封禁管护、舍饲养畜、生态修复、大面积保护、抚育更新、监督、监测等具体措施，严格限制开发建设活动，保护植被和促进生态建设。

（二）重点监督区

将具有潜在水土流失的跨省（区、市）区域，如城市建设、采矿、修路、建厂、勘探等生产建设活动开发密度大，集中连片面积在 1 万 km^2 以上，破坏地表与植被面积占区内总面

积的10%以上的划分为国家级重点监督区。我国重点监督区包括辽宁冶金煤矿、晋陕蒙接壤煤炭、陕甘宁蒙接壤石油天然气、豫陕晋接壤有色金属、东南沿海与新疆石油天然气开发监督区和三峡库区监督区，总面积30.60万km^2，其中水土流失面积17.98万km^2。该区资源开发和基本建设活动较集中、频繁，损坏原地貌易造成水土流失并且水土流失的危害后果较为严重，主要为矿山集中开发区、石油天然气开采区、水利工程库区、交通能源等基础设施建设区以及在建的工程区。

主要防治特点为：依法实施重点监督，加强执法检查；针对监督区制定的相关规章制度、明确管理机构、监督开发建设项目，依法编报水土保持方案情况；落实方案报批制度与"三同时"制度，遏制人为造成新的水土流失。

(三)重点治理区

将水土流失严重，对国民经济与河流生态环境、水资源利用有较大影响的地区列为重点治理区。我国重点治理区包括东北黑土地、西辽河大凌河中上游，永定河、太行山、河龙区间多沙粗沙区，泾河北洛河上游、祖厉河渭河上游、伊洛河三门峡库区等19个，总面积108.88万km^2，其中水土流失面积59.31万km^2。该区原生的水土流失较为严重，对当地和下游造成严重水土流失危害，主要为江河和湖泊的中上游水土流失治理地区。

重点治理区水土流失综合防治措施主要包括工程、林草和保土耕作三大技术措施。工程措施如治坡工程和治沟工程；林草措施包含营造护坡用材林、经济林果、防护林(水土保持林、农田防护林、牧场防护林、水源涵养林等)、薪炭林与种草等内容，并将乔灌草植被建设与封育管护、生态修复等措施结合予以实施。在风沙地区，采取防风固沙林、草方格和沙障等植物措施与其他工程措施配套实施，以有效地防治风沙侵蚀；保土耕作措施包括在各类耕地采取防治水土流失的保水、保土、保肥和改良土壤等措施。该区分布有革命老区重点建设工程、坡耕地水土流失综合治理工程、水土流失重点治理工程、水土保持重点建设工程、黄土高原淤地坝工程和小流域综合治理工程等国家水土保持重点工程项目。

另外，《中华人民共和国水土保持法》(简称《水土保持法》)第十条和第十二条指出，划定和公告水土流失重点预防区与重点治理区，充分体现了我国水土流失面积大和实施分区重点防治的特点。

三、水土保持生态建设的意义

水是生命之源，土是生存之本。水土资源是一切生物赖以繁衍生息的根基，更是人类社会可持续发展和生态文明建设的基础性资源。

随着城镇化、工业化进程的加快以及各类生产建设项目的增多，致使人类社会经济活动的规模和范围急剧扩张，人类对自然资源的过度利用和生态环境的严重破坏，大面积的草场逐渐退化，森林资源不断减少，自然景观基质严重破碎，导致了生态平衡失调，由此引发了一系列生态危机。如绿洲沦为荒漠、水土大量流失、干旱缺水严重、洪涝灾害频发、物种纷纷灭绝和温室效应加剧已成为人类尤为关注的六大生态危机，就目前而言，各地发生的海啸、地震、旱灾、水灾、森林火灾、沙尘暴、泥石流、滑坡等生态灾难已使人类开始敬畏自然。水土流失作为头号环境问题已引起世界各国的普遍关注。联合国发布的《2000年全球生态环境展望》指出,由于人类对木材和耕地等的需求,全球森林减少了一半,9%的树种面临灭绝,30%的森林变成农业用地,地球表面覆盖的80%的原始森林遭到破坏,剩下的20%或支离破碎或残次退化,而且分布极为不均,难以支撑人类文明的大厦。

我国在悠久的农业生产发展进程中和近30多年经济快速增长的进程中,愈来愈认识到经济、社会和环境这三者之间不可分割的关系。当前各地频繁出现的各种自然灾害等可能与人们在经济发展过程中破坏生态环境、造成水土流失加剧等因素密切相关。如大面积的水土流失降低了土壤肥力,土层变薄,促进了土地荒漠化、沙化、石化和退化的速度。据估算,我国因水土流失每年损失耕地近6.7万 hm^2,造成的经济损失约100亿元;长江中上游许多地方由于土壤侵蚀导致的石化面积急剧增加,如重庆市的万县每年增加石化面积2 500 hm^2,陕西省安康市平均每年增加石化面积近700 hm^2;水土流失造成大量的固体物质冲刷搬运沉积于下游江湖河道,不仅致使航运里程缩短,也加剧了洪涝灾害的发生,如黄河下游河床平均每年淤高8~10 cm,目前很多地段已高出两岸地面4~10 m,成为"地上悬河",严重威胁着下游人民生命财产的安全。同时,水土流失携带的氮、磷及化学农药等有机污染物,又会引起水库、湖泊等水体的富营养化,严重污染水源和环境,也威胁到水利设施及其效益的正常发挥。全国每年因水土流失形成的山体塌方、泥石流等灾害造成的交通中断在各地时有发生,并直接威胁到人居环境的安全,其价值是难以用货币来估算的。经济社会的发展也使全社会人们的生态环境保护意识进一步增强,水土保持在改善生态环境、保护水土资源、减免自然灾害等方面的作用愈来愈引起人类的高度重视。1992年联合国召开环境与发展大会,将可持续发展作为人类对自然资源开发利用及一切人类经济活动的准则,得到了全球发达国家和发展中国家的一致拥护。

根据水土保持学科的特点,落实可持续发展的内涵,水土保持学科应包含两大方面的内容:水土资源的可持续利用和生态环境的可持续维护。这两个可持续是水土保持的最根本的目标。我国目前水土资源面临的形势为人均耕地占有量不足世界人均水平的40%,林地仅为世界平均水平的12%,草地不足世界平均水平的50%;人均水资源的占有量相当于世界人均水平的32%,而且水资源的年际和季节间的变幅很大,地区分配极不平衡。水土资源的有限性和对水土资源需求量不断增长的矛盾日益突出,一旦超过了极限,有可能引发资源危机。因此,加强对水土资源的有效保护和合理利用,实现水土资源的可持续利用,才能从根本上促进经济社会的可持续发展。

水土保持生态建设也是维护生态系统平衡、减免各种生态灾难、有效改善生态环境,实现生态环境可持续维护的重要内容。根据2007年中国水土流失与生态安全科学考察的结果,我国在生产与建设过程中的开发建设强度高出世界平均水平3~3.5倍,每年开挖搬运的土石方量为380亿t,每年新增水土流失面积1.5万 km^2,其中80%是开发建设引发的。由于人为开发建设活动破坏地面植被、扰动地表及土体组成物质形成大量松散固体物质,造成植被涵养水源的功能降低而松散固体物总量增加,导致了洪涝与干旱灾害的频繁交替出现。因此,在大规模基础设施建设、快速工业化和城镇化的新形势下,强化防治各类开发建设项目以及农林牧生产活动而造成的水土流失和生态环境恶化问题刻不容缓。如不实现生态环境的可持续维护,高强度、大规模的开发建设,将可能超出生态环境的支撑能力。如我国在黄土高原经过50多年的淤地坝建设后,现已建成淤地坝11万多座(主要分布在陕西、山西、甘肃、内蒙古、宁夏、青海和河南等7省(区)),拦沙210亿 m^3,淤成坝地31.3万 hm^2,减沙效益显著;长江流域实行“排水保土”的治理措施,将兴修梯田与辅以坡面水系工程的水土保持综合治理措施相结合。通过多年的实施,形成了南北两地不同水土保持生态环境建设的良好局面,在生态环境的可持续维护方面发挥了积极的作用。

四、水土保持学与其他学科的联系

《中国水利百科全书·水土保持分册》中水土保持学的定义为:研究水土流失形式、发生原因和规律、水土保持的基本原理,据以制定规划和运用综合措施,防治水土流失,治理江河与风沙,保护、改良和合理利用水土资源,维护和提高土地生产力,以改善农业生产条件,建立良好的生态环境的应用科学。

由此可见,水土保持学是一门综合性很强的学科,它与许多基础性的自然科学和应用科学都有着密切的联系,水土保持有着极其丰富的内涵和外延。在水土流失形成的规律方面看,水土保持学与影响水土流失自然因素的相关学科——气象学、水文学、地貌学、地质学、土壤学、地理学、生态学等有着密切的联系。如水土保持学与气象学、水文学的关系,各种气象因素和不同的气候类型对水土流失都有直接或间接的影响,并形成不同的水土流失特征;另外,根据径流泥沙运行的规律,采取不同类型的水土流失防治措施,减轻暴雨、洪水、干旱和大风的危害。由于综合防治措施的实施,改变了大气层下垫面的性状,对局部地区的小气候和水文特征又可加以调节与改善。

水土保持学与应用科学如农业科学、林业科学、水利科学、环境科学和经济学等学科以及各类生产建设项目的开发等内容也有着内在的联系。如与农业科学的联系:水土保持是水土流失地区发展农业生产的基础,通过控制水土流失,改善生态环境,为农业生产创造了高产稳产的基本条件;农业生产中的深翻、改土、施用有机肥、密植、等高耕作以及草田轮作、套种、间作等技术措施,都具有保水、保土、保肥的作用。

水土保持与林业科学有着极为密切的相互联系。在水土流失地区营造大面积的防护林,既具有重要的生产功能,又具有改善生态环境、促进生态系统平衡和防治水土流失的重要作用。在树种选择方面,不仅要求综合经济价值高,同时具有耐瘠薄、耐干旱、防风和固土作用强等特性;在造林技术方面,强调与环境改良工程相结合,以更合理地利用降水资源和改善土壤物理性状;在林型结构方面,采用乔灌混交或乔灌草混交,通过提高郁闭度和覆盖度,提高生物产量和增加地面枯枝落叶层,以实现涵养水源、土壤保持、防风固沙、改善生态、防灾减灾和维护水质与人居环境安全等水土保持的基本功能。

又如水土保持学与水利科学的联系:水力学为水土流失规律的研究及水土保持措施的设计提供了许多基本原理;水文学的原理与方法对于研究水力侵蚀中径流、泥沙的形成和搬运规律具有重要的意义。而水土保持生态工程项目的规划和设计与水力学、水文学、水工建筑物、农田水利、防洪、环境水利等学科的相关内容关系密切。另外,水土保持又是根治河流水害、开发河流水利的基础,水土保持学的发展也使水利科学得到了充实和发展。在水土流失地区,不论大型的坝、库、渠、闸等水利工程,还是小型农田水利工程的设计、施工与应用,都要受到水土流失的影响,只有与水土保持措施紧密结合,各类工程才能取得良好的运行效果。

五、水土保持生态建设面临的主要任务

水土资源是立国之本，是人类赖以生存和发展的最基本的物质基础。我国人口多、山地多、荒漠多，一些生产建设项目受经济利益的驱动，不合理开发和利用水土资源的状况严重存在，直接制约了国民经济的发展和社会的稳定。21 世纪是生态文明、人与自然和谐共处的重要时期，水土保持作为全国生态环境建设的主体工程和经济社会发展的一项重要基础性工程，所面临的主要任务为：

(1)预防保护，加强监督。对大面积的森林、草原分布和已集中连片治理的区域、主要供水水源地和库区等水土流失潜在危险较大的区域重点采取保护优先的措施；加强对生态环境脆弱区、能源富集区、生产建设项目集中分布的区域等水土流失的预防保护和监督管理，加强执法力度，严格落实各项水土保持技术规范与标准，把项目建设过程中造成的人为水土流失减少到最低程度。

(2)全面规划，综合治理。对区域内的水土保持工作进行全面规划，包括预防保护、监督管理、综合治理、监测监控和科学示范等规划内容。继续加强长江、黄河上中游和东北黑土区等水土流失严重地区的治理、防沙治沙工程建设和国家水土保持重点工程项目的建设，坚持以小流域为单元进行综合防治。

(3)加快生态修复进程。在地广人稀、降雨条件适宜的地区实施水土保持生态修复工程，通过封育保护、封山禁牧，利用生态的自我修复能力促进大范围的水土保持生态建设。

(4)提高水土保持动态监测预报水平。加强水土流失监测和水土保持管理信息系统的建设，全面落实《水土保持遥感监测技术规范》(SL 592—2012)(自 2012 年 10 月 31 日起实施)，提高水土保持动态监测技术和水土流失灾害预报水平，最大限度地减免各种水土流失灾害。

小　结

绪论介绍了我国水土流失现状及水土流失形成的主要原因，简要说明了水土保持与相关学科及各类生产建设项目的开发等内容的相互渗透、相互结合的内在联系。通过学习，使学生树立尊重科学、敬畏自然、求真务实、保护生态和综合运用各学科知识的良好意识，理解水土保持生态建设的重要意义。

复习思考题

1. 简述我国水土流失现状及水土流失形成的主要原因。

2. 理解水土保持生态建设的重要意义。

3. 根据水土保持学综合性、交叉性和融合性强的特点，举例说明水土保持与某专业或某行业或某课程内容的相互联系。

4. 目前水土保持生态建设面临的主要任务包含哪些方面的内容？

第一章　水土流失形式及影响因素

【学习目标】

掌握水土流失、水土保持和土壤侵蚀强度等概念的基本涵义，掌握森林植被涵养水源作用的主要机制；熟悉人为生产建设活动造成新的水土流失的主要形式；了解水土流失的主要表现形式、特点及影响水土流失形成的因素。

第一节　基本概念

一、水土流失

《中国水利百科全书·水土保持分册》中水土流失的定义为：在水力、重力、风力等外营力作用下，水土资源和土地生产力遭受的破坏和损失，包括土地表层侵蚀及水的损失，又称水土损失。土地表层侵蚀指在水力、风力、冻融、重力以及其他外营力作用下，土壤、土壤母质及岩屑、松软岩层被破坏、剥蚀、搬运和沉积的全部过程。水的损失主要指坡地径流损失，即大于土壤入渗强度的雨水或融雪水因重力作用沿坡地流失的现象。水的损失过程和土壤侵蚀过程之间，既有紧密的联系，又有一定的区别。坡面径流损失是引起土壤损失的主导因素，水冲土跑，水与土的损失是同时发生的。但并非所有的坡面径流都会引起侵蚀作用，如植被的覆盖保护可以防止雨滴直接击溅地表土壤、保护土壤的结构，使土壤维持了较高的渗透速率，坡地形成的径流量减少，达到预防或减免表层土壤冲刷搬运的目的。

水土流失的含义可概括为三方面的内容：一是水土流失形成的原因是外营力。外营力包括水力、风力、重力和人为活动等内容。随着人类生产建设活动范围的扩展和强度的增大，人类活动对水土流失的影响日益加剧，人类活动已成为产生水土流失的非常重要的外营力。如生产建设活动过程中扰动地表和地下岩土层、堆置固体废弃物等必然会加剧水土流失的形成。二是水土流失发生的场所是陆地表面。三是水土流失产生的结果是水土资源和土地生产力的破坏与损失。

二、水土保持

《中国水利百科全书·水土保持分册》对水土保持的定义为："水土保持是防治水土流失，保护、改良与合理利用水土资源，维护和提高土地的生产力，以利于充分发挥水土资源的经济效益和社会效益，建立良好生态环境的事业。水土保持的对象不只是土地资源，还包括水资源。保持的内涵不只是保护，而且包括改良与合理利用。不能把水土保持理解为土壤保持、土壤保护，更不能将其等同于土壤侵蚀控制。水土保持是自然资源保育的主体。"

上述概念精辟地概括了水土保持的深刻内涵，明确了水土保持应包括水的保持、土的保持以及水与土的交互作用，即土壤蒸发水分、土壤对水分的保持以及土壤蓄渗、补给地下水等内容。1995 年在世界粮农组织(FAO)召开的水土大会上，瑞典斯德哥尔摩国际水资源研究所水文学家 Falkenmark 针对雨养农业与粮食安全问题首次指出：降水资源在陆地生态系统中可分割成两部分，即蓝水资源和绿水资源。蓝水资源是由降水形成的地表水和地下水部分，是可见的液态水流，包括河流、湖泊以及地下含水层中的水；绿水资源是降水下渗到非饱和土壤中贮存、用于植物生长或垂向进入大气中的不可见水(其中植物蒸腾部分称为生产性绿水，而土壤、地表及植物截流蒸发部分称为非生产性绿水)。绿水资源是陆地生态系统中“土壤—植物”系统耗水的重要水源，对维持陆地生态系统安全和雨养农业粮食安全具有十分重要的作用。据估计，全球尺度上总降水的 65% 通过森林、草地、湿地和雨养农业的蒸散发返回到大气中，成为绿水流。

水土保持保护的也正是这类绿水资源，水土保持林草措施涵养水源的作用和工程措施的蓄水、保水作用，使地表水向土层深层转化保持在土体内，有效地增加了绿水的比例，提高了水资源的利用率，也相应增加了地下水资源的贮存量，将绿水资源逐渐转化为蓝水资源，以源源不断地维系水库、河流的相对稳定流量，维护了水资源的可持续利用。可见，水土保持的首要作用是保水，通过蓄渗和拦蓄作用增加绿水资源的储藏量；其次是保土，通过保水减少了地表径流量的形成，相应削弱了径流的冲刷侵蚀力，减免了土壤侵蚀，保护了土地资源；再次是保水和保土相结合，如植被的覆盖减免了土壤水分的无效蒸发，根系网络固持土体的作用又起到了保土固土的重要作用。从水分循环的角度分析，对绿水资源的保护以促使绿水数量的增加则意味着生产量的增加，而且还可大大减少工程性供水的投资和减免工程建设对环境所带来的负面影响。

水土保持通过在合理利用水土资源的基础上，采取水土保持林草措施、水土保持工程措施、水土保持农业措施和水土保持管理措施等以构成水土保持综合防治措施体系，从根本上达到保护水土资源、提高土地生产力和改善生态环境的目的。《水土保持法》第二条规定：“本法所称水土保持，是指对自然因素和人为活动造成水土流失所采取的预防和治理措施。”在目前水资源越来越严峻的形势下，水土保持在保护水资源、维护水资源的可持续利用及保护水质等方面的作用更为重要；水土保持在保护土地资源、维护土地资源的可持续利用、减少江河湖库泥沙淤积、防治水质污染、减免各种自然灾害、维持生态系统平衡和提高环境容量等方面具有难以估量的作用。

三、土壤侵蚀强度

土壤侵蚀是指土壤及其他地表组成物质在水力、风力、冻融和重力等外营力作用下或外营力与人类活动的综合作用下被剥蚀、破坏、分离、搬运和沉积的全部过程。土壤侵蚀的对象并不限于土壤及其母质，还包括土壤下面的土体、岩屑及松软岩层等。在我国，土壤侵蚀有时作为水土流失的同义词。《水土保持法》中所指的水土流失包含水的损失和土壤侵蚀两方面的内容。

根据外营力的不同，土壤侵蚀可分为水力侵蚀、重力侵蚀、风力侵蚀、混合侵蚀、冻融侵蚀等类型；按土壤侵蚀强度可分为正常侵蚀与加速侵蚀两大类。

土壤侵蚀强度指地壳表层土壤在自然营力(水力、风力、重力、冻融等)和人类活动作用下,单位面积和单位时段内被剥蚀并发生位移的土壤侵蚀量。通常用土壤侵蚀模数来表示,土壤侵蚀模数即单位面积土壤及土壤母质在单位时间内侵蚀量的大小,侵蚀模数中的土壤流失量可以用质量、体积或厚度来表示。

我国的土壤侵蚀强度按照水利部颁布的《土壤侵蚀分类分级标准》(SL 190—2007)进行级别的划分,该标准含水力侵蚀强度分级、风力侵蚀强度分级、重力侵蚀强度分级和泥石流侵蚀强度分级等内容。如水力侵蚀的强度分级标准见表1-1。土壤侵蚀强度分级通过由小到大的定量指标来表示土壤侵蚀数量的多少和侵蚀的强烈程度,以使科研和生产单位针对不同的侵蚀强度指标实施不同的综合治理措施,因此土壤侵蚀强度是开展水土保持工作的重要依据。

表1-1　水力侵蚀强度分级标准

级别	平均侵蚀模数(t/(km² · a))	平均流失厚度(mm/a)
微度	<200, <500, <1 000	<0.15, <0.37, <0.74
轻度	(200,500,1 000) ~2 500	(0.15,0.37,0.74) ~1.9
中度	2 500 ~5 000	1.9 ~3.7
强烈	5 000 ~8 000	3.7 ~5.9
极强烈	8 000 ~15 000	5.9 ~11.1
剧烈	>15 000	>11.1

注:本表流失厚度系按土的干密度1.35 g/cm³ 折算,各地可按当地土壤干密度计算。

四、允许土壤流失量

在长时期内能保持土壤的肥力和维持土地生产力基本稳定的最大土壤流失量,可简称为维持土地高生产力的最大侵蚀量,也称允许土壤流失量(t/(km² · a))。允许土壤流失量是划分侵蚀区与非侵蚀区的判别指标,为制定合理的水土流失控制目标、进行水土保持规划、配置水保措施等提供理论指导。这一概念是在水土保持实践中逐渐形成并不断发展形成的。如我国在水力侵蚀类型区的五个二级分区中规定的允许土壤流失量见表1-2。

表1-2　水力侵蚀类型区5个二级分区的允许土壤流失量

类型区	允许土壤流失量(t/(km² · a))
西北黄土高原区	1 000
东北黑土区	200
北方土石山区	200
南方红壤丘陵区	500
西南土石山区	500

第二节　水土流失形式

根据形成水土流失外营力的不同,水土流失的形式可分为水力侵蚀、重力侵蚀、风力侵蚀、混合侵蚀和冻融侵蚀等。分布于同一区域的各种水土流失形式之间是相互影响、相互制约的,甚至是互为因果的,但各种侵蚀形式又有其自身的特点。特别需要指出的是,开发建设项目区的水土流失是以人类生产建设活动为主要外营力对地面土体进行扰动及堆置固体废弃物而形成的一种典型的水土流失类型,也是目前水土保持工作的重点内容之一。

一、水力侵蚀形式

水力侵蚀简称水蚀,指在降雨、地表径流、地下径流的作用下,土壤、土体或其他地表组成物质被破坏、剥蚀、搬运和沉积的全过程。水力侵蚀是目前世界上分布最广、危害最为普遍的一种水土流失类型。水力侵蚀的主要形式包括雨滴击溅侵蚀、面蚀、沟蚀、山洪和库岸波浪冲淘侵蚀等。

(一)雨滴击溅侵蚀(也称降雨侵蚀)

裸露地表受到较大雨滴的猛烈打击时,土壤结构破坏和土壤颗粒发生位移并溅起的现象,称为雨滴的击溅侵蚀,简称溅蚀。溅蚀是一次降雨过程中最初发生的侵蚀形式。

击溅侵蚀分散土壤颗粒,破坏表层土壤结构,堵塞土壤孔隙,阻止雨水下渗,降低土壤肥力,为地表径流的形成和面蚀的发生创造了条件。同时,溅蚀受坡度的影响,突出表现在搬运土壤过程中,造成坡面顶部侵蚀量最大。

(二)面蚀

分散的地表径流冲走表层土壤颗粒的现象称为面蚀。面蚀涉及面广,被侵蚀的是肥沃的表土和大量的土壤营养物质,造成土壤肥力下降,土层变薄,几乎所有的农地、没有植被及植被稀疏的条件下,每逢暴雨面蚀会普遍存在,面蚀是水土流失过程中导致土地生产力下降的主要表现形式。根据不同的土地利用现状和面蚀形态特征差异,可将面蚀分为片蚀、沙砾化面蚀、细沟状面蚀和鳞片状面蚀等形式。

(1)片蚀,又称层状面蚀。当降雨在坡面上形成薄层分散的地表径流时,将土壤可溶性物质及悬浮状的细微土壤颗粒或滚动的微凝聚体带走,使整个坡地土层减薄、肥力下降的侵蚀形式。5°以下的缓坡地以层状面蚀为主。

(2)沙砾化面蚀。在土石山区由于土层浅薄而且粗骨物质含量高,经反复面蚀将土壤中的细小颗粒冲蚀后,粗大沙砾的含量越来越高,最终导致弃耕,即沙砾化面蚀。群众称“沙磊子”。

(3)细沟状面蚀。地表径流形成后避高就低汇集成无数小股水流,冲刷出许许多多的小沟,造成面蚀的不均匀性,即细沟状面蚀。其主要特征为:细沟沿坡面平行分布,细沟之间珠连串通;细沟的深、宽小于 20 cm,经耕翻后又恢复平整,因此仍属面蚀的范畴。黄土高原地区的群众将细沟状面蚀称为“挂椽”,细沟状面蚀的形成表明面蚀已发展到了严重的阶段。

(4)鳞片状面蚀。在非耕地的坡面上,由于不合理的采樵和放牧,使植被状况恶化,植被种类减少,覆盖稀疏,造成有植被和无植被处面蚀分布的不均匀,如鱼鳞状。这种形式在北方山地及黄土高原的牧荒地上最为常见。

此外,降水受重力作用沿土壤孔隙向土层深处垂直运动,将溶解的物质和未溶解的细小土壤颗粒携带至深层土体,造成土壤养分的损失,土壤理化性质恶化,这种侵蚀称为淋溶侵蚀。如土层薄的沙质壤土,易溶性盐分含量较高时,淋溶侵蚀较严重,淋溶侵蚀也是造成土壤肥力下降的原因之一。以水的化学溶解作用为主所造成的侵蚀,如表现为喀斯特发育和土壤中盐分及有机质的流失,这种侵蚀称为化学侵蚀。土壤的化学侵蚀通过淋溶造成土体中孔隙增多,促进水分运动和机械潜蚀,导致土壤养分大量流失,降低土地生产力,从侵蚀的效果看与面蚀类似。

(三)沟蚀

地表径流汇集后形成了集中股流。集中股流冲刷破坏土壤、母质及破碎的基岩,形成切入地表以下沟壑的土壤侵蚀形式,称为沟蚀。沟蚀形成的沟壑称为侵蚀沟。在侵蚀沟形成的过程中,由于集中水流的冲刷所造成的沟头不断向前延伸的侵蚀称为溯源侵蚀,水流冲刷造成沟底不断加深的侵蚀为纵向侵蚀,因水流的淘蚀导致沟岸坍塌沟壑不断加宽的侵蚀称为横向侵蚀。

(1)浅沟侵蚀。在沟蚀反复进行的过程中,沟壑的形状也在不断发展变化。沟壑形成的初期,地表径流由小股径流汇集成较大的径流,既冲刷表土又下切冲刷底土,形成沟壑的宽度大于深度的沟蚀过程,即浅沟侵蚀。浅沟侵蚀是侵蚀沟发育的初期阶段,浅沟纵断面与斜坡的坡面大致平行。在西北黄土地区,初期浅沟侵蚀深度多为 0.5 ~ 1 m,沟宽超过沟深,以后沟壑继续加宽加深。其主要特点是没有形成明显的沟头跌水,若为耕地这时正常的耕翻已不能复平。

(2)切沟侵蚀。随着浅沟的继续发展,纵向冲刷力增大,沟壑的深度切入母质层,出现了明显的沟头并形成一定高度的沟头跌水,这时的沟蚀称为切沟侵蚀。切沟侵蚀的特点是沟谷的横断面呈窄"V"字形,沟床比降比坡面比降大,侵蚀速度快,侵蚀量剧增,达到侵蚀沟发育的盛期阶段。此阶段沟头前进、沟底下切和沟岸扩展都甚为强烈,切沟侵蚀阶段主沟道两侧产生多条支沟,形成一个庞大的侵蚀沟系。切沟侵蚀对坡面的破坏明显而强烈,土地将失去作为农耕地的使用价值。

(3)冲沟侵蚀。切沟不断发展,水流更加集中,下切深度越来越大,沟岸向两侧扩展,沟道的横断面呈"U"字形,沟道横断面上部的坡度较陡,下部的坡度已逐渐变得较为平缓,这种侵蚀称冲沟侵蚀。此时的冲沟已形成一个完整的侵蚀沟系统,在我国南方花岗岩地区和西北黄土高原地区,通常可见到较为典型的冲沟,其规模相当庞大。如黄土高原的冲沟深度可达数十米甚至可达百米以上。

沟蚀较面蚀涉及的范围小,但沟蚀侵蚀量大,蚕食农田,造成土地资源的严重破坏以及毁坏各类基础设施,同时沟蚀也是造成河道泥沙淤积的重要原因之一。

(四)山洪

山洪是山区暴雨径流所形成的洪水及其对固体物质的携带、移动和堆积过程的总称。由于山洪具有流速高、冲刷力强和暴涨暴落的特点,因而破坏力大。如冲毁建筑物和交通设施，淹没农田和居民点等，造成的危害进一步加剧。

（五）库岸波浪冲淘侵蚀

水库库面受到风力的影响，形成的浪波对岸坡会产生冲刷、淘蚀作用，使岸坡土体涮洗、坍塌逐渐后退，导致库岸被吞蚀，这种侵蚀也属于水力侵蚀。库岸波浪冲淘侵蚀是水库泥沙淤积量增加的原因之一。

二、风力侵蚀形式

在风力作用下地表物质被剥离破坏、搬运和沉积的过程叫做风力侵蚀，简称风蚀。风对地表所产生的剪切力和吹蚀力引起细小土粒被剥离，甚至从岩石表面剥离碎屑，继之进行搬运和最终发生沉积。风蚀是造成土地生产力下降和土地荒漠化的主要因素之一。风力侵蚀主要发生在干旱半干旱地区植被缺乏的条件下，尤其是干旱的风沙区及沙漠地区若遇强风，粒径 1 mm 以上的较大沙粒也可被吹蚀，形成所谓的“飞沙走石”现象。

根据风速的强弱、风力搬运土沙粒粒径大小的不同以及搬运形式的不同，风力侵蚀可分为以下三种形式。

（一）悬移

当风速达 4 ~5 m/s 时，表层干燥细小的沙粒被吹蚀脱离地表后，由于上层的风速大，而沙粒的自身质量很轻，这样在较长的时间内悬浮于空气中，并以与风速相同的速度搬运至远方。悬移运动的沙粒称为悬移质，悬移质的粒径大多小于 0.1 mm 甚至小于 0.05 mm。由于体积小、质量轻，加之在搬运过程中涡流的形成使沙粒被浮托上升到高空进行远距离搬运，只有经过长时间的风静以后或遇到降雨时悬移质才能到达地面，此时已远远离开原地。气象学上的“降尘”现象即是悬移质的降落。悬移的固体物质量约占风蚀总量的 5% 以下。

（二）跃动

当风速继续加大时，滚动前进加速，沙粒的运动能量增加，可以腾空到离地面约 30 cm 的高度，之后以抛物线的路径斜向落回地面冲击地面沙粒，促使更多的沙粒发生移动。粒径 0.1 ~0.15 mm 的沙粒主要以跃移方式移动。空气层中混有大量跃动颗粒的气流即称为风沙流。这表明风蚀已非常严重。

（三）蠕移

沙粒在地表滑动或滚动称为蠕移，呈蠕移运动的沙粒其粒径多为 0.5 ~2.0 mm 的粗沙粒。蠕移运动的沙粒称为蠕移质，蠕移质的量可以占到风蚀物总量的 20% ~25%。当风速大于起沙风速时，地表较大的沙粒开始随风移动，除少数沿地面滑动外，大部分沙粒受地表摩擦力的影响而滚动。

土壤颗粒被风力搬运的距离取决于风速大小、土壤颗粒或团聚物的粒径和重量，以及地表状况。当气流中所携带的土沙颗粒随风速的减小逐渐堆积时称为沉降堆积，沉降堆积时最先停止运动的是滚动的沙粒，其次是跃动的沙粒，最后才是悬移的沙粒；若地表具有障碍物，气流在运动时受到阻滞（如遇到植物或地表发生微小起伏）而发生涡旋减速，从而削弱了气流搬运沙粒的能量，使沙粒在障碍物附近大量堆积下来，这种堆积称为遇阻堆积。因此，采取生物固沙和增加地面机械阻力等措施具有促使风蚀搬运物堆积的重要作用。

三、重力侵蚀形式

重力侵蚀是在其他营力特别是在下渗水分、地下潜水或地下径流的作用下，以重力为其直接原因所造成的地面物质的移动形式。重力侵蚀多发生在大于25°的山地和丘陵坡地、沟坡、河谷的陡岸、人工开挖形成的陡坡地、修建渠道和各级道路等形成的陡坡段。重力侵蚀的表现形式主要有以下五种。

（一）泻溜

泻溜又叫撒落。疏松的表土，在陡峭的山坡或沟坡上，由于冷热干湿交替变化，促进了表层物质的严重风化，造成土体、岩体表面松散和内聚力降低，形成了与下层母体接触不稳定的碎屑物质，这些碎屑物质在重力作用下时断时续地向坡下撒落，这种侵蚀即泻溜。春季北方地区泻溜侵蚀最为强烈，特别是黄土地区的黏重红土坡面，泻溜侵蚀尤为严重。在土石山区和石质山区岩石易风化的坡地，泻溜也是主要的产沙形式。

（二）崩塌

在陡峭的斜坡上，整个山体或一部分岩体、块石、土体及岩石碎屑突然向坡下崩落的现象称为崩塌。

山崩、雪崩、塌岸及坠石均为崩塌的表现形式。如塌岸，常常破坏、蚕食良田和毁坏村镇。2006年长江流域300多户居民搬迁就是塌岸所致。特别是在洪水期，因水流的严重冲淘，致使河岸不时坍塌，往往几小时内可将大面积良田塌落吞食，使土地资源遭到彻底破坏。

（三）洞穴侵蚀

由于地表径流下渗引起的溶蚀、潜蚀、冲淘、塌陷以及土体自身重力等作用在地表形成各种洞穴的过程称为洞穴侵蚀。包括管状洞穴、陷穴和跌穴等。①管状洞穴侵蚀是地表水分下渗过程中，将带有钾、钠等离子的土壤胶粒分散后使其呈悬移质状态随水分一起下渗的侵蚀过程，如碱土区的渠边、堤岸，管状洞穴侵蚀较为常见。②陷穴是在黄土或黄土状堆积物较厚地区，地表发生近于圆柱形土体垂直向下塌落的现象，其形状呈竖井状、漏斗状、下部连通的串珠状等形状。陷穴侵蚀是由于地表水分下渗引起土体内可溶性物质的溶解并被淋溶至深层，土体内形成空洞而造成的地面塌陷。黄土地区的梁峁坡地、沟坡地、塬面、沟头和小冲沟的底部常常会出现陷穴侵蚀，陷穴破坏耕地，跌伤人畜，也为径流的进一步集中汇集和侵蚀沟的发展创造了条件。③跌穴是地表径流在斜坡变陡、冲刷能力增大时，地面直接穿凿成洞穴的现象。多见于沟壁、陡坡和切沟沟底部分，黄土地区较常见。

（四）滑坡

雨水渗透到土层深处，若有不透水层或岩石存在，其交界面上便会有水分聚积，由于水分减小了土体的内摩擦阻力，在重力作用下土体沿不透水层下滑，即形成滑坡。滑坡又称"地移"、"垮山"和"泄山"。滑坡侵蚀的主要特点为：①具有明显的滑动面。即弱透水或不透水的结构面。②滑坡体基本保持原来的相对位置。如出现"醉林"现象。③滑坡造成的灾害尤为严重。一旦发生常常埋没村庄，毁坏工厂、矿山，中断交通，堵塞江河，破坏良田和森林等。

(五)崩岗侵蚀

山坡土(石)体受水力和重力的作用,被破坏发生崩坍和造成冲刷的侵蚀现象,称为崩岗侵蚀。崩岗侵蚀与气候、土壤、地质和人为活动关系密切,在雨量充沛、日照强、气温高、温差大、岩石的物理风化和化学风化强烈的地区容易发生。崩岗多从山麓或山腰开始,进而发展到山坡以上,深度和宽度多在5 m以上,有的深达数十米,面积达数公顷。崩岗严重破坏土壤肥力,淤埋农田、淤塞河道,加剧洪涝灾害的发生。崩岗侵蚀主要分布于广东、福建、江西、湖南和广西等一些花岗岩风化地区。

四、混合侵蚀形式

混合侵蚀是指在水流冲力和土(岩)体重力共同作用下产生的一种特殊侵蚀类型。其典型的表现形式为泥石流。泥石流是固体物质达到超饱和状态的急流。

(一)泥石流暴发过程的主要特点

(1)固体物质含量高,流速急,具有大冲大淤的特点。泥石流中固体物质的含量均超过25%,有时高达80%。容重大于1.3 t/m^3,最高可达2.3 t/m^3。

(2)暴发突然,来势凶猛。其搬运能力达到水流搬运量的数十倍到数百倍,是山区发生的一种特殊侵蚀形式。

(3)历时短暂,具有强大的破坏力。泥石流暴发奔腾咆哮,巨石翻滚,激浪飞溅,石块撞击声雷鸣般地响彻山谷,以巨大的破坏力倾泻而下,摧毁沿途的一切建筑物,埋没农田、森林,堵塞河道、沟道,冲毁路基、桥涵、城镇和村庄。因此,泥石流是水土流失发展到最严重阶段的表现形式。

(二)泥石流的形成条件

(1)充足的固体碎屑物质。土石山区主要是由于地质构造、岩性、地震、新构造运动和不良的物理地质现象等所造成的;黄土地区,在泥岩、页岩和粉砂岩分布区,常被开垦、风化而形成大量的固体物质。人类开发建设活动的增强,如毁林开荒、陡坡垦种、各类工程建设扰动土体和岩土层,破坏了山体的稳定性,造成疏松物质的堆积以及开矿堆放大量的废渣等,都会增加大量的疏松固体物质而诱发泥石流的形成。

(2)充足的水源。如暴雨、冰雪融化、湖库溃决等都是泥石流形成的重要原因之一。尤其是高强度短历时暴雨或连阴雨与高强度暴雨的共同影响成为泥石流形成的重要条件。

(3)地形条件。泥石流沟道从上游到下游可划分为侵蚀区、过渡区和堆积区。侵蚀区多为漏斗或勺状地形且沟床比降大,易在短期内集中大量的径流,加之暴雨的区域性特点,集水区为0.5~10 km^2 的流域常是泥石流的多发区;过渡区的地形多陡直并有跌水存在,该类地形通过不断补充泥石流运动过程中的能量和物质,促使了泥石流的形成;堆积区属于泥石流暴发沟道的沟口部分,地形平缓开阔,泥石流携带的大小不同的各类固体物质在该区突然大量堆积。泥石流发生的区域所遭受的灾害通常是毁灭性的。

五、开发建设活动引起水土流失的形式

开发建设活动造成的水土流失,是以人类生产建设活动为主要外营力形成的水土流

失类型。其特点是在人类生产建设活动过程中由于扰动地表和地下岩土层、堆置废弃物、构筑人工边坡以及排放各类有毒有害物质而造成的水土资源和土地生产力的破坏与损失。由于开发建设项目类型多样,如交通、水利水电、矿产开采、城镇建设、管线工程和农林开发等类型,不同类型项目在人为生产建设活动过程中形成水土流失形式的特殊性,使得水土流失的形式更加复杂多样。目前,开发建设项目水土流失形式尚无统一的分类标准,但开发建设活动引起水土流失的主要特征可概括为以下几点:

(1)水循环系统和水资源的破坏与损失。开发建设活动开挖地表土壤、深层土壤、母质和岩石,破坏下垫面及地下岩层的储水结构,破坏水循环系统;硬化地面减少了降雨的入渗量,水分自然循环过程受阻,地表径流量增加,造成了降水资源的流失量增大;生产建设过程中有毒有害物质随径流进入水循环系统,还会导致水源污染,降低水质。

(2)搬运的固体物质更加复杂化。开发建设活动形成的侵蚀搬运物包括土壤、母质、基岩、弃土(石、渣)、工业固体废弃物以及多种垃圾等物质的混合物,这些物质通常为非自然固结状态,结构疏松和稳定性差,加剧了水蚀、风蚀和重力侵蚀过程的进行,使得土壤侵蚀强度显著增加。据在深圳市布吉河调查,局部地区土壤侵蚀强度达60 000 $t/(km^2 \cdot a)$。

(3)不合理的开发建设诱发了各类侵蚀灾害的进一步加剧。在山丘区、风沙区甚至平原区,开发建设活动形成大量的疏松固体物质,这些固体废弃物倾泻于岸坡或水路上,不仅淋溶污染环境,还缩窄了水路,影响行洪,增加了暴发山洪、泥石流的潜在危险性;开山修路以及爆破与机械振动、矿产资源开采等破坏了自然边坡的荷载平衡,诱发崩塌、滑坡等侵蚀的形成。

(4)特殊的水土流失形式。由于人工建筑造成地面或坡面荷载加重或地下开采等造成非均匀沉陷、采空区塌陷等,其成因和形式十分复杂。可见,开发建设活动造成水土流失的危害具有可控制性、潜伏性和可预防性低等特点。

第三节 影响水土流失的主要因素

影响水土流失的因素主要包括气候、地质、土壤、地貌、植被和人为活动等因素。

一、气候因素

土壤侵蚀是各种侵蚀力与土壤及其母质相互作用的产物。气候因素中如降雨、风、气候的冷暖、干湿和温差变化等都是影响土壤侵蚀的重要因素。

(一)降雨因素

1.降雨量

降雨量是影响侵蚀的因子之一。若年降雨量大,侵蚀总量可能也大,但若年降雨量大且降雨季节分布较均匀时,自然植被常常生长良好,土壤侵蚀反而较轻。据研究结果,在天然降雨条件下,降雨量与土壤侵蚀之间的直接关系并不明显,降雨量对土壤侵蚀的影响常常指的是可蚀性降雨量,即侵蚀模数≥1 t/km^2 的降雨。深居内陆的黄土高原地区受季风的影响,每年冬夏季风周期性的进退和交替变化,使得雨季、旱季十分明显,雨季降雨量集中且多为暴雨,降雨量占年降水量的60% ~70%,历史上曾有日降雨量700 ~800 mm

的记录,因此通常一年中几场暴雨则可决定年侵蚀量的大小,降雨特性是黄土高原成为我国水土流失最严重区域的重要原因之一。据黄土高原多年的土壤侵蚀研究成果,黄土高原每年引起土壤流失的可蚀性降雨量约为163.0 mm,其中坡面为128.1 mm,沟道为197.5 mm。

2.降雨强度

降雨强度是影响水土流失最重要的因子。大量研究证明,水土流失量随着雨强的增加而增加,土壤侵蚀只发生在少数几场暴雨之中。如陕西绥德水土保持试验站测定:1956年曾发生过一次3.5 mm/min强度的暴雨,该场暴雨造成的水土流失量达1954～1956年3年总量的30%以上。

降雨强度对水土流失影响的主要原因:①单位时间内消耗在土壤渗透、植物吸收和蒸发的水量是个常数。当雨强增加时,产生的径流量增多,产生的水土流失量也会增加。②雨强增大,大雨滴增多,动能增大,击溅侵蚀力也增强。因此,雨强大的短历时暴雨往往会造成巨量的水土流失。

3.降雨量与降雨强度的组合作用

单独分析降雨量或降雨强度对水土流失的影响并不能全面反映降雨对侵蚀的作用。因此,将降雨强度与降雨量进行不同的组合,分析其侵蚀的关系,以作出更符合实际的侵蚀结果。经研究证明:黄土高原在其他条件一致的情况下,一次降雨量和平均雨强与侵蚀量的关系为非线性函数,如下式:

$$M_s = AP^a I^b \tag{1-1}$$

式中　M_s——某一坡度的一次降雨侵蚀模数,t/km^2;

P——一次降雨量,mm;

I——一次降雨强度,mm/h;

A、a、b——待定系数。

4.雨型

从雨型的特点看,短阵型雨型受地形和气候的影响,来势凶猛,降雨强度大,历时短暂,而降雨范围小;普通型雨型是受季风影响而形成的,为一般性的大面积降雨。显然,前者比后者更易引起土壤侵蚀。

5.前期降雨

充分的前期降雨是遇到暴雨时造成严重水土流失的重要因素。西北黄土高原区的降雨多集中在7～9月,且有相当多的短阵型降雨,经常出现50～60 mm的降雨。年降雨量中的30%以上属于暴雨。由于降雨集中,前期降雨多而土壤湿度大,为遇暴雨遭受剧烈侵蚀奠定了一定的基础,使得该区域在雨季水力侵蚀的各种形式大面积存在,崩塌、滑坡和泥石流等严重侵蚀形式也多有发生,该区汛期的水土流失量占到全年总侵蚀量的50%以上。

(二)降雪和风

北方高寒多雪地区受地形和风力的作用,往往在洼地和背风坡地积雪较厚。在融雪过程中,当气温升高地表层已融解而底层仍在冻结时,融雪水不能下渗,大量的地表径流也会造成严重的冲刷侵蚀。

风蚀作用的强弱与气候因素中风力的大小、大风出现的频率、风向等因素直接相关，当然也受土壤抗蚀性、地形、降水、地表状况如植被等因素的影响。

风力作用时，受风力作用的单个土壤颗粒（团聚体或土块）的质量（或大小）足够大，则难以被风吹蚀搬运；若颗粒质量很小，极易被风吹蚀。因此常把粗大的颗粒称为抗蚀性颗粒，把轻细的颗粒称为易蚀性颗粒。抗蚀性颗粒不易被吹移，还可保护易蚀性颗粒的移动。可见，土壤抗蚀性颗粒的含量多少能够表示土壤抗蚀性的强弱。在不同质地的土壤中，沙土和黏土最易被风蚀，主要是因为沙土中黏粒含量低，不能将沙粒胶结成有结构的土壤；黏土易于形成团聚体和土块，但稳定性很差，特别是受冻融或干湿交替作用容易破碎。研究表明，当土壤中的黏粒含量约为27%时，最有利于抗风蚀性团聚体或土块的形成。

我国干旱区风成沙的粒度成分，以细沙（0.25～0.10 mm）为主，其次为极细沙和中沙，粉沙含量不多，粗沙含量最少。由于我国干旱风沙区受风沙的侵蚀和埋压，地带性土壤发育很弱，且与风沙相间分布。如陕西毛乌素各地带性土壤表层黏粒含量均在10%以下，这样的土壤质地很难形成抗风蚀的结构单位，因而造成该风沙区土壤极易被吹蚀。土壤有机质是促进土壤团聚体形成并提高其稳定性的重要因素，因此可通过采取增施有机肥和实施秸秆还田等措施来改良土壤，提高抗蚀能力。

（三）温差和干湿等因素

气候的冷暖、干湿和温差变化等均会对水土流失产生一定的影响。如在寒冷地区，物理风化中的冻融崩解最强烈；热力风化在中低纬度干旱地区最为突出；化学风化随温度升高、降水量增大而加快。干湿变化对黏土体积变化影响显著，温差对岩体体积变化的影响特别显著。如温带地区，因温差变化引起硅酸盐块的平均体积变化为0.1%，但在干旱气候条件下要比温带大10倍，即可达1%。因此，在日温差、年温差较大的干旱和半干旱地区，物理风化强烈。较短时间内岩石就会风化破碎，易形成重力崩塌。主要是因为岩屑体积受到温差影响反复膨胀收缩时，造成颗粒之间相互挤压、错位和破碎，岩屑受重力作用而发生移动。

二、地质、土壤因素

（一）岩性与地质构造

岩性决定着岩体遭受破坏的难易程度和侵蚀形式，如较软的页岩、泥岩、粉砂岩、黏土岩、千枚岩地区易风化形成细粒碎屑，容易发生土壤侵蚀，形成风蚀搬运、水蚀冲刷搬运等；软硬岩性相间分布的地层，风化速率差异大，易发生崩塌。

岩性不同地面组成物质不同，其抗蚀力不同。如黄土地区，红黏土的粒度小于黄土，渗透性弱，在相似降雨条件下产生的径流量大于黄土，但因黏土的结构紧密，颗粒不易被水流起动，因此抗蚀性远远大于黄土；沙土的质地较粗，结构疏松、渗透性强，相似降雨条件下的径流量小于黄土，其抗蚀性亦大于黄土。

（二）新构造运动

新构造运动的上升区，往往是侵蚀的严重区。据观测，黄土高原新构造运动致使地面的抬升比较明显,六盘山近百年内上升的速度为5~15 mm/a,引起这个地区的侵蚀复活,使冲沟和斜坡上的一些古老侵蚀沟再度活跃。新构造运动的强烈上升,造成极大的地形高差和陡峻的坡面与沟谷,致使崩塌、滑坡形成大量的固体碎屑,也为泥石流的形成留下了巨大的隐患。所以,土壤侵蚀中侵蚀基准面的变化除与径流的直接冲刷有关外,也与新构造运动密切相关。

此外,地震破坏岩体的完整性并使岩体丧失稳定性,因此地震带常常是泥石流活动带。如2008年四川汶川发生的8.0级地震,破坏的岩体充填山谷,极易引发泥石流的形成。波密县石乡沟大规模的冰崩岩崩,导致1953年特大冰川泥石流的形成。可见,地震是泥石流形成的重要动力和物质基础。地震为7级以上烈度区,常是泥石流多发区。

(三)土壤因素

土壤是水土流失过程中被破坏的对象。因此,在一定的地形和降雨条件下,土壤的特性如透水性、抗蚀性和抗冲性则决定了土壤侵蚀的程度与强度。土壤的抗蚀性是土壤抵抗雨滴打击分散和抵抗径流悬浮的能力;土壤的抗冲性是指土壤抵抗地表径流对土壤的机械破坏和推动下移的能力。通过增强土壤的透水性,如改良土壤质地(如黏质土壤和壤质土壤掺入沙质土壤)、改善土壤结构(如提高土壤中腐殖质的含量)和提高土壤的空隙率(如形成团粒结构的壤质土壤)可增强土壤的透水性、抗蚀性和抗冲性。土壤结构越差,遇水崩解越快,抗冲性越弱,越易产生土壤侵蚀。

三、地形地貌因素

地形地貌中的坡度、坡长、坡形、坡向、高差和侵蚀基准面等与土壤侵蚀的关系尤为密切。

坡度的大小直接影响坡面土(岩)体的稳定性以及承雨量、渗透量和径流量的多少。坡度与坡面冲刷侵蚀的关系非常密切,侵蚀量随坡度的增加而增加,但存在着一个侵蚀极限坡度。F. G. Renner通过研究证明,坡度约在40°以下时,侵蚀量与坡度成正相关,超过此值反而有降低趋势。

坡度大于45°的斜坡容易发生崩塌,45°~70°的坡面泻溜侵蚀最为严重,30°~40°的坡面为基岩滑坡的基本条件。地形高差对水土流失也有一定的影响,如大型崩塌多发生在50 m以上的陡坡上。高差越大,形成的凌空面越大,越易形成滑坡。

地貌因素中的侵蚀基准面是指水流下切接近某一平面后即失去侵蚀能力,这一平面称为侵蚀基准面。就某区域范围而言,侵蚀基准面如坚硬岩坎、湖泊洼地、沟道或河流汇口处等起着暂时的控制水流下切的作用。水土保持实践中通过采取如修筑谷坊、淤地坝等措施达到适度改变地貌特征、抬高侵蚀基准面的作用来减缓侵蚀。

四、植被

植被特别是森林植被,在防治水土流失、保护与改善生态环境方面具有十分重要的作用。现代人类对森林植被的需求可归纳为八大方面:①木材产品和林副产品;②经济林产品;③生态保护;④能源;⑤旅游、文化;⑥生物多样性资源库;⑦最大的生物量生产基地;

⑧主要的碳贮库。可见,森林植被的生态服务功能是保障人类健康生活的重要内容。植被在防治水土流失方面的生态功能主要体现在以下几个方面。

(一)拦截降雨,改变降水的性质

植被地上部分的茎、叶、枝、干不仅呈多层遮蔽地面,而且具有一定的弹性开张角度,既能拦截降雨,削弱雨滴的击溅侵蚀力,同时又改变了降水的性质,减小了林下的降雨量和降雨强度,减轻了林地土壤的侵蚀。植被覆盖度越大,层次结构越复杂,拦截的效果越明显,尤其以茂密的森林最为显著。据观测,降雨量(一次降雨量 10 ~ 20 mm 时)的 15% ~40% 首先为树冠所截留,之后又蒸发回大气中,其余的降水到达林地被林内枯枝落叶所吸收,林内降雨的蒸发量为 5% ~10%,大部分降雨(50% ~80%)渗透到土壤中变成地下径流,仅有约 10% 的降雨形成地表径流。

(二)调节地表径流,减免地表径流的冲刷侵蚀

林木每年凋落的茎、叶、花、果实、树皮等形成的枯枝落叶层,像一层海绵覆盖在地表,直接承受树冠降水和树干径流到达林地的水分,保护地表土壤免遭雨滴的击溅和径流侵蚀,维持了土壤的结构性。枯枝落叶层结构疏松,吸水力强。1 kg 的枯枝落叶可吸收 2 ~ 5 kg 的水,在一定程度上减少了地表径流的形成;枯枝落叶层更重要的作用在于其分散、过滤和滞缓地表径流的作用。由于枯枝落叶物纵横交错,径流在汇集过程中多次改变流向而曲折前进,分散了地表径流并减缓了流速。据测定,在 10°的坡地上,15 年生左右的阔叶林,枯枝落叶层中的水流流速仅为裸地的 1/40,可使森林上方携带的固体物质或进入林内径流的土沙石砾大量沉积下来,起到明显的过滤地表径流的作用。据报道,径流携带的固体物质可在林内、林带的上方及林带下方 2 倍树高的范围内沉积。

枯枝落叶层越厚,分解得越好、越松软,调节地表径流的作用越突出。而且混交林优于纯林,因此乔灌草相结合的水土保持林是调节地表径流、促进水分循环和控制水土流失的一项根本措施。

(三)改良土壤性状,增强土壤的抗蚀性

枯枝落叶分解后使林地土壤的腐殖质含量大大增加,既改善了土壤结构,又增强了土壤的渗透性,使土体的抗蚀力大大增强。因此,林地土壤具有强大的透水性。主要原因为:①林冠截留减弱了击溅侵蚀,维护了土壤的结构性;②枯枝落叶层保护土壤的作用;③枯枝落叶的分解增加了土壤腐殖质的含量,形成了良好的土壤结构,提高了土壤的抗蚀性;④根系的腐烂更新,形成了更多的大空隙;⑤土壤中有益动物的洞穴、孔道,增加了土壤的透水性。正由于如此,森林土壤疏松多孔,尤其是非毛管空隙的数量多,持续时间长,增加了滞留贮存的降水量,从而使森林具有涵养水源的重要功能。

森林土壤贮存水分的形式为滞留贮存(非毛管空隙即大空隙贮存的水分。水分在大空隙中贮存并靠重力作用向土层深处运动)和吸持贮存(即毛管空隙贮存的水分。水分未达饱和状态时,靠毛管吸力所贮存的水分,植物生活所需要的水分几乎全部来自毛管水)。滞留贮存使水分有足够的时间向土层深处进行渗透。当土壤含水量达到田间持水量时,滞留贮存是唯一的能够贮存水分的形式,当其容积足以容下暴雨量时,地表径流则不会形成,而是逐渐形成地下水或以较稳定的流量形成常流水,再源源不断地进入江河。因此,林区及其附近河川流量在一年四季内基本是稳定的。森林的这种减少地表径流,促进水流进入河川或水库，在枯水期仍能维持一定的水量进入河川或水库的作用，即森林的涵养水源作用。森林土壤的非毛管空隙率越高，贮水量越大，涵养水源的功能越强。

森林作为降雨和径流之间的调节者，被形象地称为“生物水库”或“无形水库”。具有改变降雨方式和径流形式、增加土壤持水量和地下径流量的作用，同时起到了保水、保土、过滤杂质、提高水质、维护水资源可持续利用和减免洪涝灾害的多重作用。它以“整存零取”的方式自然调节枯洪流量。据中科院水土保持研究所观测，林区河流中地下径流量的比例可以达到年径流量的85%，而无林区仅为30%～40%。

（四）固持土体作用

森林植被的根系具有“地下钢筋”之称。乔灌木树种构成的混交林依靠其深长的垂直根系、水平根系和斜根系，以相当大的幅度和深度固持着土体，使表土、底土、母质和基岩连成一体，增强了土体的抗蚀能力，在维护土体的稳定性、减免重力侵蚀和防治各种地质灾害方面也具有重要的作用。

（五）降低风速，防止风蚀与风害

植被有效地削弱了地表风力，保护土壤，减轻风力侵蚀的危害。据研究，农田防护林的有效防护范围为树高的20～25倍，在此范围风速可降低20%～30%，大大减少了水分的无效蒸发，利于抗旱保墒，也相应地改善了农田的小气候环境条件，促进了作物的良好生长。如一般谷类作物增产20%～30%，瓜类和蔬菜增产50%～70%。

此外，植被通过强大的蒸腾作用，具有增加空气湿度、缩小日温差和年温差等调节气候的作用，大量的枝叶吸附空气中的尘埃物质也是净化空气和保护环境的重要组成部分。

五、人为因素

随着人类生产建设活动项目的增多，导致人为活动加剧新的水土流失形成的问题愈加突出，因而推动了各类生产建设项目水土保持技术的广泛应用，水土保持生态建设的内容已渗透到全社会的各个领域。如《开发建设项目水土保持技术规范》（GB 50433—2008）、《开发建设项目水土流失防治标准》（GB 50434—2008）、《水利水电工程水土保持技术规范》（SL 575—2012）和《水土保持遥感监测技术规范》（SL 592—2012）等规范的颁布与实施，已成为预防人为造成新的水土流失的重要技术手段。预防水土流失、保护水土资源、改善生态环境、促进人与自然和谐相处和推动生态文明建设已成为全社会关注的核心内容之一。

本章小结

本章重点介绍了水土保持学科的几个重要概念、水土流失形式及影响水土流失的主要因素。使学生能够正确理解水土流失、水土保持等重要概念的涵义，明确水土流失的形成与自然因素、人为生产建设活动之间的相互联系以及水土流失的主要表现形式，掌握学习后续内容所必需的基本知识。

复习思考题

1. 解释水土流失和土壤侵蚀的概念,并说明两者的联系与区别。
2. 上网搜集某典型水土流失危害的案例,分析该案例水土流失形成的主要原因。
3. 简述水力侵蚀中各侵蚀形式的主要特点。
4. 举例说明水力侵蚀与重力侵蚀的联系与区别。
5. 试说明水力侵蚀与气候因素之间的相互关系。
6. 搜集案例,分析泥石流的形成与自然因素和人为不合理活动之间的相互联系。

第二章 水土保持生态建设基本原理

【学习目标】

掌握生态系统平衡的基本原理，熟悉景观生态学中的基本概念、生态环境与人类生存环境、生态系统结构与功能和生物多样性等内容，了解生态学的基本知识和可持续发展水平的基本要素。

第一节 生态学原理

随着人类生产建设活动范围的不断扩张，人在整个生态系统中的核心作用日益突出，生态学由单纯研究自然生态系统问题不断向研究人类与自然协调共处的综合科学的方向发展，这一发展趋势也更加强烈显示了生态学的社会属性，使生态学原理与人类生产活动相结合形成的应用生态学，如景观生态学、农业生态学、资源生态学、城市生态学、环境生态学和生态工程学等学科得到了迅速发展。

人类不合理的生产建设活动不仅造成大范围生态系统的结构破坏、功能退化，生态环境急剧恶化，水土流失加剧，生物多样性减少，土地荒漠化扩展，自然灾害频繁发生等各种灾难，也直接威胁到人类的安居和经济社会的可持续发展。为此，遵循生态学基本原理，将人类"藐视自然"的传统生态观转变为向自然学习，"敬畏自然、尊重自然、保护自然、人与自然和谐共处"的科学的现代生态观，用生态学原理指导人类活动，协调资源利用、环境保护和经济发展之间的相互关系，积极推进水土保持生态建设的实施，促进受损生态系统的修复和重建，改善生态环境，防治水土流失和减免各种生态灾难已成为社会发展的总趋势。

一、生态环境与人类生存环境

生物与环境的关系是生态学中的一种基本关系。环境是作用于生物个体或群体的外界条件的总和，包括生物生存的空间以及维持其生命活动所必需的物质与能量，即环境包括自然环境和社会环境。组成环境的因素称为环境因子。环境因子对生物的生长、发育、行为、生殖和分布有直接或间接影响的因子称为生态因子。如光、温度、湿度、氧气、岩石、土壤、食物以及其他生物等。

生态因子的总和即为生态环境。由于生态环境是由许多生态因子组合而成的综合体，因此组成生态环境的生态因子不是单纯地发挥作用，而是相互联系、相互制约和相互配合的。

按照生态学中环境的概念，人类生存环境应由自然环境、工程环境和社会环境三部分组成。

(一)自然环境

自然环境是人类赖以生存的基本物质条件,包括生物因素和非生物的物理因素。现在人们更多使用生态环境来强调与生物特别是与人类有关的自然环境,实际上主要表达了环境对人类以及其他生物的生态影响。

(二)工程环境

工程环境属于自然环境经人工改造后形成的环境。如城市、建筑、交通、工农业、文物古迹、园林等,从整体上看属于技术圈。

人类以自然环境为基础,在快速工业化和城镇化的进程中不断对自然环境进行重新塑造和加深改造,也即人类建造工程环境的过程。工程环境范围扩大,必然导致自然环境的缩小。现代社会所建造的工程环境在提供给人类舒服和方便的同时,也使人类越来越远离大自然。可见,工程环境不能无限制地扩张,合理布局工农业、城市和交通等工程并加强人工环境中的生态保护和生态建设,保护人类生存的良好环境,才是实现可持续发展的根本保证。

(三)社会环境

社会环境由政治、经济和文化等各种要素组成,包括经济关系、意识形态、道德观念、文化风俗、法律关系和宗教信仰等。自然环境和工程环境在空间上是有形的,其环境问题人们容易感知,而社会环境是无形的。随着科学技术的进步和人类文明的发展,有形的环境问题对无形的社会环境的影响日益深刻,如保护生态环境、建设生态文明的意识已渗透到社会的各个方面,环境经济学、生态经济学等理论,已成为指导经济可持续发展的重要依据;各种环境保护法律、法规的建立和健全等使社会环境对工程环境和自然环境各个层面也产生着深刻的影响。因此,人类生存环境中的自然环境、工程环境和社会环境之间是相互联系和影响的。

二、生态系统的组成

生态系统就是在一定空间中共同栖居着的所有生物(即生物群落:生存于特定区域的各种生物种群的集合体。它是若干生物种群彼此影响和相互作用且有规律地组合在一起的有序结构单元)与其环境之间由于不断地进行物质循环和能量流动过程而形成的统一整体。如森林、草原、荒漠、海洋、湖泊、河流等都可视为不同的生态系统。

生态系统中无论是陆地还是水域,或大或小,都可概括为非生物和生物两大部分。或者划分为非生物环境、生产者、消费者和分解者四个部分,这四部分即生态系统的组成成分。生态系统中,非生物成分主要是为生物成分提供生存的场所和空间,以及能量和物质。生产者是能用简单的无机物制造有机物的自养生物,包括所有的绿色植物和某些细菌,是生态系统中最基础的成分;消费者直接或间接地依赖于生产者所制造的有机物质,因此为异养生物;分解者均属于异养生物,如细菌、真菌、放线菌、土壤原生动物和一些无脊椎动物,这些异养生物在生态系统中连续地进行着分解作用,把复杂的有机物质逐步分解为简单的无机物质,最终以无机物的形式归还于环境,因此这些异养生物又常称为还原者。

生态系统最重要的特征是整体性和有序性。整体性是指系统是一个有机整体,其存在的方式、目标和功能都表现为统一的整体性；有序性是指生态系统是一个全方位的开放系统，系统的各组分间以及与环境之间，都不断地进行相互作用和交流，使生态系统本身的结构和功能得到发生与发展。生态系统本身处于非平衡状态，并具有通过与外界交换试图向平衡目标发展的趋势。

三、生态系统的结构和功能

（一）生态系统的结构

生态系统中的组成成分及其在时间、空间上的分布和各组分间的能量流动、物质流动与信息流动的方式和特点，称为生态系统的结构。主要包含物种结构、时空结构和营养结构。

1. 物种结构

物种结构指生态系统中生物组分由哪些生物种群所构成以及它们之间的量比关系，不同的量比关系构成了生态系统的基本特征。

2. 时空结构

时空结构指各生物种群在空间上的配置、时间上的分布以及群落的垂直和水平结构等，构成了生态系统形态结构上的特征。大多数自然生态系统的形态结构都具有水平空间上的镶嵌性、垂直空间上的成层性和时间分布上的发展演替特征。如森林生态系统的垂直结构具有明显的成层现象：地上部分自上而下有乔木层、灌木层、草本植物层和苔藓地衣层；地下部分有浅根系、深根系和根基微生物。森林系统中的动物空间活动区域直接或间接地依赖于植物。因此，生态系统中动物也依附于植物的各个层次而呈现成层分布现象。如许多鸟类以其食性的不同而分别在林冠、树干、林下灌木及草本层中觅食和筑巢，许多兽类在地面筑窝，许多鼠类在地下掘洞等。

水平分布构成生态系统的水平结构。由于光照、土壤、水分、地形等生态因子的不均匀及生物间生物学特性的差异，各种生物在水平方向上呈镶嵌分布。如森林生态系统中，森林边缘与森林内部分布着明显不同的动植物种类。

生态系统的结构和外貌也会随时间而变化，如用长时间量度其变化，以生态系统进化为主要内容；若是以中等时间量度其变化，以群落演替为主要内容；再如以年份、季节和昼夜等短时间量度其周期变化，如森林生态系统主要表现为“季相”变化。生态系统短时间结构和外貌的变化，反映了植物、动物等为适应外界环境所发生的变化，也反映了环境质量的高低。因此，对生态系统时间变化的调查和研究有利于水土保持生物措施种类的选择与布设。

3. 营养结构

营养结构是指生态系统中的无机环境与生物群落之间的生产者、消费者、分解者之间通过食物传递形成的一种组织形式，这是生态系统最本质的结构特征。生态系统各组成成分之间的营养联系是通过食物链或食物网来实现的。食物链是生物组分内不同生物之间形成类似链条式的食物营养关系，食物链上的每一个环节称为营养级。每个生物种群都处于一定的营养级，也有少数种兼处于两个营养级，如杂食动物。自然界中的食物链并不是孤立存在的，各种生物之间的取食与被取食关系往往不是单一的，多数情况是交织在一起,某种消费者常常以多种食物为生,而同一食物又常常被多种消费者取食,于是多条食物链相互交织,相互连接成"网络",即食物网。如老鼠吃各种谷物和种子,而谷物又是多种鸟类和昆虫的食物,昆虫被青蛙吃掉,青蛙又是蛇的食物,蛇最终被鹰捕获为食。通常,一个生态系统的食物网结构越复杂,该系统的稳定性越强。

(二)生态系统的功能

物质循环、能量流动和信息传递是生态系统整体的基本功能。能量和信息传递依附于一定的物质形态,信息传递在物质循环和能量流动中起调节作用,三者不可分割。

1. 物质循环

生态系统从大气、水体和土壤等环境中获得营养物质后,被其他生物重复利用,最后再归还于环境的过程,称为物质循环或生物地球化学循环。这种物质循环局限在某一个生态系统内部,以生物为主体与环境之间进行迅速的交替。环境中的元素经生物体吸收,在生态系统中被多层次利用,然后经过分解者的作用,再为生产者吸收利用,如森林生态系统。

另一类物质循环为不同生态系统之间的循环,即地球化学循环。其特点是周期长,范围大,甚至到整个生物圈。例如,降雨可将养分和其他物质从一个生态系统(如大陆)转移到另外一个生态系统(如海洋)中去,森林系统的养分可通过溪流、江河循环流入湖泊或海洋。

2. 能量流动

能量流动是生态系统的重要功能之一。生态系统的能量流动遵循热力学第一定律和热力学第二定律。"在自然界发生的所有现象中,能量既不能消失也不能产生,只能以严格的当量比例由一种形式转变为另一种形式",即热力学第一定律。据此可见,如果体系内部的能量增加,环境的能量就要减少。生态系统也不例外。若在封闭系统中,一切过程都伴随着能量的改变,在能量的传递和转化过程中,只有很少一部分可以继续传递和做功,转化为在植物体或动物体内的化学潜能,而另一部分不能继续传递和做功的能量以热能的形式耗散,这部分能量使系统的熵和无序性增加,即热力学第二定律。

与封闭系统不同,生态系统是一个开放系统。在生态系统中,能量以食物的形式在生物之间传递时,食物中相当一部分能量转化为热能而耗散(使熵增加),其余很小一部分合成新的组织以作为潜能贮存起来。美国的生态学家林德曼研究发现,生态系统食物链营养级之间的能量转化效率平均大致为1/10,其余9/10由于消费者采食时的选择浪费以及呼吸、排泄等被消耗了,这个发现被人们称为林德曼效率或1/10定律。这是对生态系统食物链各营养级之间能量效率的一个粗略估算。

能量流动与转化的基本定律对指导建立各类生态系统结构,保持适宜的人地比例、农牧比例,适宜的草场载畜量及人类的食物构成等具有重要的指导作用。

3. 信息传递

生态系统中的信息可分为物理信息(声、光、色、电等)、化学信息(酶、维生素、生长素、抗生素等)、营养信息(食物和养分)和行为信息(生物的行为和动作)等。这些信息使种群之间、种群内部个体之间甚至生物和环境之间取得联系,并像能流、物流一样把生态系统各组分联系成一个整体,同时具有调节系统稳定性的作用。

四、生态系统平衡原理与应用途径

“生态平衡是生态系统在一定时间内结构与功能的相对稳定状态,其物质和能量的输入、输出接近相等,在外来干扰下,能通过自我调节(或人工控制)恢复到原初稳定状态。当外来干扰超越生态系统自我调节能力,而不能恢复到原初状态谓之生态失调或生态平衡的破坏。生态平衡是动态的,维护生态平衡不只是保持其原初状态,生态系统在人为有益的影响下,可以建立新的平衡,达到更合理的结构、更高效的功能和更好的生态效益。”这一涵义包含了多方面的生态学概念,如生态系统的发展、稳态、生态系统的调节、对外界的干扰和抵抗能力等。

生态系统通过发展、变化、调节,达到一种相对稳定的状态。因为系统内部能量流动和物质循环总在不间断地进行,生物个体也在不断地进行更新。当生态系统中某一成分发生改变而引起不平衡时,可依靠生态系统的自我调节能力,使其进入新的平衡状态。生态系统自我调节能力的强弱,取决于生态系统的成熟程度,生态系统成分越多样,结构越复杂,调节能力也越强。当干扰超越生态系统自我调节能力,不能恢复到原初状态谓之生态失调或生态平衡的破坏,也即生态系统存在着一个稳定性阈值。若超出了这个限度,即超出了生态系统的忍耐力或稳定性阈值,生态平衡就会遭到破坏。

生态系统的结构和功能在自然干扰与人为干扰的作用下发生位移时,打破了原有生态系统的平衡状态,使系统的结构和功能发生变化并产生障碍,形成破坏性波动或恶性循环。这样的生态系统称为受损生态系统。

受损生态系统可以通过生态恢复、生态修复、生态重建和生态改建逐步达到新的平衡。

(1)生态恢复。恢复是将受损生态系统从远离初始状态的方向推移回到初始状态。受损生态系统的恢复可以依据两种途径进行:①当生态系统受害不超过负荷并没有发生不可逆的变化时,压力和干扰被移去后,恢复可在自然过程中发生。如对退化草场进行围拦保护,几年后草场即可得到恢复。②生态系统的受损是超负荷的,并发生不可逆变化,只依靠自然过程并不能使生态系统恢复到初始状态,必须依靠人的帮助,必要时需要非常特殊的方法,至少要使受害系统得到控制。

(2)生态修复。为了加速破坏生态系统的恢复,还可以辅助人工措施为生态系统健康运转服务,以加快生态系统的恢复,即生态修复。如对严重退化的草场通过封禁保护和在局部位置利用灌溉余水进行灌溉的措施促使草场植被尽快恢复。

(3)生态重建。将生态系统的现有状态进行改善,改善的结果是增加人类所期望的“人造”特点,压低人类不希望的自然特点,使生态系统进一步远离它的初始状态,如废弃地的植被恢复。

(4)生态改建。生态改建是将恢复和重建措施有机地结合起来,使恶化状态得到改善。

可见,生态系统平衡原理对人们合理利用各种资源、保持生态平衡条件下的经济稳定发展,使生态平衡与经济平衡相互渗透,生态系统和经济系统协调发展,具有重要的指导作用。

五、景观生态学中的主要概念

景观生态学是研究景观的空间结构、景观功能和景观演化的科学。景观的空间结构指的是景观类型与景观格局;景观功能指的是空间要素间的相互作用,即生态过程;景观演化指景观结构随时间在空间动态变化。

景观生态学以生态学的理论框架为依托,吸取现代地理学与系统科学之所长,其理论体系还在不断完善中,但景观生态学原理在环境保护、土地利用规划、城市景观和园林绿地系统规划等方面得到了广泛的应用,有助于多学科的研究来解决区域资源利用、环境保护和可持续发展等问题。

(一)景观

景观是由不同类型生态系统组成的异质性区域(区域为气候、地理、生物、经济、社会和文化综合特征的景观复合体),其组成单元称为景观单元。景观强调空间异质性,景观的绝对空间尺度随研究对象、方法和目的而变化,这也体现了生态系统中多尺度的等级结构特征。

(二)斑块－廊道－基质(或本底)理论

斑块泛指与周围环境在外貌或性质上不同的非线性地表区域,如植物群落、湖泊、草地、农地或居民区等。斑块的大小、形状、数量、面积和分布格局有着特定的生态学意义,单位面积上斑块数目的多少与景观的完整性和破碎化密切相关,而景观的破碎化直接影响到物种的生存。

廊道是指景观中与相邻两边环境不同的线性或狭长地带,如林带、河流和道路等。廊道既具有将景观的不同部分隔开的作用,又有将景观中不同的部分连接起来的作用。

基质是景观中范围广泛、相对同质且连续性最强的背景地域。如森林基质、草原基质、农田基质和城市用地基质等。基质控制和影响着斑块之间的物质、能量交换,决定着景观的性质,对景观的动态变化起着主导作用。

斑块－廊道－基质理论,使得景观结构、功能和动态的描述更为具体形象,而且也有利于考虑结构与功能之间的相互关系,比较它们在时间上的变化。斑块－廊道－基质的区分也是相对的,某一尺度上的斑块可能成为较小尺度上的基质,也可能是较大尺度上廊道的一部分。

(三)格局、过程、尺度的含义

(1)格局。指空间格局。大小和形状各异的景观要素在空间上的排列与组合,包括景观组成单元的类型、数目以及空间分布与配置。如不同类型的斑块可在空间上呈随机型、均匀型和聚集型等形式分布。

空间格局制约着各种生态过程,它与抗干扰能力、恢复能力、系统稳定性和生物多样性有着密切的联系。

(2)过程。强调事件或现象发生、发展的动态特征,主要指的是生态学过程。如种群动态、种子或生物体的传播、群落演替、干扰传播、物质循环和能量流动等。

影响基本生态过程的空间格局参数有:①斑块大小。影响单位面积的生物量、生产力、养分储存、物种多样性以及内部物种的移动和外来物种的数量。大的自然植被斑块在景观中可以发挥多种生态功能,对稳定区域的生态环境起着关键性的作用。②斑块形状、密度及分布构型等都与景观的"生态流"有关。

(3)尺度。指研究某一物体时所采用的空间或时间单位。尺度分为空间尺度和时间尺度。空间尺度是指景观中最小可辨识单元所代表的特征长度、面积或体积;时间尺度指某一事件或现象发生的频率或时间间隔。

第二节　生物多样性保护与可持续发展

一、生物多样性的涵义

生物多样性是指生物有机体及其赖以生存的生态综合体的多样性和变异性。它包括生命形式的多样化,各生命形式之间及其与环境之间的多种相互作用。生物多样性是地球生物圈与人类本身延续的基础,对保护环境和维持经济、社会、自然复合生态系统的平衡具有不可估量的价值。

生物多样性包含生物的遗传多样性、物种多样性、生态系统多样性和景观多样性等四个方面的内容。

(1)遗传多样性。遗传多样性是指生物个体中所包含的各种遗传物质和遗传信息。它既包括了同一种的不同种群的基因变异,也包括了同一种群内的基因差异。遗传多样性对于物种的维持和繁衍、物种适应环境和增强物种的抗逆力都是十分重要的。

(2)物种多样性。物种多样性是指多种多样的生物类型及种类,强调物种的变异性。物种多样性代表着物种演化的空间和对特定环境的生态适应性,如水生植物类群、旱生植物类群和沙生植物类群等。物种多样性是物种进化机制的最主要产物。因此,物种是最适合研究生物多样性的生命层次。如通过水土保持生态环境的建设,改善了生态环境,形成了类型多样的生境环境,是增加物种多样性的一条重要途径。

(3)生态系统多样性。生态系统多样性是指生态系统中的生境类型、生物群落和生态过程的丰富程度。与遗传多样性和物种多样性相比,生态系统多样性的测定是比较困难的。这是因为生态系统是动态的,而且生物群落和生态系统的界限常常难以确定。

(4)景观多样性。景观多样性反映景观的复杂程度,包括斑块多样性、景观类型及景观格局的多样性。

二、生物多样性保护的途径

生物多样性保护的途径主要包括生物多样性的就地保护和迁地保护。特别是在物种原有生境受到破坏或各类开发建设工程项目的增多对物种的生存条件带来了直接影响的情况下,迁地保护途径尤为重要。

(1)就地保护。就地保护的途径主要是建立自然保护区。具体方法:①选择地段的代表性。即有典型的物种和群落的地区,或物种多样性和群落多样性较高的地区。如高山、丘陵、湿地、河流和岛屿等,以使较多的物种得到保护。②保护的有效性。即自然保护区的面积应能满足被保护物种生存繁衍的需要,满足生态系统中能流、物流及各种生态过程实现的需要，而且能对保护区周围的人类活动加以控制。③就地保护区应具有空间的连续性。如应包括从低海拔到高海拔的各种高度或从干旱到湿润的各种水分变化的地区。

（2）迁地保护。迁地或异地保护是指将濒危动植物迁移到人工环境中或易地实施保护。其目标是为濒危物种提供正常生存的原生环境，也就是建立自然状态下可生存种群。

由于各种干扰，造成物种生存的原有生境破碎成斑块状或原有生境不复存在，或物种数目下降到极低的水平，特别是个体难以找到配偶时，都需要进行迁地保护。如迁地保护可利用动物园、植物园、树木园，以及建立各种迁地保护基地与繁育中心等，对野生动物和野生植物进行保护。

三、可持续发展

1987 年，世界环境与发展委员会在《我们共同的未来》研究报告中，把可持续发展定义为“既满足当代的需求，又不危及后代满足需求能力的发展”。其实质体现了生态持续性、经济持续性和社会持续性三方面的内容。这意味着我们在空间上应遵守互利互补的原则，不能以邻为壑；在时间上应遵守理性分配的原则，不能在“赤字”状况下进行发展的运行；在伦理上应遵守“只有一个地球”、“人与自然平衡”、“平等发展”、“互利互惠”、“共建共享”等原则，承认发展的多样性，并体现高效和谐、循环再生、协调有序、运行平稳的良性发展的运行状态，可持续发展是一种正向的有益的发展过程。

1992 年在巴西里约热内卢召开的联合国环境与发展大会，通过《里热宣言》和《21 世纪议程》等文件，第一次将可持续发展从概念、理论推向实践，从政治平等、消除贫困、环境保护、资源管理、生产与消费方式转变、科学技术、立法、国际贸易、动员公众参与等各方面采取行动，建设一个可持续发展的社会，充分体现了可持续发展社会中人与自然之间的协调发展关系。

世界环境与发展委员会认为，可持续发展原则包括 9 个方面：①建立一个可持续性社会；②尊重和保护生态社区；③改善人类生活质量；④保护生物的多样性；⑤发展维持在承载能力之内；⑥改变个人的态度和生活习惯；⑦使公民团体能够关心自己的环境；⑧建立协调发展与保护的国家网络；⑨创建全球性联盟。

衡量可持续发展水平可从以下五个基本要素及其间的复杂关系来衡量。

（1）资源的承载能力。即基础支持系统。这是一个区域人均资源的数量和质量，以及它对于该空间人口的基本生存和发展的支撑能力。

（2）区域的生产能力。也称动力支持系统或福利支持系统。这是某区域在资源、人力、技术和资本的总体水平上，可以转化为产品和服务的能力。可持续发展要求此种生产能力在不危及其他子系统的前提下，应当与人的需求同步增长。

（3）环境的缓冲能力。即容量支持系统。人对区域开发、资源利用、生产发展和废物处理等，均应维持在环境的允许容量之内。

（4）进程的稳定能力。即过程支持系统。在整个发展的进程中，希望不出现由于自然波动和经济社会波动所带来的灾难性后果。因此，通过培植系统的抗干扰能力和增加系统的弹性，使系统维持稳定的发展进程。

(5)管理的调节能力。也称智力支持系统。要求人的认识能力、行动能力、决策能力和人的调整能力,要适应总体发展水平。即人的智力开发和对自然－经济－社会复合系统的驾驭能力,要适应可持续发展水平的需要。

通过以上五个要素的内容,可以对某区域可持续发展能力作出评估,并且可以通过全面比较不同区域的可持续发展潜力,建立起可持续发展进程的整体规划战略。

本章小结

本章重点介绍了生态系统平衡、景观生态学、生物多样性以及可持续发展等理论基础知识,使学生明确人类生产建设活动应遵循生态学的基本原理,培养学生的生态保护意识和提高学生在生产实践中运用上述基础知识的能力。

复习思考题

1. 说明生态环境与人类生存环境的联系。

2. 简述生态系统的组成成分,搜集典型案例说明生态系统的结构特征。

3. 熟悉生态系统平衡的涵义,根据生态系统平衡的原理,通过案例说明采取哪些方法使受损生态系统得到修复以及其修复效果(通过网络查询或专业资料搜集案例)。

4. 简述生物多样性及可持续发展的涵义,分析衡量可持续发展水平的基本要素与水土保持概念之间的相互联系。

第三章　小流域水土流失综合防治技术措施

【学习目标】

掌握坡面拦蓄工程、坡面排水工程、谷坊、淤地坝和拦沙坝的设计特点；熟悉生物措施中各林种生态防护的主要特点；了解小流域水土流失综合防治三大技术措施的内容及综合防护体系的作用。

流域是指某一封闭的地形单元，该单元内有溪流（沟道）或河川排泄某一断面以上全部面积的径流。因此，流域是一自然集水区域或称为一个水文单元。由于流域是相对完整的自然集水区域，它既是地表径流和泥沙汇集输移的基本单元，同时又由于人的活动使其成为以人为核心的经济系统单元，因此人们经常把流域作为一个生态经济系统来进行经营和管理。

流域生态经济系统是一个开放系统，它不断地与外界环境进行物质、能量和信息的交换。流域的开放性，也给流域生态经济系统的发展带来了巨大的活力。如流域内人类活动具有两重性的特点。一方面，人们可以通过对流域环境的改造、资源的开发利用和资金的循环流通等达到生态平衡下的经济平衡，使生态经济系统中各要素以及结构与功能之间都处于融洽协调的关系中，生态经济系统在自控、稳定的同时，不断完善和进化，生态系统与经济系统同步协调发展，最终达到良性循环；另一方面，人们对流域内资源的不合理开发利用必然会对自然生态系统造成一定的压力，使得生态平衡遭到破坏，带来一系列生态问题。因此，根据流域土壤侵蚀、水土资源的时空分布规律，在合理利用水土资源的基础上，运用水土保持农业措施、水土保持林草措施、水土保持工程措施和水土保持管理措施等构成水土流失综合防治措施体系，以促进流域生态经济系统的平衡，是目前水土保持学科的重要内容之一。生产中以小流域为单元进行综合防治，在此重点介绍小流域水土流失综合防治技术措施。

第一节　水土保持农业技术措施

在水蚀和风蚀的农田中，采用改变小地形、增加植物被覆和地面覆盖、增强土壤抗蚀力等方法，达到保水、保土、保肥、改良土壤、提高产量的农业技术方法，即为水土保持农业技术措施，又称水土保持农业耕作措施。水土保持农业技术措施应结合每年的农业耕作活动进行并且主要用于坡耕地上。

我国山丘区耕地面积约占全国总耕地面积的一半，坡面径流是农业生产过程中土壤遭受侵蚀最重要的原因，为了抑制径流的产生，除兴修梯田外，在坡度较缓的坡耕地上，通过采用水土保持耕作措施，以达到减免径流产生，保水、保土、稳产增产的效益，并且比修筑梯田简单易行。尤其是土石山区,山多坡陡,土层薄,因自然条件所限,相当一部分耕地不适宜修筑成水平梯田,需要在坡耕地上长期采取水土保持耕作措施。我国特殊的自然地形地貌条件决定了水土保持农业技术措施的应用范围广、种类多(约达100多种),尤其是现代农业的发展如雨养农业和生态农业等进一步推动了水土保持农业技术措施的普遍应用,我国水土保持农业技术措施按其作用主要分为以下三类。

一、以改变小地形、增加地面粗糙率为主的农业技术措施

(一)等高耕作

等高耕作是在坡地上沿等高线进行耕作的水土保持农业技术。等高耕作通常与沟垄耕作、间作套种、草田轮作等其他农业技术相结合,以发挥更大的保持水土、抗旱增产作用。

(二)沟垄耕作

沟垄耕作是在坡地上沿等高线或在风蚀地垂直于主风向开沟起垄,以达到蓄水、防风和保土目的的一种耕作方法。其典型形式如水平沟耕作,又称水平沟种植、套犁沟播。具体做法是:在犁过的壕沟内再套耕一犁,以加深加宽垄沟,然后将种子点在沟内并进行施肥,结合碎土镇压覆盖种子。中耕培土时仍保持垄沟完整。

(三)垄作区田

垄作区田是把坡耕地做成若干带状低畦格田或方形深穴的小区,进行水土保持和抗旱种植的耕作方法。具体做法是:在坡地下部沿等高线开犁,向下翻土;将肥料和种子均匀地播在垄的上半坡上,然后回犁盖土,覆盖种子;随后空一犁,再翻一犁,如上述继续将肥料和种子均匀地播在垄的上半坡上,回犁盖土。按上述方法一次进行耕作,空犁之处形成垄,犁过之处形成沟。最后在各条沟中,每隔1~2 m修筑低于垄的小土挡,形成垄作区田(见图3-1)。

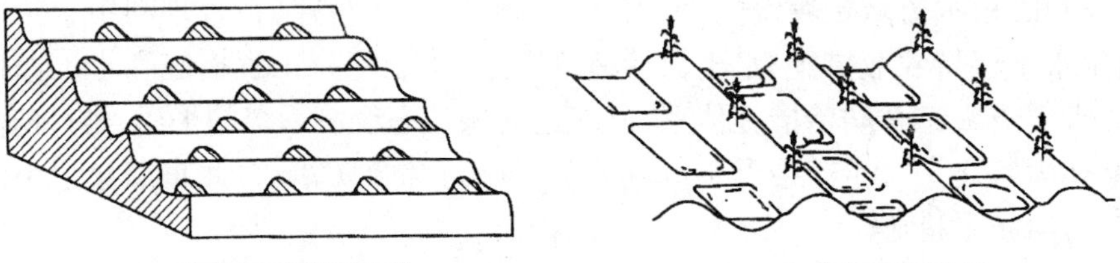

(a)垄作区田坡面布设　　(b)垄作区田种植

图3-1　垄作区田示意图

(四)抗旱丰产沟

抗旱丰产沟又称蓄水聚肥改土耕作法,是山西省水土保持科学研究所经过多年的试验研究,在吸取坑田、沟垄种植等耕作技术的基础上,创造的一种科学耕作方法。具体操作方法为:从地边开始(或自坡面由下而上修筑),沿坡面将约50 cm宽的表土(表土深20~25 cm)上翻,在内侧带宽的1/2范围内深翻20~25 cm的生土加高外侧的边埂,拍光压实,使其成为永久埂;在生土沟内再深翻20 cm,然后将上翻的表土及上方约80 cm宽、15 cm深混有磷酸钙与农家肥的表土填入沟内,使沟内肥土增加1倍,完成第一种植沟;

再在靠第一种植沟内侧已铲去表土的生土带内，带宽的 1/2 范围内挖沟取土，外侧 1/2 的带宽培生土埂，使生土埂高于原地面约 20 cm，并深翻沟内底土，然后将其上坡宽约 80 cm 的表土填于沟内，形成第二条种植沟，依次类推。抗旱丰产沟有效地控制了水土流失，蓄水聚肥保土，将表土、肥料和水分集中使用，提高了抗旱能力和水肥利用率。据山西省水土保持科学研究所在中阳县胡家岭村的试验资料，21°坡耕地，抗旱丰产沟耕作比常规耕地可减少径流 88% ~92%，减少冲刷 95% ~99%。据各地资料，在梯田上增产 30% ~80%，坡耕地上可增产 50% ~120%。若配合地面覆盖措施，增产效果更为显著。

二、以增加地面被覆为主的农业技术措施

(一) 间作与套种

间作是在同一田块于同一生长期内，分行或分带相间种植两种或两种以上的作物的种植方法。农作物与多年生木本植物相间种植，也称为间作或称农林复合经营，如华北地区的农桐、枣农、果农和条(如编织柳、紫穗槐)农间作等，江淮地区的茶农、桑农间作以及经济林与农作物结合等，其生态效益和经济效益都非常显著。

套种是在前季作物生长的后期在其株行间播种或移栽后季作物的种植方式。如在小麦生长的后期每隔 3 ~4 行播种一行玉米。

(二) 等高带状间作

等高带状间作是指沿着等高线将坡地划分成若干条带，在各条带上交互和轮换种植密生作物与疏生作物或牧草与农作物的一种坡地保水保土的种植方法。等高带状间作更有利于改良土壤结构、蓄水保土和提高土壤肥力。

此外，还有草田轮作、混种(即两种作物均匀地撒播，或混播在同一播种行内或在同一播种行内进行间隔播种)等增加植被覆盖的措施等，这些措施增加了植物的覆盖面积、覆盖度或被覆时间，具有保护地表土壤结构、防冲防风和保护水土资源的重要作用。

(三) 增加地面覆盖物

如保留残茬，用秸秆、地膜或砂卵石等覆盖地面，增加降水入渗，防止土肥流失及土壤水分蒸发，并可增高地温，以利于植物的生长发育。如宁夏中卫市环香山地区，群众将沟道中堆积和覆盖的大量颗粒状或片状的沙砾石运至坡耕地、荒地和山地斜坡上，在地表铺盖厚度约 15 cm 的沙砾石保护层，形成压砂地，使地表具有保墒、蓄水、保温、固沙和阻沙的作用。这一措施与当地昼夜温差大，日照时间长，太阳总辐射量为 60 亿 J/m^2(居全国第三位)的光热资源的优势相结合，使当地在压砂地上种植的砂西瓜成为一项具有地方特色的沙产业。

三、以增加土壤抗蚀力为主的农业耕作措施

(一) 免耕法

免耕法指不耕不耙，也不中耕。它是依靠生物的作用进行土壤耕作，用化学除草代替机械除草的一种保土耕作法。免耕的作业过程是：在秋季收获玉米的同时将玉米秸秆粉碎撒在地表覆盖，今冬或早春将硝酸铵、磷肥、钾肥均匀地撒在冻土地，播种时用免耕播种机开沟(沟宽 6 ~7 cm、深 2 ~4 cm)播种玉米，同时也相应施入土壤杀虫剂与其他肥料，除

草剂在播种后再喷洒。另外,在玉米收获之前撒播草种以达到草本植物覆盖地面,保护地表土壤的作用,次年春季又用除草剂杀死返青的杂草,就地作为覆盖物。

免耕法防止了在耕作过程中对土壤的扰动,通过秸秆和草本植物覆盖既防止了水蚀和风蚀,也有效地减少了土壤中水分的蒸发量,具有保水和节水的重要作用。

(二)深耕

深耕在夏、秋两季进行,深耕为 21 ~ 25 cm。其主要作用是增加水分的入渗量,增强土壤的蓄水保土能力,改善土壤的理化性质,减少水土流失量。

此外,少耕、增施有机肥等都是普遍应用的改良土壤、增加土壤抗蚀力的措施。

近年来,现代农业如雨养农业、生态农业的快速发展,使合理利用水土资源,有效利用水土资源的水土保持技术措施不断深化和得到广泛应用。保水蓄水技术作为雨养农业的基础和水土保持的重点,将水土保持耕作技术措施与选用抗旱作物到梯田拦蓄雨水以及高效节水措施如滴灌、暗灌、管带灌、涌灌和喷灌等技术相结合的应用,使水土保持耕作技术在农业发展中的作用越来越突出。

第二节　水土保持生物措施

水土保持生物措施又称水土保持林草措施或水土保持植物措施,是在水土流失地区以控制水土流失、保护和合理利用水土资源、改良土壤、维护和提高土地生产潜力、改善生态环境、增加社会与经济效益所进行的人工造林种草、飞播造林种草,或封山育林育草等措施。水土保持生物措施也是防治水土流失的根本措施。水土保持生物措施是区域(或流域)水土流失综合治理措施的重要组成部分,它与水土保持农业技术措施、水土保持工程措施形成一个有机的区域(或流域)综合防治体系。

水土保持生物措施中的造林措施包括水蚀、风蚀等地区经营的天然林、水土保持林、农田防护林、水源涵养林、固沙造林和经济林等林种;水土保持种草是指在水土流失地区,为了蓄水保土,改良土壤,提供饲料、燃料和肥料,促进畜牧业发展而进行的草本植物培育。水土保持种草对以林牧业为主的水土流失地区尤为重要。

在此对生物措施中典型林种的主要防护特点和水土保持种草技术等重点予以说明。

一、水土保持林

水土保持林是在水土流失地区,以调节地表径流、防治土壤侵蚀,减少河流、水库泥沙淤积等为主要目的,并提供一定林副产品的天然林和人工林。水土保持林属于防护林的一个林种。

由于水土流失区域广阔,自然条件复杂,各区域间水土流失形式、强度差异较大,因此在生产实践中,根据水土保持林在区域(流域)的地貌类型、生态防护功能和生产性能等的不同,将水土保持林划分为不同的林种。如改善农田小气候、保护和促进农业生产为主的塬面防护林林种;在山地丘陵区的陡坡地以防止土壤侵蚀为主的防蚀林林种;海拔较高的山地以调节改善水源流量和水质为主要目的的水源涵养林等。此外,还有分水岭防护林、沟道防护林、梯田埂坎防护林、水库防护林、护岸护滩林和山地护牧林等林种。

可见,水土保持林林种具有多样性和复杂性的特点,各林种以木本植物为主在区域(流域)内形成有机结合的防护体系,即水土保持林体系。这一防护体系中也包括了区域(流域)内现有的天然林、各类人工乔灌木林、"四旁"植树、木本粮油基地、果园和其他经济林等。因此,水土保持林体系是按不同的防护部位、防护目的和生态建设的需要,因地制宜地将多功能的各个林种结合在一起,构成一个区域性、多树种、多效益有机结合的防护整体,在区域(或流域)内发挥着主导的生态保护功能。

水土保持林的营造技术可概括为以下几个方面。

(一)适地适树

根据立地条件类型选择与之相适宜的树种,并注重选择当地优良的乡土树种。在树种搭配上,力求做到针阔混交、乔灌木结合(见表3-1)。在区域(流域)范围内通过林种规划、混交方式、造林密度和种植点的配置等设计,最终统计出各林种的面积和所需各树种的数量。

表3-1　典型区域水土保持林适宜树种

区域	适宜作为水土保持林的主要树种
黄土高原地区	针叶类:油松、侧柏、杜松、樟子松、华北落叶松、华山松、云杉等; 阔叶类:群众杨、河北杨、山杨、合作杨、小叶杨、刺槐、臭椿、旱柳、白榆、国槐、栓皮栎、辽东栎、柿树、枣树、白蜡等; 小乔木和灌木类:柠条、金银花、狼牙刺、文冠果、翅果油树、黄蔷薇、花椒、木瓜、扁桃、花棒、火炬树、杞柳、枸杞等
长江中上游丘陵山区	柏木、马尾松、桤木、光皮桦、云南松、华山松、湿地松、刺槐、马桑、麻栎、栓皮栎、黄荆、刺梨、乌桕、白栎、茅栎、葛藤、黄檀、山苍子、栲类、苦槠、黄栀子、枫香、胡枝子等
太行山区	油松、侧柏、华北落叶松、华山松、日本落叶松、栓皮栎、辽东栎、槲树、蒙古栎、臭椿、旱柳、小叶杨、毛白杨、刺槐、元宝枫、栾树、杜梨、山桃、山杏、白蜡、黄栌、胡枝子、紫穗槐、沙棘、荆条、酸枣和灌木柳等
东北黑土丘陵区	兴安落叶松、长白落叶松、红皮云杉、樟子松、小黑杨、小青杨、山杨、白桦、紫椴、旱柳、胡枝子、丁香、沙棘及灌木柳等
流动、半流动沙区	樟子松、新疆杨、箭杆杨、小叶杨、胡杨、花棒、梭梭、沙拐枣、沙柳、踏郎、柽柳、沙枣等

(二)造林整地与造林方法

造林整地是拦蓄径流、保持水土、改善土壤理化性质和提高造林成活率的重要技术。通常采用的整地方式为水平阶、水平沟、反坡梯田和鱼鳞坑等。

造林方法按所用的造林材料的不同,分为植苗造林、播种造林和分殖造林。

植苗造林的苗木已形成完整的根系和茎干,对不良的环境因子有较强的抵抗能力,在干旱地区和水土流失地区造林成活率高,因此植苗造林是应用最为广泛的一种造林方法;

播种造林是直接将种子播种在造林地上，可用人工播种或飞机播种，飞播可大大加快边远山区的造林面积，以达到尽快恢复和增加植被覆盖度，改善生态环境的目的；分殖造林是利用树木的营养器官如茎、枝条、根、地下茎等直接进行造林的方法，这种方法不需要种子和苗木，能保存母本植株的特性，但因没有根系，造林时要求较湿润的土壤条件。

（三）抚育管理

在适时地对林地进行土、肥、水管理的同时，对林木采取必要的保护措施，如防治病虫害、防治各种自然灾害和人畜破坏，促其成林，以达到预期的防护目的。

二、农田防护林

农田防护林是防止风沙、干旱等自然灾害，改善农作物生长的环境条件并提供一定的林副产品而营造的人工林带（网）。农田防护林带由主林带和副林带按照一定的距离纵横交错构成格状，即防护林网。主林带走向与主害风的方向垂直或主林带与主害风的方向有不超过30°的偏角（主要考虑林带与已有道路、渠系的结合，又不降低防护效果）。副林带与主林带相垂直，用于防止其他方向害风的不利影响，增强主林带的防护效果。农田防护林多与路旁、渠旁绿化相结合，构成农田林网防护体系。

农田防护林的主要特点如下。

（一）林带结构

林带结构指林带内树木枝叶的密集程度和分布状况，常用透风系数表示。透风系数即林带背风林缘1 m处林带高度范围内的平均风速，与空旷地相同高度范围内的平均风速之比。不同树种组成、不同的林带宽度和造林密度，形成不同的林带结构。林带结构通常分为三种基本类型。

（1）紧密结构。由乔木、亚乔木和灌木树种组成的三层林冠，几乎不透风、不透光，害风从林带上方越过呈垂直方向急剧下降。它的有效防护距离较短，一般有效防护距离约为林带高度的15倍。

（2）透风结构。林带由乔木或乔木和亚乔木组成。上部为较紧密的林冠层，下部为较均匀透风树干层，透风系数为0.5～0.7，害风遇到林带时，一部分从树干层透过，一部分从林带上部绕行。透风结构的林带附近很容易产生风蚀现象，尤其当林带树干层的透风系数较大时，风蚀现象更为严重。因此，风蚀区不宜应用这种结构。透风结构的林带在防护距离上比紧密结构的林带要大得多，其有效防护距离约为25倍的树高。

（3）疏透结构。林带整个纵断面透风、透光均匀，透风系数为0.3～0.5，害风穿过透风结构林带时，一部分像过筛网似地通过林带，另一部分从林带上方越过。疏透结构的林带是三种结构中较理想的类型，不仅能较大地降低害风的速度，而且防护距离也较大。有效防护距离约为林带背风面30倍的树高。

（二）林带宽度

林带宽度以能够形成适宜的林带结构和适宜的疏透度（林带纵断面透光空隙的面积占纵断面总面积的百分数）为标准，带宽大多为4～12 m。

（三）林带间距

（1）主林带间距。为削弱害风风速，减小风沙危害，防止表土风蚀，保持土壤肥力，主林带的间距应以当地林带成林高度的15～20倍为宜;在以干热风为主的区域,主林带的间距应以当地林带成林时高度的25～30倍为宜。

(2)副林带间距。副林带的间距一般为主林带间距的2～4倍。若不同方向的害风出现的频率较高时,也可按主林带间距设计,构成正方形防护林网。

三、水源涵养林

水源涵养林是以调节、改善水源流量和水质,保证江河基流,维持水量平稳,控制河流源头水土流失,调节洪水枯水流量,具有良好的林分结构和林下地被物层的天然林与人工林。水源涵养林属于防护林的二级林种,主要以发挥森林涵养水源功能为目的的特殊林种。

水源涵养林通过对降水的吸收调节作用,变地表径流为土壤中的径流和地下径流,具有重要的涵养水源的作用。我国的大中型水库、湖泊的水源涵养林的范围为:山地自然地形的第一层山脊以内的森林或其周围平地250 m以内的森林为水源涵养林。若为河流则要求水源涵养林的布置范围占河流总长度的1/4;一级支流上游和二级支流的源头以上及沿河直接坡面,都应区划一定面积的水源涵养林,河流集水区的森林覆盖率应达到50%以上,其中水源涵养林的覆盖率应占30%以上。

在经营管理方面,人工营造的水源涵养林,林地面积不宜低于流域总面积的30%,并选择由不同林龄的乔灌木树种,形成多层次、异龄混交林,充分保护林地的地被物层。在林分抚育管理过程中,包括天然水源涵养林,只能进行必要的抚育采伐、卫生采伐和更新采伐等,禁止主伐。我国四川广安的水源涵养林有"中国水利水保林"的美誉,成为全国水源涵养林的示范基地。

四、水土保持种草技术

(一)草种的选择

按照适地适草的原则,选择适生的草种。如根据土壤水分情况选择草类时分为以下四类:①干旱、半干旱地区选种旱生草类,如沙蒿、冰草等;②水分条件较好时选择对土壤水分要求中等、草质较好的中生草类,如苜蓿、鸭茅等;③水域岸边、沟底等低湿地选择湿生草类,如田菁、芦苇等;④水面、浅滩地选种水生草种,如水浮莲、茭白等。

另外,也可依据气候、土壤酸碱度和其他生态环境(如林地选择耐阴草类三叶草)选择适宜的草类。

(二)种植技术

根据草种、土壤条件和栽培条件可采用条播、撒播、穴播,还可采用带肥播种和混播的方式进行播种。

1.播种深度

播种时开沟深度在土壤墒情差时应深些,覆土厚度根据草种的种子萌发能力而确定。小粒种子如苜蓿、沙打旺、草木樨、草地早熟禾等为1～2 cm;中粒种子如红豆草、毛苕子和无芒雀麦等3～4 cm。一般禾本科的草类要深些,豆科草类种子可浅些。此外,播种深度和土壤质地也有关,轻质土壤可深些,黏重土壤可浅些。

2. 播种量

播种量取决于牧草的生物学特性、栽培条件、土壤条件、气候条件和种子的质量等方面。这些因素决定了牧草在田间的合理密度，由此推出该牧草的理论播种量。若种子的纯净度和发芽率均为100%时，该牧草种子的理论播种量为：

$$理论播种量(kg/hm^2) = 田间合理密度(株/hm^2) \times 千粒重(g)/10^6$$

具体应用时还可参照当地牧草的经验播种量：

$$经验播种量(kg/hm^2) = 保苗系数 \times 田间合理密度(株/hm^2) \times 千粒重(g)/10^6$$

3. 草地管护

建设围栏进行保护，在幼苗和返青期防止禽畜啃食；播种后和幼苗生长期间，需要进行松土补种和及时中耕除草；二年生以上草地，在春季萌芽前要清理田间留茬。在秋季最后一次刈割后进行中耕松土。通过对草地的合理管护，达到提高生物产量和增加覆盖度，保护土壤与合理利用土地资源的目的。

五、林业生态工程

我国著名的生态学家马世骏早在20世纪50年代就提出“生态工程”一词。1984年马世骏为生态工程下的定义为：“生态工程是应用生态系统中物种共生与物质循环再生原理，结构与功能协调原则，结合系统分析的最优化方法，设计的促进分层多级利用物质的生产工艺技术。生态工程的目标就是在促进自然界良性循环的前提下，充分发挥资源的生产潜力，防治环境破坏和污染，达到经济效益与生态效益同步发展。它可以是纵向的层次结构，也可以发展为几个纵向工艺链索横向联系而成的网状工程系统。”他还曾精辟地提出生态工程是生态学原理在资源管理、环境保护和工农业生产中的应用，从而为引导国内外生态工程的研究打开了广阔的思路。

林业生态工程是根据生态学、林学、系统科学、生物控制论原理、水土保持原理和生态工程原理，针对区域自然资源环境特征和社会经济发展状况，设计、建造、经营与调控以木本植物为主体，并将相应的植物、动物、微生物等生物种群人工匹配结合而形成稳定、高效的人工复合系统的工程技术。林业生态工程的目标是建造某一区域或流域的以木本植物为主体的优质、稳定的复合生态系统，以从根本上扭转生态环境恶化的状况，充分发挥森林在陆地生态系统中的主体作用，缓解森林资源危机，维护生态平衡。因此，林业生态工程的建设在防治水土流失、减轻各种生态灾害方面具有举足轻重的作用。

从1978年起，我国先后确立了以遏制水土流失、改善生态环境、扩大森林资源为主要目的的十大林业生态工程，即“三北”防护林体系建设工程、长江中上游防护林体系建设工程、沿海防护林体系建设工程、平原绿化工程、太行山绿化工程、防沙治沙工程、淮河太湖流域综合治理防护林体系建设工程、黄河中游防护林工程、辽河流域综合治理防护林体系建设工程和珠江流域综合治理防护林体系建设工程。这十大林业生态工程的规划区总面积为705.6万km^2，占国土总面积的73.5%，覆盖了我国主要的水土流失、风沙危害和台风盐碱等生态环境最为脆弱的地区，构成了林业生态建设的基本骨架。1998年我国又规划实施了退耕还林还草工程（该工程主要解决重点地区的水土流失问题）、天然林保护工程（主要解决长江上游、黄河中上游地区天然林的休养生息和恢复发展问题）、环北京地区防沙治沙工程、重点地区以速生丰产用材林为主的林业产业基地建设工程、“三北”和长江中下游地区等重点防护林建设工程及野生动植物保护建设工程。六大林业生态工程覆盖了我国97%以上的县,为从根本上扭转生态环境恶化的状况,维护陆地生态系统的平衡和推动经济社会的可持续发展奠定了良好的环境基础。

第三节　水土保持工程措施

水土保持工程措施是以修筑各种水土保持工程为手段,以防治水土流失、保护改良水土资源为目的,以实现水土流失地区水土资源高效利用和环境改善为目标的各种工程措施的总和。水土保持工程措施的规划和实施与水土保持生物措施、水土保持农业技术措施有机结合,三者在区域(或流域)范围内形成一个完整的水土流失综合防治措施体系,以实现生态效益、经济效益和社会效益的协调统一。

水土保持工程措施可分为坡面防治工程、沟壑治理工程、山洪导排工程和小型水利工程等四类。本节内容主要为坡面防治工程和沟壑治理工程措施(其余部分详见第六章至第十三章)。

一、坡面防治工程

(一)梯田工程

梯田是山丘区坡地上沿等高线方向修筑的条状台阶式或波浪式断面的田地。梯田通过改变地形坡度,拦蓄雨水,达到保水、保土、保肥和提高粮食产量的目的,从而为陡坡地退耕还林还草奠定了良好的基础。因此,梯田是改造坡地、保持水土,全面发展山区、丘陵区农业生产的一项重要工程措施。

1. 梯田分类

梯田按断面形式分为以下四类:

(1)水平梯田。田面呈水平,适宜于种植农作物和果树等。

(2)坡式梯田。顺坡向每隔一定间距沿等高线修筑地埂,依靠逐年耕翻、径流冲淤并加高地埂的方法,使田面坡度逐年变缓,最终改造成水平梯田。所以,坡式梯田也是一种过渡形式的梯田。

(3)反坡梯田。田面微向内侧倾斜,反坡一般可达2°。这种梯田能增加田面蓄水量,并可将暴雨形成的过多径流由梯田内侧安全排走。适于旱作与栽植果树。干旱地区陡坡地造林所修的反坡梯田,田面宽1~2 m,反坡10°~15°。

(4)隔坡梯田。相邻两水平台阶之间隔一原斜坡段的梯田。斜坡段产生的径流和泥沙由水平田面所截留,达到蓄水保土的作用;斜坡段为原坡面或种草或造林。在25°以下的坡地上修筑隔坡梯田可作为水平梯田的过渡形式。

2. 水平梯田规划

梯田规划包括耕作区规划、地块规划、道路规划和灌排水实施规划等几部分。

耕作区主要根据地形条件来规划。如塬川缓坡地区,主要以道路、渠道为骨干划分耕作区;在丘陵地区,应按自然地形,如以一面坡或峁、梁为单位划分耕作区,每个耕作区的面积以 3 ~ 7 hm^2 为宜。

地块规划是在每一耕作区内，根据地面坡度、坡向、地块的平面形状、地块长度、便于机械化耕作与自流灌溉等内容进行规划。

道路规划总体为两大方面的要求。一是要耕作机具顺利地进入每一地块；二是采取防止路面径流汇集冲刷的措施，保证道路畅通。

梯田灌排水实施规划的内容对于坡地梯田区应突出蓄水灌溉为主，并结合蓄水拦沙工程的规划，按照坡地梯田面积和水源（当地降水径流）情况，布设池、塘、埝、库等蓄水工程和相应的渠系工程；冲沟梯田区，在考虑灌溉用水时同时应完善排洪和排涝设施。排洪渠系的布设可与灌溉渠道相结合，平日输水灌溉，雨日排涝防冲。为了节省渠道占地和提高排涝效果，可以采用暗渠和明渠相结合的工程排涝设施。

3. 水平梯田断面设计

水平梯田断面设计主要是确定在不同条件下梯田的最优断面。即满足以下三方面要求：一是适应机耕和灌溉的要求；二是保证梯田田坎的安全与稳定；三是最大限度地省工。水平梯田断面要素见图 3-2。

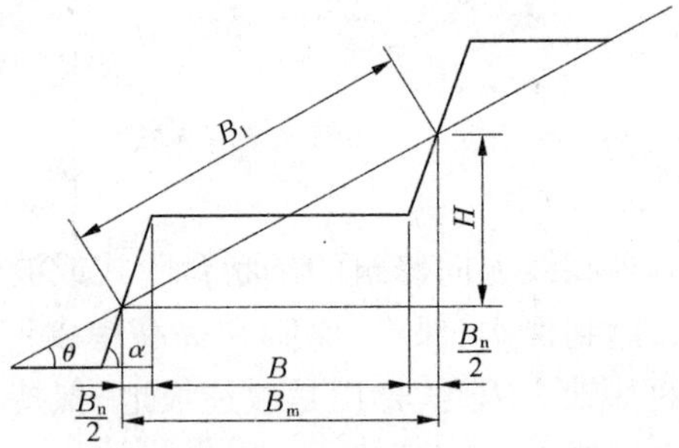

θ —地面坡度（°）；H—埂坎高度，m；α—埂坎坡度（°）；
B—田面净宽，m；B_n—埂坎占地宽，m；B_m—田面毛宽，m；
B_1—田面斜宽，m

图 3-2 水平梯田断面要素示意图

从图 3-2 可知，田面愈宽，田坎则愈高，挖（填）土方量愈大，用工愈多，田坎也越不稳定。黄土丘陵区田面宽多为 8 ~ 30 m，南方丘陵山地的陡坡地段田面很窄，有的宽仅 2 ~ 3 m。

水平梯田各要素之间的关系如下：

田面毛宽

$$B_m = H \cdot \cot\theta \tag{3-1}$$

埂坎占地

$$B_n = H \cdot \cot\alpha \tag{3-2}$$

田面净宽

$$B = B_m - B_n = H(\cot\theta - \cot\alpha) \tag{3-3}$$

埂坎高度

$$H = \frac{B}{\cot\theta - \cot\alpha} \tag{3-4}$$

田面斜宽

$$B_1 = \frac{H}{\sin\theta} \tag{3-5}$$

从式(3-4)得知，埂坎高度(H)由田面净宽(B)、埂坎坡度(α)和地面坡度(θ)三个数值计算而得。对于一个具体的地块，地面坡度(θ)是个常数，而确定适宜的田面净宽(B)和埂坎坡度(α)则成为确定梯田最优断面最关键的两个因素。

4. 水平梯田土方量计算

水平梯田的挖填方相等，则单位面积的土方量计算公式为：

每亩土方量

$$V = SL = \frac{HB}{8} \times \frac{666.7}{B} = 83.3H \tag{3-6}$$

每公顷土方量

$$V = \frac{HB}{8} \times \frac{10\ 000}{B} = 1\ 250H \tag{3-7}$$

(二)水窖

水窖为修建于地面以下蓄积天然降水的建筑物，属于典型的集雨工程。其主要作用是集蓄雨水，合理利用降水资源，防止地表径流的集中汇集而造成冲刷侵蚀，同时解决灌溉、人畜饮水与生态用水不足的问题。如山西省平陆县大河庙灌区 2009 年对全县各雨水集蓄利用示范区(集雨工程主要为旱井和人字闸)的调查结果表明：在成片发展雨水集蓄利用的区域，“集雨 + 梯田”模式可减少水土流失量 50% 以上。全县现有的 0.3 万眼集雨旱井，每年可拦蓄地表径流 12 万 m^3，减少泥沙 3.5 万 t。

1. 水窖类型

水窖按其形式可分为井窖与窑窖两种，其中井窖的单窖容量多为 30 ~ 50 m^3，窑窖的单窖容量多为 100 ~ 200 m^3，窑窖应在土质坚硬的岩坎或土坎上修筑。

(1)井窖。井窖也叫旱井，在黄河中游地区分布较广。主要由窖筒、旱窖、散盘、水窖和窖底等部分组成(见图 3-3)。

(2)窑窖。窑窖与西北地区群众居住的窑洞相似，其特点是容积大，占地少，施工安全，取土方便，省工省料。窑窖容积一般为 300 ~ 500 m^3，窖高 2 m 以上，窖长 6 ~ 25 m，上宽 2.0 ~ 3.5 m，底宽 1.5 ~ 3.0 m。根据修筑方法又可分为挖窑式和屋顶式两种。

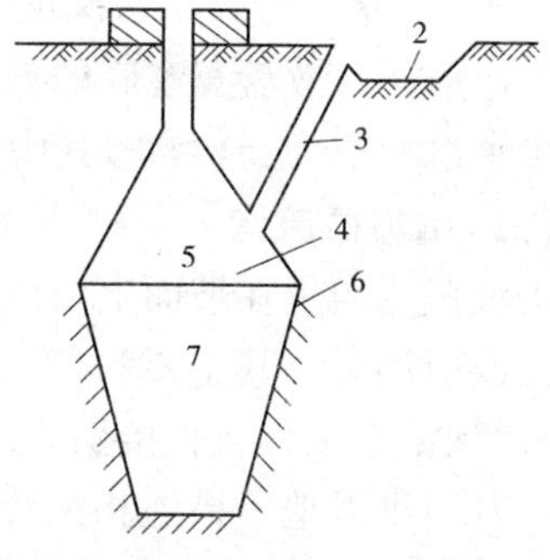

1—窖口；2—沉沙池；3—进水管；4—散盘；5—旱窖；6—胶泥层；7—水窖

图 3-3　井窖各部分示意图

在径流集中汇集、有水源供给的条件下，根据用水量及地形特点，可建成单窖、多窖串联或并联的方式来分配或调节蓄(用)水量(见图 3-4、图 3-5)。水窖多修建在村旁、路旁、庭院等有足够地表径流来源和固定水源的地方。窖址处应有深厚坚实的土层，距沟头、沟边 20 m 以上，距大树 10 m 以上。石质山区应修建在不透水的基岩上,以饮用水为主时应远离污染源。

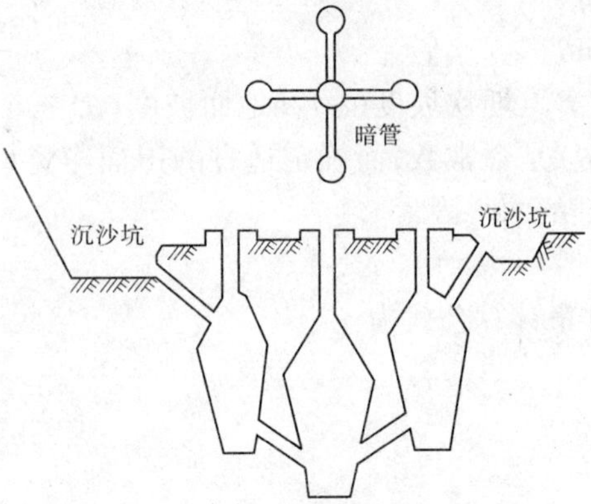

图 3-4　梅花形水窖群布置示意图

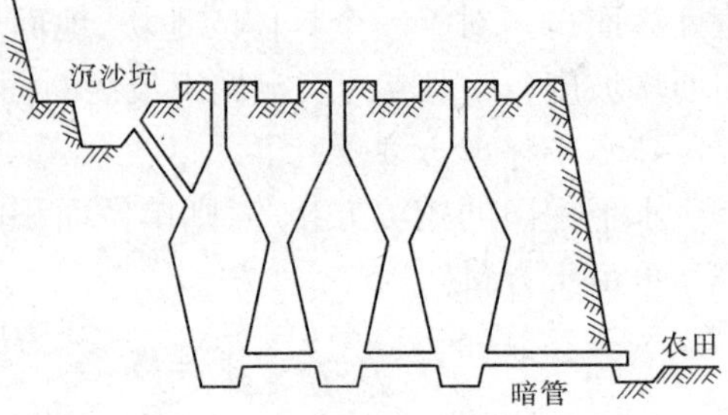

图 3-5　排子形水窖群示意图

2. 井窖设计

井窖设计主要是确定单窖容积和井窖总容积。

计算年井窖来水量:

$$W = Fh_1\varphi \tag{3-8}$$

式中　W——来水量,m^3;

F——集水面积,m^2;

h_1、φ——设计频率的降雨量和径流系数。

单窖容积计算:

$$V = \frac{H}{3}(s_1 + s_2 + \sqrt{s_1 s_2}) \tag{3-9}$$

式中　V——水窖容积,m^3;

H——水窖最大蓄水深度,m;

s_1、s_2——散盘及窖底的截面积,m^2。

水窖总容积为:$nV \geq W$,其中 n 为水窖座数。

(三)山坡截流沟

山坡截流沟是在坡面上每隔一定距离横坡修筑的具有一定坡度的沟道。截流沟又叫引水沟或引洪渠。其主要为截短坡长,阻截径流,减免径流的冲刷,将分散的径流集中起来,输送到蓄水工程或直接引入生产用地进行灌溉。山坡截流沟与梯田、涝池、水窖、沟头防护以及引洪漫地等措施相配合使用,在保护生产用地、村庄,维护公路、铁路等基础设施的安全以及防止沟头前进和重力侵蚀方面具有重要的作用。

截流沟布设时与纵向布置的排水沟相连且在坡面均匀布设,将径流集中排走。截流沟在坡面布设的间距随坡度的增大而减小(见表 3-2)。在实地勘察截流沟布设位置时,重点查明坡面地形、植被、蓄水工程的位置和容积等特点,并收集当地的降雨资料。设计时应先确定截流沟的布设位置,然后通过设计确定截流沟的断面面积,以保证将设计的暴雨径流全部输送至蓄水工程或排走(截流沟断面设计同渠道设计的方法,参考相关内容设计）。

表 3-2 山坡截流沟间距

坡度		沟间距（m）
%	（°）	
3	1.7	30
4	2.3	25
5	2.9	22
6	3.4	20
7	4.0	19
8	4.6	18
9~10	5.1~5.7	16.5
11~13	6.3~7.4	15
14~16	8.0~9.05	14
17~23	9.38~12.57	13
24~37	13.29~20	12
38~40	21~21.8	11.5

二、沟壑治理工程

（一）谷坊

谷坊又名防冲坝、沙土坝、闸山沟，是山区沟道内为防止沟床冲刷及泥沙灾害而修筑的横向拦挡建筑物。谷坊是水土流失地区沟道治理的一项主要工程措施。谷坊坝高3~5 m，拦沙量约1 000 m^3。在小流域综合治理中，通常将谷坊修筑成梯级的谷坊群以形成一个有机的整体，使其具有最佳的防护功能。

1. 谷坊的作用

修筑谷坊的主要作用为：①固定沟床，抬高侵蚀基准面；②稳定坡脚，防止沟岸坍塌侵蚀；③减缓沟道纵坡，降低流速，减轻山洪、泥石流的危害；④拦蓄泥沙，使沟道逐渐淤平，形成坝阶地，增加生产用地的面积。

2. 谷坊的种类

谷坊按建筑材料的不同分为土谷坊、石谷坊（干砌石）、柳谷坊、浆砌石谷坊、混凝土谷坊和钢筋混凝土谷坊等。前三种为临时性的谷坊，就地取材，造价低廉，应用较广；后三种为永久性的谷坊，其造价高、抗冲性强，在比降大、流速急，尤其在泥石流沟道适宜修筑此类谷坊。在铁路、公路、居民点及其他基础设施需要进行特殊保护的山洪、泥石流沟道，以修筑坚固的永久性谷坊为主。

谷坊按其透水性可分为透水（如干砌石、插柳谷坊、铅丝石笼谷坊）和不透水（如土谷坊、浆砌石和钢筋混凝土谷坊）两种类型。

谷坊类型的选择取决于地形、地质、建筑材料、经济条件和防护目标等因素。通常在一条沟道内通过连续修筑多座谷坊,形成一个整体性的谷坊群,以达到更显著的防护效果。

3. 谷坊设计

谷坊应选择在沟道狭窄、地基坚硬、上游有宽阔平坦的贮沙场所和沟底比降大于5%的较陡部位,并与沟头防护工程、淤地坝等措施相结合,达到综合控制沟壑侵蚀的目的。

1)谷坊断面设计

谷坊高度应依建筑材料而定,土谷坊不超过5 m,浆砌石谷坊不超过4 m,干砌石谷坊不超过2 m,柴草、柳梢谷坊不超过1 m。断面尺寸以土谷坊为例(见表3-3)。

表3-3 土谷坊断面尺寸

坝高(m)	临水坡(内坡)	背水坡(外坡)	坝顶宽(m)	坝脚宽(m)	每米长坝身需用土方(m^3)	心墙尺寸(m)			
						上宽	下宽	底宽	高度
1.0	1:1	1:1	1.0	4.0	3.8	—	—	—	—
2.0	1:1.5	1:1	1.0	6.0	7.0	0.8	1.0	0.6	1.5
3.0	1:1.5	1:1.5	1.5	10.0	18.0	0.8	1.0	0.6	2.5
4.0	1:2.0	1:1.5	2.0	16.0	36.0	0.8	1.5	0.7	3.5
5.0	1:2.5	1:2.0	3.0	25.5	71.3	0.8	2.0	0.9	4.5

2)谷坊间距

在修筑谷坊时,应连续布设多座谷坊以形成梯级状。在设计相邻两座谷坊的间距时,上一座谷坊的底部应与下一座谷坊的顶部形成的回淤面齐平(见图3-6)。

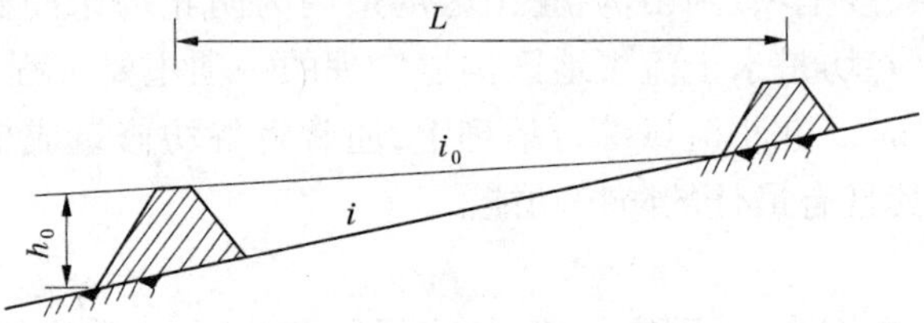

图3-6 谷坊间距示意图

谷坊间距按下式计算:

$$L = \frac{h_0}{i - i_0} \tag{3-10}$$

式中 h_0——谷坊高度,m;

i——沟底纵坡坡比值(%);

i_0——回淤面稳定坡度坡比值(%)。

谷坊坝体前方淤积泥沙表面不可能绝对水平,而是具有一定的坡度,这个坡度即称为回淤面稳定坡度,也称设计坡度。其值的大小与淤积的土质有关,沙土为0.005,黏壤土为0.008,黏土为0.01,粗沙兼有卵石子为0.02。为便于设计,将不同沟底纵坡、谷坊高和设计坡度条件下的谷坊间距列于表3-4。

表3-4　不同沟底坡度和不同谷坊高度的谷坊间距　　（单位：m）

坡度	上谷坊脚与下谷坊顶呈水平			设计坡度为1%		
	谷坊高1 m	谷坊高2 m	谷坊高3 m	谷坊高1 m	谷坊高2 m	谷坊高3 m
5°	20.0	40.0	60.0	25.0	50.0	75.0
6°	16.7	33.3	50.0	20.0	40.0	60.0
7°	14.3	28.6	42.9	16.7	33.3	50.0
8°	12.5	25.0	37.5	14.3	28.6	42.9
9°	11.1	22.2	33.3	12.5	25.0	37.5
10°	10.0	20.0	30.0	11.1	22.2	33.3
11°	9.1	18.2	27.3	10.0	20.0	30.0
12°	8.3	16.7	25.0	9.1	18.2	27.3
13°	7.7	15.4	23.1	8.3	16.7	25.2
14°	7.1	14.3	21.4	7.7	15.4	23.1
15°	6.7	13.3	20.0	7.1	14.3	21.4
16°	6.3	12.5	18.8	6.7	13.3	20.0
17°	5.9	11.8	17.6	6.3	12.5	18.8
18°	5.6	11.1	16.7	5.9	11.8	17.6
19°	5.3	10.5	15.8	5.6	11.1	16.7
20°	5.0	10.0	15.0	5.3	10.5	15.8

注：设计坡度系指上一座谷坊脚与下一座谷坊顶层所呈坡度。

4.溢流口设计

为避免暴雨形成的洪水漫顶冲毁谷坊，石谷坊可在谷坊顶部中央留出溢水口；土谷坊应选择在土质坚硬的沟岸一侧修筑溢水口，若无此条件时修筑的溢水口应采取防冲设施，如铺设草皮或用干砌石砌护。

溢水口的断面应保证通过最大的溢水流量。按设计最大洪峰流量计算。断面形式采用矩形或梯形。矩形溢水口用宽顶堰的流量公式设计，梯形溢水口用明渠均匀流的流量公式设计(可参考有关资料设计确定)。

(二)淤地坝

在沟道内为了拦泥淤地所建的坝，称淤地坝。坝内所淤成的土地即坝地。淤地坝是水土保持治沟工程措施中控制水土流失的最后一道防线，一条沟道内修建多座淤地坝是我国水力侵蚀严重地区——黄土高原地区重要而独特的治沟工程体系。淤地坝的主要作用为稳定和抬高侵蚀基准面，防止沟底下切，沟岸扩张；蓄洪、拦泥、削峰，减少入库入河泥沙，减轻下游洪涝灾害；拦泥淤地，变荒沟为良田。淤地坝一般不长期蓄水，下游也无灌溉要求。

1. 组成

淤地坝由坝体、溢洪道和放水建筑物“三大件”组成，布置形式见图 3-7。

坝体为横拦于沟道的挡水拦泥建筑物，以拦蓄洪水，淤积泥沙，抬高淤积面。随着坝内淤积面的逐年提高，坝体与坝地能较快地连成一个整体，实际上坝体可以看做是一个重力式挡泥(土)墙。

溢洪道为排泄洪水的建筑物。当洪水位超过设计高度时，由溢洪道排出，以保证坝体的安全和坝地的正常生产。

放水建筑物为卧管或竖井。卧管一般布置在坝体上游沟坡面上，设有多级台阶，每台阶上留有排水孔，用于排放洪水或清水；竖井多布置在坝内靠近坝体的内侧，周围设有排水口，以便排放洪水或清水。卧管或竖井与坝体底部的涵洞相互连接(涵洞采用埋管或砌筑拱形建筑物方式)，将洪水或清水排放至下游。

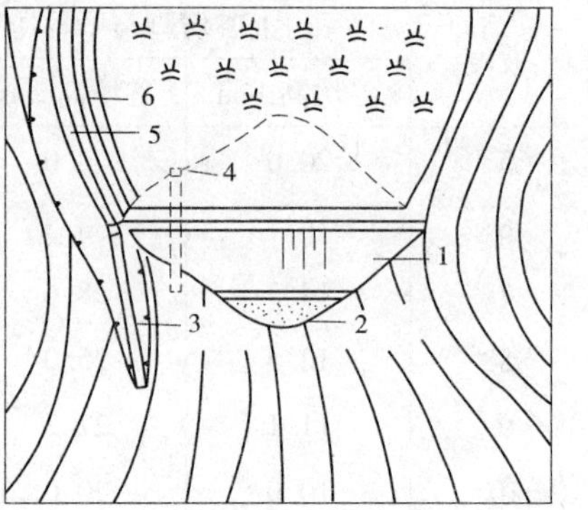

1—坝体；2—排水体；3—溢洪道
4—竖井；5—排水渠；6—防洪堤

图 3-7　淤地坝示意图

淤地坝“三大件”由于主要用于拦泥而非长期蓄水，因此淤地坝比水库大坝设计洪水标准低。另外，淤地坝的反滤排水设备是为排除坝内地下水，增加坝体的稳定性和防止坝地的盐碱化而布设的。

2. 淤地坝分类与分级

按建筑材料的不同淤地坝可分为土坝、石坝和土石混合坝；按施工方法可分为碾压坝、水坠坝、水中填土坝、定向爆破坝、干砌石坝和浆砌石坝等；按其用途可分为缓洪骨干坝和拦泥生产坝；按工程结构形式，可分为“三大件”坝或“两大件”坝。

依据《水土保持综合治理技术规范沟壑治理技术》(GB/T 16453.3—2008)和《水土保持治沟骨干工程技术规范》(SL 289—2003)，结合黄土高原淤地坝建设的实际，黄土高原淤地坝可分为大型、中型和小型三类(见表 3-5)。

表 3-5　淤地坝分类标准

分级标准	小型淤地坝	中型淤地坝	大型淤地坝	
			大(二)型	大(一)型
库容(万 m^3)	1 ~ 10	10 ~ 50	50 ~ 100	100 ~ 500
坝高(m)	5 ~ 15	15 ~ 25	>25	
控制流域面积(km^2)	<1	1 ~ 3	3 ~ 5	3 ~ 8
单坝淤地面积(hm^2)	0.2 ~ 2	2 ~ 7	>7	>10

从表 3-5 中可知，大型淤地坝(也称骨干坝)可分为大(二)型和大(一)型。由于治沟骨干坝即大型淤地坝具有一定的滞洪、防洪的保安作用，因此也可认为淤地坝是一种水工建筑物。

根据有关水土保持技术规范，淤地坝的等级划分及设计标准应符合国家现行《水利水电工程等级划分及洪水标准》(SL 252—2000)的有关规定,并考虑淤地坝工程的运行特点,按库容规模确定。库容在1万~10万m^3的小型淤地坝和库容在10万~50万m^3的中型淤地坝,不进行等级划分。大型淤地坝可分为两级:总库容在50万~100万m^3的大型淤地坝,其主要建筑物等级为五级;总库容在100万~500万m^3的骨干坝,其主要建筑物等级为四级。淤地坝的等级划分与设计标准见表3-6。

表3-6　淤地坝的等级划分与设计标准

工程类型		小型淤地坝	中型淤地坝	大型淤地坝	骨干坝
总库容(万m^3)		1~10	10~50	50~100	100~500
工程等级				五	四
建筑物级别	主要建筑物			5	4
	次要建筑物			5	5
洪水重现期(a)	设计	10~20	20~30	20~30	30~50
	校核	30	50	200~300	300~500
设计淤积年限(a)		5	5~10	10~20	20~30

3. 淤地坝设计准备工作

(1)明确淤地坝规划总体布局方案。根据淤地坝规划总体布局方案选定建筑物的类型,如对规模较大的骨干坝,可拟定不同的形式,以便进行方案比选,最终确定出合理的建筑物类型。

(2)资料准备。收集流域1/10 000地形图和坝址地质资料及当地地震烈度资料;调查流域的水文和气象资料、水土流失治理现状和社会经济情况;查明坝址附近的筑坝材料;实测1/5 000~1/2 000库区地形图,由实测地形图测算沟底比降。根据库区地形图计算不同高程对应的淤地面积和库容,绘制坝高—库容—淤地面积曲线图,以确定合理的拦泥坝高和滞洪坝高;实测1/500坝址地形图和1/500~1/100坝址横断面图,以备布置淤地坝"三大件"或"两大件"平面图和计算坝体的总工程量时使用。

4. 坝高设计

淤地坝的库容由拦泥库容和滞洪库容两部分组成,相对应于该两部分库容的坝高,即为拦泥坝高和滞洪坝高。另外,为了保证淤地坝工程和坝地生产的安全,还需增加一部分坝高,称为安全超高。因此,淤地坝的总坝高(H)由拦泥坝高(H_l)、滞洪坝高(H_z)和安全超高(ΔH)三部分构成。

淤地坝坝高:

$$H = H_l + H_z + \Delta H \tag{3-11}$$

(1)拦泥坝高(H_l)的确定。拦泥坝高主要由拦泥库容决定。拦泥库容(V_l)用下式计算:

$$V_1 = N(S - \Delta S)/\gamma \tag{3-12}$$

式中　N——设计淤积年限，a；

S——多年平均来沙量，t/a；

ΔS——年均排沙量，t/a；

γ——淤积泥沙干容重，一般为 1.3～1.4 t/m^3。

应该注意的是，在确定拦泥坝高时，还应与分析该坝的坝高—淤地面积—库容关系曲线图结合起来以便进行技术、经济方案比较，淤积年限可作为确定拦泥坝高的重要参数。

（2）滞洪坝高（H_z）的确定。根据不同坝型的洪水设计标准和校核标准，计算洪水总量和洪峰流量，通过进行调洪演算（按单坝或坝系的调洪演算方法进行演算）确定防洪建筑物的规模和尺寸后，确定出滞洪库容（V_z）和相应的滞洪坝高（H_z）。

（3）安全超高（ΔH）的确定。根据有关规范中不同坝型淤地坝的高度来确定。

5. 坝体断面设计

（1）坝顶宽度。坝顶宽度与坝高和施工方法有关。若为碾压坝，坝顶无交通要求且坝高小于 10 m，坝顶宽 2～3 m；同样条件下若为水坠坝，顶宽应达 3～4 m。当坝顶有交通要求时，应按交通要求确定（设计值应参考有关技术规范来确定）。

（2）上下游坝坡。坝坡取决于坝型、坝高、坝基地质条件、筑坝土料性质和施工方法等。可参考已建同类工程的经验数值初步拟定，然后通过抗滑稳定计算选定设计坝坡。不同坝高和不同施工方法分别采取不同的上下游坝坡（可参照有关规范的内容确定）。当淤地坝加高改作治沟骨干坝后，由于蓄水时间长，必须作坝体稳定分析，根据满足稳定要求的坝体断面来确定上下游坝坡。具体分析方法参考水工建筑物的相关设计内容。

（3）马道。当坝高超高 20 m 时应设置马道，一般每隔 10 m 坝高设置一道，上陡下缓，相差一个或半个坡级（0.5 或 0.25）。

（4）排水沟。排水沟为坝面永久排水设施，主要排除坝面、坝肩和两岸山坡汇集的径流。在坝体与岸坡结合处设置纵向排水沟，坝顶设坝肩排水沟，在下游马道内侧设横向排水沟，纵横排水沟以及坝肩排水沟相互连通，将水流送出坝脚以外。排水沟采用浆砌石砌筑或混凝土预制板，结构尺寸根据过水流量计算。

（5）结合槽。为增加坝体稳定性，防止土坝与沟底结合面上透水，沿坝轴线方向从沟底到岸坡开挖 1～3 道梯形断面结合槽，底宽和深度均大于 1 m，边坡 1∶1。

（6）坝体排水。有棱体式反滤排水体和贴坡式反滤排水体两种形式（可参考相关规范的要求设计）。

6. 坝系规划的特点

各种类型的淤地坝是建造在小流域沟道内的，因此小流域沟道内修筑有多种坝，如大型骨干坝、中小型淤地坝、小塘坝和水库等。这些坝体各就其位，能蓄能排，形成以生产坝为主，拦泥、防洪、灌溉相结合的坝库工程体系，称为坝系。其目的是层层设防，节节拦蓄，综合利用水沙资源。

坝系可分为干系、支系和系组。干（主）沟上的坝系称为干系；在某一级支沟中的坝系，称为某一级淤地坝支系；也可视沟的长短分为一个或几个系组。坝系通常以小流域为单元进行规划，使其与小流域水土流失综合防治规划相协调。因此，小流域坝系规划的特点可概括为以下两点：

(1)整体性。坝系作为一个整体使得各坝体之间相互配合、联合运行,不同的坝体各自分别承担一部分洪水及泥沙的压力,最大限度地发挥防洪、拦泥和淤地的作用。

(2)层次性。坝系按照功能和作用可分为两大体系,即防洪体系和生产体系。防洪体系是坝系的骨架,是确保下游小多成群坝体的正常运行和坝系安全运行的根本保证,主要由骨干淤地坝和水库组成;生产体系是坝系的主体,主要由中小型淤地坝和小塘坝组成。

小流域坝系建设是分阶段逐步建设的一个过程。通过进行坝系规划,合理确定建坝密度、各类坝体的数量、配置和相对位置,合理安排和确定骨干坝、水库、中小型淤地坝和小塘坝等各类坝的建坝顺序与进度安排,全面科学地分析各类工程技术经济指标的可行性,以达到提高流域整体防洪能力和有效开发与利用流域水土资源的目的。

三、拦沙坝

拦沙坝是以拦蓄山洪泥石流沟道中固体物质为主要目的的挡拦建筑物。拦沙坝多建在主沟或较大的支沟内,通常坝高大于 5 m,拦沙量在 0.1 万 ~100 万 m^3,甚至更大。拦沙坝设置于泥石流形成区或形成区到流过区的沟谷内,是综合治理泥石流危害的一项沟道骨干工程(见图 3-8)。

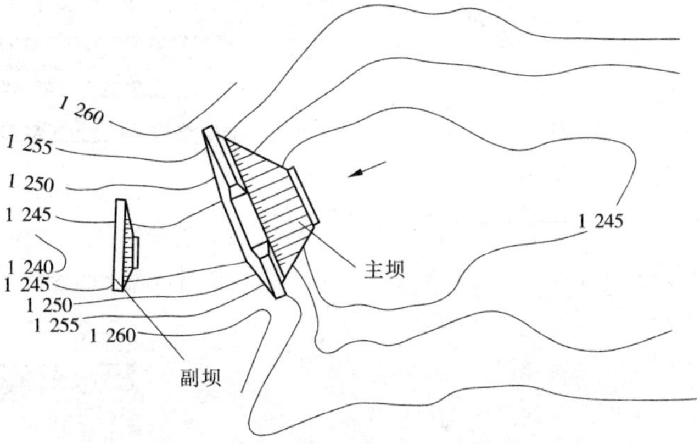

图 3-8　泥石流拦沙坝

(一)拦沙坝的作用

拦沙坝的主要作用是拦蓄泥沙、块石,调节沟道内水沙资源,防止对下游造成危害;提高坝址的侵蚀基准面,减缓坝上游淤积段河床比降,加宽河床,以削弱水流的侵蚀力;稳定沟岸,减弱泥石流的冲刷破坏及泥石流的冲击力,抑制泥石流的发育规模。

(二)坝型

按建筑材料的不同,通常可将拦沙坝分为砌石坝、混合坝、铁丝石笼坝等。

1. *砌石坝*

砌石坝可分为浆砌石坝和干砌石坝。

(1)浆砌石坝。浆砌石坝结构简单,应用最为普遍,多用于泥石流冲击力强的沟道。

浆砌石坝断面一般为梯形,但为了减少泥石流对坝体下游坝坡面的磨损,下游坝坡面也可修筑成近垂直形式,坝顶泥石流溢流的过流断面通常呈弧形或梯形。

(2)干砌石坝。只适用于小型山洪沟道,亦为常用的坝型。断面为梯形,坝体由块石交错堆砌而成,坝面用大平板石或条石砌筑,施工时要求块石上下左右之间相互“咬紧”,不容许有松动、脱落的现象出现。

2. 混合坝

混合坝分为土石混合坝和木石混合坝。

(1)土石混合坝。当坝址附近土料丰富而石料不足时,可选用土石混合坝(见图3-9)。

土石混合坝的坝身用土填筑,而坝顶和下游坝面则用浆砌石砌筑。由于土坝渗水后将发生沉陷,因此坝的上游坡面必须设置黏土隔水斜墙,坝的下游坡脚应设置排水管,并在其进口处设置反滤层。

(2)木石混合坝。在盛产木材的地区,可采用木石混合坝。木石混合坝的坝身由木框架填石构成。为了防止上游坝面及坝顶被冲毁,常加砌石防护(见图3-10)。木石混合坝木框一般用圆木组成,其直径大于0.1 m,横木的两侧嵌固在砌石体之中,横木与纵木的连接采用扒钉或螺钉紧固。

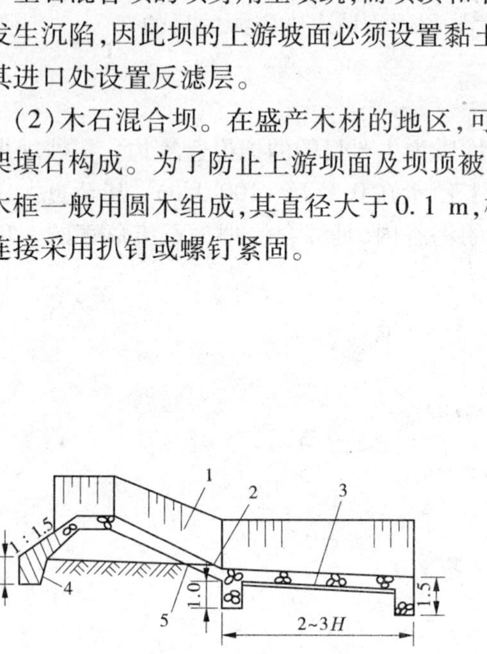

1—浆砌板石坝面;2—排水管;3—沙砾石垫层;4—红黏土斜墙;5—反滤层

图3-9　土石混合坝　(单位:m)

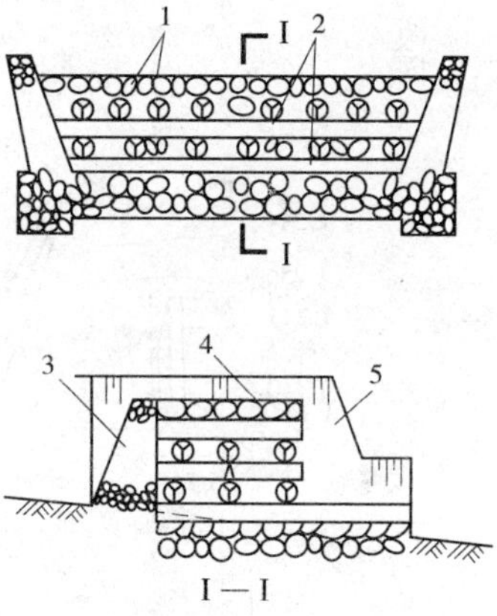

1—纵木,直径>0.1 m;2—横木,直径>0.1 m;3—防冲石垛;4—碎石面层0.3~0.4 m;5—砌石护坡

图3-10　木石混合坝

3. 铁丝石笼坝

铁丝石笼坝适用于小型山沟,在我国西南山区较为多见。它的优点为:修建简易,施工迅速,造价低。不足之处为:使用期短,坝的整体性也较差。为了增强石笼的整体性,往往在石笼之间再用铁丝加固。

铁丝石笼坝坝身由铁丝石笼堆砌而成(见图3-11)。铁丝石笼为箱形,体积为0.5 m×1.0 m×3.0 m,棱角边采用直径12~14 mm的钢盘焊制而成,编制网孔的铁丝常用10号铁丝(拦沙坝的设计详见第七章)。

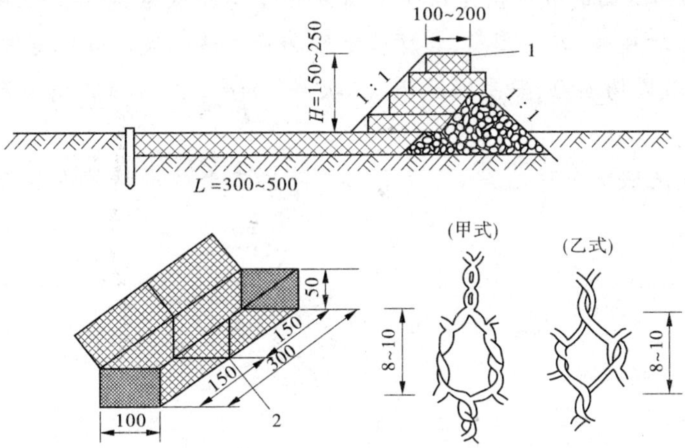

箱形铁丝石笼立体图　　网孔编制方式

1—铁丝笼装石;2—钢筋箍

图 3-11　铁丝石笼坝（单位:cm）

本章小结

本章主要介绍了水土保持三大技术措施的基本内容、主要作用及应用特点,使学生具有在生产过程中因地制宜地采取防治水土流失三大技术措施的基本知识,为后续学习生产建设项目水土流失防治技术奠定一定的基础,以便明确流域水土流失防治与生产建设项目水土流失防治的联系和区别。

复习思考题

1. 简述水土保持农业技术措施在防治水土流失方面的主要作用。

2. 何谓水土保持生物措施、水土保持林林种和水土保持林体系?

3. 搜集案例熟悉水土保持林(或林种)、农田防护林和水源涵养林的主要防护功能。

4. 梯田可分为哪几类?绘出水平梯田断面要素示意图,明确各要素间的相互关系。

5. 某流域适宜修筑水平梯田的总面积为 12 hm^2,地面平均坡度为 20°。根据当地土质条件,修筑水平梯田的田坎最大高度为 2 m,田坎外侧坡度为 72°。试计算修筑该水平梯田田面的净宽、总工程量及土地利用率分别是多少?

6. 某丘陵沟壑区,24 h 的最大降雨量为 95 mm,径流系数为 0.35。若集水面积为 1.2 hm^2,通过修筑集雨工程水窖进行蓄水,水窖的最大蓄水深度 4.5 m,窖底直径为 2 m,散盘处直径为 3.5 m。试确定该设计标准条件下需要修筑的水窖座数。

7. 什么是谷坊、淤地坝和拦沙坝?

8. 某 V 形沟谷,沟底纵坡为 10°,宜在 300 m 范围内修筑土谷坊,适宜修筑谷坊的高度为 4 m,淤积物回淤面的坡比值为 0.005,谷坊顶平均长度为 30 m。试确定该沟道修筑谷坊时的间距、谷坊座数、谷坊顶宽、谷坊临水坡和背水坡的坡比分别是多少?

9. 通过在流域现场实习,熟悉淤地坝"三大件"的作用,明确流域坝系中各类坝型的主要作用。

10. 通过搜集流域综合防治案例,说明水土保持三大技术措施在生产实践中的重要意义。

第四章　水土保持规划与监测监督

【学习目标】

掌握“三区”规划的内容、水土保持动态监测的方法和特点以及生产建设项目水土保持监测的内容和主要行业的监测重点；熟悉水土保持规划的意义、水土保持规划的程序、水土保持规划中水土流失调查的内容及生产建设项目水土流失调查的内容；了解小流域综合防治特点、水土保持监测和监督的意义。

第一节　水土保持规划概述

一、水土保持规划的含义及作用

(一)水土保持规划的含义

水土保持规划是为了防治水土流失，做好国土整治，合理开发和利用水土及生物资源，改善生态环境，促进农林牧生产和经济发展，根据土壤侵蚀状况、自然和社会经济条件，应用水土保持原理、生态学原理及经济规律，制定的水土保持综合治理开发的总体部署和实施安排。

《水土保持法》规定：国务院和县级以上人民政府的水行政主管部门，应当在调查评价水土资源的基础上，会同有关部门编制水土保持规划，并须经同级人民政府批准；县级以上人民政府应当将水土保持规划确定的任务，纳入国民经济和社会发展计划，安排专项资金，组织实施。水土保持规划的修改，须经原批准机关批准，从而确立了水土保持规划的法律地位。

水土保持规划是贯彻实施国家可持续发展战略和科技兴国战略，推动水土流失地区社会经济和资源环境协调发展的指导性文件，是水土保持工作的基础和依据。

(二)水土保持规划的作用

水土保持规划是合理开发利用水土资源的主要依据，也是农业生产区划和国土整治规划的重要组成部分。其主要作用是指导水土保持实践，使水土保持生态建设遵循自然规律和社会经济规律，避免盲目性。具体作用可概括为以下几方面。

1.调整土地利用结构，合理利用水土资源

我国山地丘陵区面积大，土地利用结构不合理的现象尤为普遍。通过水土保持规划，挖掘区域资源优势，明确生产发展方向，调整土地利用结构和合理安排农林牧各业生产用地比例与位置，合理利用和保护水土资源，推动各项水土保持生态建设工程的实施，以促进经济效益和生态效益的相互协调，达到从根本上减轻水土流失形成的目的。

2.确定合理的防治措施，有效开展水土保持工作

由于水土流失综合防治涉及面广、工作量大，需要经过长时期的建设实施，而且各项

措施和多种因素之间相互关系复杂,也需要经过一定的分析、预测和评价。因此,必须制定科学的规划。通过规划,确定采取各项水土保持措施以及各项措施的相互配置、建设规模和实施进度等内容。特别是治坡与治沟的关系、上下游的关系、三大措施之间的关系以及坝系的合理运行等都必须通过规划来协调,才能确保措施的顺利实施和有效发挥措施的防护效益。

3. 制定改变农业生产结构的实施办法和有效途径

水土保持是一项涉及自然科学和社会科学的系统工程。通过水土保持规划,根据客观的自然规律和社会经济规律以制定改变农业生产结构的实施办法,如采取建设高产稳产基本农田以推进退耕还林还草工程的实施,逐步形成土地的合理利用结构,把解决群众的安居、生产和提高生活水平等与改善生态环境、减免水土流失灾害等问题相协调。

4. 合理安排各项治理措施,保证水土保持工作的顺利进行

通过水土保持规划,明确实施各项水土保持措施所需的劳力、物力和财力,以确定可行的实施进度。达到合理安排有限的人力、物力和财力,使实施的各项措施形成一个有机的综合防护体系,取得有效的防治效果。

5. 分析和估算水土保持效益,调动群众积极性

通过水土保持规划,分析和估算水土保持的各项效益,以调动群众的积极性,实现生产发展和防治水土流失、改善生态环境的协调统一。如估算流域或淤地坝建设的经济效益以分析对当地发展生产的意义;估算防洪减沙的生态效益,说明其在减轻当地生态灾难方面的作用以及在防止大中河流泥沙淤积方面的价值等。

二、水土保持规划的分类及特点

(一)根据水土保持规划的目的分类

根据水土保持规划的目的可分为区域性水土保持规划和流域水土保持规划两种类型。规划范围统称为规划单元。

1. 区域性规划

以全国、省、市、县为单元进行的水土保持规划,其基本任务是,在综合考察的基础上,按照水土保持区划,划分出若干不同的水土流失类型区,根据各个类型区的自然、社会经济和发展的要求,分别确定一定时期内当地的生产发展方向、治理措施布局、治理目标、治理进度和治理效益,确定各区的主要建设项目,提出分期实施意见。区域性规划属于该行政区域范围内开展水土保持工作的指导性文件。

2. 流域规划

流域,即自然集水区域。它以分水岭为界,凡在分水岭界限以内的山、梁、坡、沟、溪、川以及河流等的水平面积构成一个完整的流域面积,也就是集水面积。

以一个完整的流域为单元进行的水土保持规划,其基本任务是,根据全国、省、市、县区域规划指出的方向和要求,结合流域的特点,具体确定农林牧业生产用地的比例和位置,布设各项水土保持治理措施,安排各项治理工作所需的劳力、物资、经费和进度等。

流域规划是根据水土流失形成的规律,结合流域内自然和人为活动等与水土流失有关的因素,提出防治水土流失的方向性文件或措施实施的规划文件。根据流域面积的大

小可分为大、中、小流域。在生产上以小流域为单元进行的水土保持规划最为普遍。

(二)根据规划的面积分类

根据水土保持规划的面积可分为大面积总体规划和中小面积实施规划两类。

1. 大面积总体规划

以流域或其主要的一级支流,或以省、市(区)为单元,面积从几千到几十万平方千米。其主要任务是:在综合考察和水土保持区划的基础上,结合不同类型区的资源、社会经济情况和水土流失特点,提出水土资源保护和开发利用方向、主要措施、宏观布局以及预防保护和治理的重点地区与重点开发项目,明确开展预防保护和治理的基本步骤、进度和所需劳力、经费、物资等指标,论证规划的可行性,预测可能获得的水土保持效益。

2. 中小面积实施规划

中小面积实施规划的对象是二级支流及小流域或以县、乡、村为单位,面积从几平方千米到几千平方千米。主要任务是:根据大面积总体规划,结合当地的实际情况,确定农、林、牧业生产用地的比例、位置以及各项水土保持措施的配置,并明确技术要求;安排各项措施的实施顺序、进度和所需劳力、经费与物资,预测可能取得的水土保持效益。

三、水土保持规划的基本原则

水土保持规划应贯彻"预防为主、保护优先、全面规划、综合治理、因地制宜、突出重点、科学管理、注重效益"的水土保持总方针。在总方针的指导下,水土保持规划遵循的基本原则为以下四个方面:

(1)统筹兼顾、协调平衡。水土保持规划要与国家、地区的经济社会发展规划、土地利用规划、生态建设规划、环境保护规划等相协调,将"三大措施"、生态修复、预防保护与开发利用相结合,将经济效益、社会效益和生态效益相结合。

(2)全面规划,综合防治。对规划区域内的水土保持工作进行全面规划,规划内容包括预防保护、监督管理、综合治理、监测监控和科学示范等,不能成为单一的治理规划。

(3)因地制宜,区别对待。大面积的总体规划,地区分布较广,条件差异较大,需根据水土保持区划中所分的类型区,分别研究、确定不同的土地利用方向、预防保护和治理措施布局,采取不同的技术经济指标。中小面积的实施规划,在大面积总体规划指导下,根据小流域的上、中、下游等不同部位、不同情况区别对待。

(4)坡沟兼治、综合治理。以小流域为单元,从分水岭到坡脚,从沟头到沟口,根据不同的水土流失部位,采取不同的林草措施与工程措施,构成一个综合完整的防护体系,从根本上防治水土流失。

第二节　水土保持规划的内容和步骤

一、水土保持规划的内容

根据《水土保持规划编制规程》(SL 335—2006)规定,水土保持规划的内容一般包括:

(1)开展综合调查和资料的整理分析;

(2)研究规划区水土流失状况、成因和规律;

(3)划分水土流失类型区;

(4)拟定水土流失防治目标、指导思想、原则;

(5)因地制宜地提出防治措施;

(6)拟定规划实施进度,明确近期安排;

(7)估算规划实施所需投资;

(8)预测规划实施后的综合效益并进行经济评价;

(9)提出规划实施的组织管理措施。

二、水土保持规划的步骤

水土保持规划的主要工作包括以下步骤。

(一)准备工作

水土保持规划准备工作包括组织准备、技术力量准备和资料准备。如组织规划小组、制定工作计划和制定规划提纲,对参加规划的人员进行培训等;资料准备是水土保持规划非常重要的前期工作,主要根据规划范围大小收集图面资料,如相应比例尺的地形图、航空照片、土地利用现状图、植被图、土壤图、土壤侵蚀图、坡度图等相关图件。收集规划单元的自然、社会经济、水土流失和水土保持现状等基本资料,包括收集水文、气象、地质、地貌、土壤、植被和主要河流特征及现状等资料。收集有关社会经济、水土流失及水土保持方面的资料。对收集的资料进行分析整理,不足的进行调查补充等方面的内容。

(二)水土流失综合调查

调查分析规划范围内的基本情况,包括自然条件、自然资源、社会经济情况、水土流失特点和水土保持现状等内容。并通过调查,总结水土保持工作成就与经验,包括开展水土保持的过程、治理现状(各项治理措施的数量、质量、效益)、水土保持的技术经验和组织领导经验、存在的问题和改进意见等。

调查的具体内容包括:自然条件调查,着重调查地形、降雨、土壤(地面组成物质)、植被四项主要因素以及温度、风、霜等其他农业气象;自然资源调查,着重调查土地资源、水资源、生物资源、光热资源、矿藏资源等;社会经济调查,着重调查人口、劳力、土地利用,农村各业生产、粮食与经济收入(总量和人均量),燃料、饲料、肥料情况,群众生活、人畜饮水情况等;水土流失情况调查,着重调查各类水土流失形式的分布、数量(面积)、程度(侵蚀量)、危害(对当地和对下游)、原因(自然因素与人为因素);水土保持现状调查,着重调查各项治理措施的数量、质量、效益,开展水土保持的发展过程和经验、教训。

(三)水土保持区划

在大面积总体规划中,根据规划范围内不同地区的自然条件、社会经济情况和水土流失特点,划分若干不同的类型区,各区分别提出发展方向、不同的土地利用规划和防治措施布局。

如在综合调查的基础上,根据水土流失的类型、强度和主要治理方向,确定规划范围内的水土保持重点预防保护区、重点监督区和重点治理区,提出分区的防治对策和主要措施。对于已进行“三区”划分，并进行了政府公告的地区，应充分利用已有的成果，根据规划要求和新的变化补充相关资料。

1. 重点预防保护区

水土流失轻微，大面积的森林、草原地区，植被覆盖度高，存在潜在水土流失危险，需要重点加强预防保护和连片治理成果，应列为重点预防保护区，以制定、实施防止林草植被破坏的规划和保护措施。

重点预防保护区分为国家、省、县三级。跨省（区、市）且天然林区和草原面积超过1 000 km^2的为国家级；跨县（市）且面积大于100 km^2 的为省级；县域境内万亩以上或集中治理10 km^2 以上的为县级。规划应根据涉及的范围划分相应的重点防护区。各级重点防护区应设置相应的预防保护机构，加强与各部门的协调，开展有效的预防保护和监督工作。

2. 重点监督区

对资源开发集中、基本建设等人为活动频繁，破坏原地貌植被极易造成强烈侵蚀的区域，需要重点加强监督管理的区域列为重点监督区。

重点监督区分为国家、省、县三级。在具有潜在水土流失的跨省（区、市）区域，城市建设、采矿、修路、建厂、勘探等生产建设活动开发密度大，集中连片面积在1万 km^2 以上，破坏地表与植被面积占区内总面积的10%以上，列为国家级重点监督区；集中连片面积在1 000 km^2 以上，破坏地表与植被面积占区内总面积的10%以上的跨县（市）区域列为省级重点监督区；县域境内开发建设集中连片面积在100 km^2 以上，破坏地表及植被面积占区内总面积的10%以上，列为县级重点监督区。对单个资源开发点，每年废弃物的堆放量大于10万t的，应列为重点监督点。根据《水土保持法》的规定，有关单位要依法编制水土保持方案，对方案中的水土保持措施实行“三同时”制度，并且依法对水土保持方案内容的实施进行监督检查。

3. 重点治理区

水土流失严重，生态环境严重恶化，干旱、洪涝、风沙灾害加剧，对当地和下游造成严重危害，对国民经济、河流生态和水资源利用有较大影响的区域列为重点治理区。我国重点治理区包括东北黑土地、西辽河大凌河中上游，永定河、太行山、河龙区间多沙粗沙区，泾河北洛河上游、祖厉河渭河上游和伊洛河三门峡库区等19个，总面积108.88万 km^2，其中水土流失面积59.31万 km^2。

（四）编制土地利用规划

根据规划范围内土地利用现状与土地资源评价，考虑人口发展情况与农业生产水平、发展商品经济与提高人民生活的需要，研究确定农村各业用地和其他用地的数量与位置，作为部署各项水土保持措施的基础。

（五）防治措施规划

对不同类型区分别进行防治措施规划。

（1）预防保护区。主要为次生林区、草原区、重要水源区、萎缩的自然绿洲区以及连片治理成果区等。要坚持预防为主、保护优先的方针，建立健全管护机构，强化监督管理。规划内容主要为：①预防保护区的位置、范围和数量；②预防保护区初期的人口、植被组成、森林覆盖率、林草覆盖率、水土保持现状以及期末应控制或达到的目标；③为实现预防保护的目标应落实的技术性与政策性措施。如制定规章制度、健全管理机构进行重点防治区公告，采取封禁管护、舍饲养畜、生态修复、抚育更新、监督、监测等具体措施，严格限制开发建设活动，有效保护植被和生态。

(2)重点监督区。该区损坏原地貌的范围广并且水土流失的危害后果严重。规划内容主要为：①重点监督项目的名称、位置、范围；②重点监督区水土流失与水土保持现状、生产建设项目不合理活动的类型和人为加剧水土流失的危害等，规划重点监督项目应控制或达到的水土保持生态建设目标；③依法监督生产建设项目编报水土保持方案情况、落实方案报批制度与"三同时"制度落实情况，遏制人为造成新的水土流失。

(3)重点治理区。该区原生的水土流失较为严重，主要为江河和湖泊的中上游水土流失严重地区。水土流失综合防治措施主要为工程、林草和保土耕作三大技术措施的综合实施。规划内容为：①工程措施。包含坡改梯、蓄水池、水窖、截水沟等从坡顶到坡脚的渗、蓄、排系统的规划；沟道工程如沟头防护、谷坊、淤地坝、拦沙坝和蓄水(塘)坝等内容的规划，落实从沟头到沟口、从支沟到干沟的工程措施内容。②林草措施。主要为护坡用材林、经济果林、防护林(水土保持林、农田防护林、牧场防护林、水源涵养林等)、薪炭林和种草的防护体系与封育管护、生态修复等措施相结合等内容的规划。对风沙危害严重的地区，主要为防风固沙林、草方格和沙障等植物措施与其他工程措施的规划。③保土耕作措施。在各类耕地采取防治水土流失农业技术措施和节水措施。

另外，以小流域为单元的规划，防治措施规划应与土地利用规划相结合，根据不同的土地利用方式分别采取不同的防治措施，并将措施具体落实到地块以便于实施。

(六)分析技术经济指标

技术经济指标包括投入指标、进度指标、效益指标三方面。三项指标相互关联，根据投入确定进度，根据进度确定效益。

(七)规划成果整理

规划成果包括规划报告、附表、附图、附件等四项。

规划报告应包含：①基本情况，包括自然条件、自然资源、社会经济、水土流失、水土保持概况；②规划布局，包括指导思想与防治原则、水土保持分区、土地利用规划、治理措施规划；③技术经济指标；④保证规划实施的措施。

附表主要包括：①基本情况表；②水土流失与水土保持现状表；③农、林、牧等土地利用现状与规划表；④水土保持主要治理措施现状与规划表；⑤水土保持土石方工程量表；⑥水土保持规划技术经济指标表；⑦水土保持效益估算表。

大面积规划的附图主要为行政区划图、水系分布图、水土流失类型分区图(含"三区"或"两区"分区图)、重点治理小流域与骨干工程分布图和典型小流域土地利用现状与规划图等。小面积规划的附图主要有土地利用现状图、水土流失现状与措施现状图以及土地利用规划和水土保持规划图等。

附件包括规划范围内重点工程的规划设计、大型淤地坝或小型以上水库等专项规划设计资料以及技术经济指标的计算依据与计算过程等。

三、生产建设项目区水土流失调查

生产建设项目的实施，破坏了原地貌植被以及造成大量疏松物质的形成，是人为活动加剧水土流失的主要原因。因此，生产建设项目区水土流失防治目标应与规划范围内水土流失的防治目标相一致。

生产建设项目水土流失调查是编制水土保持方案，有效防治水土流失的基本依据。为了明确生产建设项目区水土流失调查内容与水土保持规划中水土流失调查内容的区别。在此将生产建设项目区水土流失调查的主要内容简要予以说明。

（1）施工前项目区原地貌和项目直接影响区水土流失量调查。从当地水土保持部门收集包括降雨、风力、温度、地形地貌、地面组成物质及结构、植被类型及覆盖度、监测取得的土壤侵蚀强度等资料。分析生产建设项目施工前原地貌的土壤侵蚀模数及土壤流失量。

（2）项目区原有水土保持设施调查。包括水土保持设施的类型、数量、保存情况，防治水土流失的效果，以及根据主体工程的布局，调查工程建设可能损坏的水土保持设施，包括林草面积、梯田、水窖、挡墙等水土保持设施。另外，还应对同类生产建设项目水土保持工作经验如水土保持工程布局、管理经验和存在问题等内容进行调查，为合理确定水土保持防治措施布局和确定分区防治措施的规模、确定水土保持监测重点地段和计算水土保持设施补偿费提供一定的依据。

（3）施工建设期项目区和直接影响区水土流失量调查。向主体工程施工单位了解工程施工工艺与工序，通过现地调查了解工程区域受害敏感点，通过综合分析，确定形成水土流失的主要原因和可能造成的危害。如工程削坡和填筑边坡会造成风蚀量、水蚀量和重力侵蚀量的增加，主体工程开挖土临时堆放区增加的侵蚀量，取土采料区、弃土弃渣区和施工场地等都会增加侵蚀量，对各种可能产生的侵蚀形式及侵蚀量进行监测以预测产生的水土流失总量。

四、小流域综合治理

（一）小流域综合治理的含义

小流域综合治理是指为充分发挥水土资源及其他再生自然资源的生态效益、经济效益和社会效益，以小流域为单元，在全面规划的基础上，合理安排农、林、牧等各业用地，因地制宜地布设水土流失综合治理措施，将治理与开发相结合，对流域水土资源及其他自然资源进行保护、改良与合理利用。小流域的面积一般为 10～30 km^2，最大不超过 50 km^2。

（二）小流域综合治理的依据

1. 小流域是水土流失的基本单元

小流域是水土流失的基本单元，它是径流、泥沙形成的策源地。以流域为单元进行科学规划与综合治理，符合自然规律。据山西省水土保持科学研究所在离石市王家沟流域的羊道沟观测，该沟面积 0.206 km^2，坡地占 49.7%，沟壑占 50.3%。坡面多年平均径流深 19.2 mm，输沙量 6 740 t/km^2；沟壑多年平均径流深 40.0 mm，输沙量 27 300 t/km^2。沟壑的年径流量和输沙量分别占全流域的 67% 和 80%，而坡面的年径流量和输水量分别占全流域的33%和20%。据观测资料,若坡面的水土流失得到控制,沟壑的径流量和输沙量可分别减少58.5%和77.7%。由此可见,坡与沟的水土流失是互相制约、互为因果的。坡面水土流失加剧了沟壑的发展,沟壑扩大又蚕食了坡面。从多年观测资料分析计算出的泥沙输移比为0.98。可见,小流域的产沙与输沙基本上是一致的。小流域的这种水土流失规律,为以小流域为单元进行坡沟综合兼治提供了一定的理论依据。

2. 小流域也是一个完整的经济开发利用单元

小流域又是一个完整的生产单元和经济开发利用单元,小流域涉及农、林、牧各业的发展和水土资源的合理开发利用,按其进行综合治理,符合经济规律。通过小流域综合治理,不仅能有效地控制水土流失,改善生态环境,更重要的是,实现水土资源的合理开发和永续利用,推动了小流域经济的发展。近年来,在小流域综合治理的基础上,小流域经济模式的形成和生态清洁型小流域工作的开展,充分体现了小流域综合治理在服务经济社会、推动经济发展、控制面源污染、保护水土资源和提供良好人居环境等方面的重要作用。

(三)小流域综合防治措施体系

水土保持三大技术措施即工程、生物与农业耕作技术措施的合理配置构成了小流域水土流失综合防治措施体系。

1. 工程措施

(1)坡改梯工程。坡改梯包括土坎梯田、石坎梯田和土石混合坎梯田。通过将坡耕地改造成水平梯田,拦蓄坡面径流,控制水土流失,有效地改善了生产条件,增加了基本农田的面积,同时也为水土资源的合理利用、促进各业生产的发展奠定了必要的基础条件。

(2)坡面小型水保工程。在坡面上实施坡改梯、造林、种草的同时,需配套小型水利水保设施,采取截水沟、排洪沟、蓄水池、引水渠、沉沙池等,构成从坡顶到坡脚的蓄、引、排系统,不仅可改善灌排条件,提高粮食果品产量和林草的生产率,也具有保护有效主体工程的安全运行、提高措施防护功能的重要作用。

(3)沟道工程。包括沟头防护、谷坊、拦沙坝和淤地坝等,有条件的地方还可修建蓄水塘坝,用以灌溉农田。沟道工程是根据"坡沟兼治"的原则,在搞好集水区水土保持措施实施的基础上,落实从沟头到沟口、从支沟到干沟的治理工程。

2. 生物措施

造林种草是开展水土流失综合治理的关键措施之一,也是控制水土流失,改善生态环境,促进农、林、牧、渔各业协调发展,发挥水土保持基本生态功能的重要组成部分。在荒山荒坡、退耕坡地及风沙区,因地制宜地营造用材林、经济林、水土保持防护林、防风固沙林、种草和封育管护等形成带片网配置、乔灌草结合的复层异龄林防护体系,以充分利用水热资源条件,达到促进植被恢复,推进生态环境改善和促进生态系统平衡的建立,减免水土流失危害和加快当地生产发展的目的。

3. 农业耕作技术措施

在进行农业耕作的过程中,采用改变小地形,提高植被覆盖度、地面覆盖时间和土壤抗蚀力等水土保持措施,达到保水、保土、保肥、改良土壤和提高产量的目的。水土流失地区的坡耕地上,各类农业耕作技术措施的应用极为广泛。

五、生产建设项目水土流失防治措施

与流域水土流失综合防治措施体系相比,生产建设项目水土流失的防治措施以三大技术措施为基础,同时与生产建设项目人为造成水土流失类型的特点相结合,形成了特殊的防护措施类型,具体可分为以下三大类。

(一)水土流失防治工程措施

(1)拦挡工程。包括拦渣坝、挡渣墙、拦渣堤、围渣堰、储灰场、尾矿库和尾沙库等。

(2)斜坡防护工程。包括挡墙工程、护坡工程、坡面固定工程和滑坡防治工程等。

(3)土地整治工程。包括弃土弃渣场整治、坑洼回填与利用、开挖破损面整治和整治后的土地利用等。

(4)防洪排导工程。包括拦洪坝、护岸护滩工程、堤防工程、排洪排水工程、泥石流排导工程、沟床固定与泥石流拦挡工程和清淤清障(施工过程中的淤积物)等。

(5)产流拦蓄工程。包括坡面蓄水工程,径流拦蓄工程,专门用于植被建设的引水、蓄水和灌溉工程等。

(6)防沙工程。包括沙障和平整沙丘等。

(二)水土流失防治植物措施

水土流失防治植物措施包括:①边坡植被建设工程;②渣面、施工场地植被建设工程;③特殊场地植被建设工程;④堤岸滩绿化工程;⑤交通道路两侧的绿化工程;⑥生活区、厂区及其他特殊用地绿化工程;⑦草坪和项目区周边绿化;⑧具有开发利用价值的植被建设工程(如果园、苗圃等);⑨专门的防风林带建设、固沙造林、固沙种草工程;⑩封育治理工程。

(三)水土流失临时防治措施

(1)拦挡措施。如彩钢板、编织袋装土、草袋装土、钢支架加编织布等临时拦挡措施。

(2)排水、沉沙措施。临时排水沟、临时排水管或沉沙池等。

(3)苫盖措施。塑料薄膜、防尘网、防雨布等临时苫盖。

(4)临时植物防护。如撒播草籽等。

第三节 水土保持动态监测

水土保持动态监测的目的是及时、准确、全面地反映水土保持生态建设情况、水土流失动态变化及发展趋势,为水土流失的预防、预报、预测、监督、管理与宏观决策提供可靠的科学依据。通过监测全面准确地评价水土保持生态建设的综合效益,完善和提高水土保持生态建设的管理水平,使水土保持生态建设在经济社会的发展中发挥更大的作用。

一、水土保持动态监测的作用

(1)为项目建设提供基础资料。以监测资料作为本底信息库,为水土保持生态建设和其他项目建设的评估、可行性研究、规划、设计等提供基本资料。

(2)监测成果为水土保持项目管理提供可靠的依据。通过监测及时准确判断水土保持生态建设项目是否符合相关标准,是否达到预期目标。对不断完善水土保持生态建设管理体系、提高管理水平具有一定的作用。

(3)为客观评价水土保持成效和进行科学决策提供重要的依据。通过动态监测以客观、准确、及时地反映出不同治理措施及其配置的影响范围、效益和成果,为进一步全面开展治理工作提供可靠的依据,避免走弯路,提高治理成效。

(4)为水土保持监督执法提供依据。监测数据为公正、科学、规范地执法提供保证。

(5)为水土保持宣传提供新途径。通过动态监测数据使全社会明确水土流失的变化和水土保持生态建设的成果,增强全民的环保意识和促进全民参与生态建设的积极性,使水土保持生态建设在国民经济建设中发挥更大的作用。

二、水土保持监测的原则

水土保持监测的主要目的是定期向有关部门提供信息,因此水土保持监测工作应充分考虑服务对象对信息的需求状况和服务的有效性。

(一)必要性

根据需要确定具体监测对象和监测方法。

(二)规范性

水土保持监测应以《水土保持监测技术规程》(SL 277—2002)、《水土保持生态环境监测网络管理办法》和《水土保持法》的相关条目为依据;水土保持监测方法、监测方式和范围的界定、指标等必须统一;监测的描述和表达等应按全国统一标准进行;监测方法在同一水土流失类型区具有通用性。

(三)综合性

针对不同的监测对象,应从反映环境质量变化的各种自然因素和对水土环境有影响的人为因素以及经济社会等多方面选择监测指标,从不同的角度反映水土流失和水土资源质量的变化状况、由此造成对其他环境因素和周边地区的影响状况以及水土流失的预防和治理现状;在监测方法上,既利用高新技术,也利用常规调查、站点观测和多年研究成果等内容,不同方法、技术相互补充,使监测结果全面、准确。

(四)动态性

监测应定期或不定期进行。可提供静态和动态不同状况的监测结果。通过对各类监测结果、各项专题研究和调查结果综合分析,建立各监测指标的数量化模型,以进行预测预报。

(五)层次性

宏观、中观和微观监测的层次划分,应根据监测的目的、必要性和技术条件,在不同水土流失类型区、重点地区、侵蚀易发区域和典型样点(如某一流域或某个地块或生产建设项目的某类防治区)进行监测。

三、水土保持监测的内容

《水土保持法》第四十二条规定:国务院水行政主管部门和省、自治区、直辖市人民政府水行政主管部门应当根据水土保持监测情况,定期对下列事项进行公告:①水土流失类型、面积、强度、分布状况和变化趋势；②水土流失造成的危害；③水土流失预防和治理情况。据此，水土保持监测的内容主要包括以下几个方面。

（一）水土流失状况

水土流失状况包括水土流失类型、面积、强度，水土流失程度、分布及其危害等，如不同区域水力、风力和冻融等侵蚀的面积、侵蚀模数和总侵蚀量；河道泥沙、洪涝灾害、植被及生态环境变化；监测对象对周边地区经济、社会发展的影响等。水土流失监测的因子主要包括降雨和风、地貌、地面组成物质及其结构、植被类型及覆盖度、水土保持措施的数量和质量等。通过监测提供的数据，达到预测预报水土流失及人为影响因素的变化趋势并为优化区域的综合防治规划和维护区域生态环境的稳定提供依据。

（二）土地利用现状

区域或流域土地利用现状反映了各业生产用地的分布、用地结构及比例。各业生产用地的分布和结构不合理、掠夺或破坏土地资源的经营方式，必然会引起水土流失的加剧和生态环境的恶化。因此，从系统工程来讲，通过监测以优化和调整不合理的土地利用结构，以有利于达到保护、合理利用水土资源，获得最佳防治效果的目的。

（三）治理措施实施情况

流域治理措施包括水土保持工程措施、生物措施和农业技术措施；生产建设项目水土保持的防治措施包括水土流失防治工程措施、植物措施和临时防护措施。这些措施是相互结合、相互补充的，通过监测不仅反映了各项治理措施的实施状况，也反映出水土流失综合治理对生态改善和景观生态的改善状况。

（四）生产与收入变化

生产水平的提高和收入的增加可以反映综合治理情况对当地经济系统影响的状况。粮食产量、林果收入、畜牧业的增值和工副业的发展等带来的经济效益，实际上反映了种植业、林业、畜牧业和工副业在综合治理中所发生的变化。

（五）群众物质和文化生活水平的变化情况

监测项目包括人均生活水平、生活消费支出、住房、文化娱乐活动、环境质量改善以及通信条件等内容。这些变化也反映了水土保持生态建设在促进环境改善后对社会系统的影响程度。

四、水土保持监测尺度

（1）地面监测。可提供“地面 - 真实”的观测结果，可以用来鉴定飞机、卫星提供的遥感数据的准确性以及用来解释这些数据；监测范围主要包括小区或样地、空中和遥感监测的训练区等，一般比例尺为 1∶10 000；地面监测对从地面实际监测点获得最好属性的对象特别适用，如土壤侵蚀模数、泥沙输移比等。

在地面监测时，要充分利用 GPS 定位技术，以便记录监测对象的位置属性，分别注明位置、面积、长度、体积、等高线和坡度等。利用 GPS 技术可实现对数据的快速采集和实现对各属性的实时分析等。

（2）航空监测。结合地面观测和航空监测的数据可以用来校验卫星监测判读的正确性和判读精度等。航摄带宽随制图比例尺要求而定，如比例尺 1∶10 000 ~ 1∶100 000，扫描宽度为 2 ~ 10 km。

航空监测可以用来监测典型地区水土保持工程措施的分布、数量和面积等，如小流域、中型流域（100 ~ 1 000 km^2）的土地利用状况，植被覆盖、淤地坝、梯田等水土保持措施的状况。

(3) 卫星监测。利用卫星遥感监测技术，对大流域或大范围水土流失及其防治成果进行监测，与地面调查和航空遥感技术结合，可以判读植被覆盖、作物状况、地面组成物质等影响土壤侵蚀的因素，分析水土流失的分布、强度变化和治理面积等。卫星监测的最大优点是以很频繁的间隔时间重复获得资料，真正实现动态监测。

综合运用上述监测技术和手段，可以实现以下四方面的功能：①快速清查宏观区域水土流失状况；②定期清查验收水土保持治理情况；③实时分析监督执法对象的有关属性；④预测预报水土流失及其防治的发展趋势。

水土保持监测尺度应根据监测对象及其影响区的范围、监测的必要性、监测实施及其预测预报的可能性确定。

五、水土保持动态监测方法

（一）地面监测

地面监测适用于水土流失及其防治效果的观测，包括水蚀、风蚀、重力和冻融侵蚀及其防治效果等。如以水蚀为例进行监测。

1. 小区布设与观测

(1) 小区布设。小区布设宜选择在不同水土流失类型区的典型地段，尽可能依托已建设的水土保持试验站，结合考虑观测管理的方便性，尽量集中于同一小流域内。

小区分标准小区和一般小区两类。标准小区为坡面投影长 20 m、宽 5 m、坡度 5°或 15°，坡面经耕耙平整后，至少撂荒 1 年，无植被覆盖；一般小区按观测项目要求，设立不同坡度和坡长级别、不同土地利用方式、不同耕作制度和不同水土保持措施，在无特殊要求时，与标准小区的规格相同，以便于比较。

(2) 小区建设。如按边墙材料和高出地面、埋入地下的尺寸等以及集流桶、分流桶所用材料等要求进行建设。

(3) 设施安装。每个监测站安装一个自记雨量计和一个备用雨量计。每个小区附近安装一个雨量桶，有条件的地方可利用全自动雨量观测设备进行雨量的观测。

(4) 水蚀小区观测内容。应采用自记雨量计、人工观测雨量桶观测降水总量及其过程，每场降雨后观测小区的径流和土壤流失量。

2. 控制站的布设和观测

(1) 控制站选址。控制站选址应结合已有的水土保持试验观测站点及国家投入治理的小流域，并应方便观测与管理。控制站的实际控制面积宜小于 50 km^2。控制站要避开变动回流、冲淤急剧变化、分流、斜流、严重漫滩等地貌、地物，并应选择沟道顺直、水流集中、便于布设测验设施的沟道段。

(2) 水蚀控制站的观测内容。①水位观测。自记水位计观测水位或人工观测（每 5 min 观测记录一次，短历时暴雨应每 2 ~ 3 min 观测一次）。②泥沙观测。每次洪水过程观测不少于10次，应根据水位变化确定观测时间。用瓶式采样器采样，样品不少于500 mL(泥沙含量采用烘干法测定；悬移质泥沙粒级每年应选择产流最多、有代表性的降雨过程进行1～2次采样分析)。

3. 滑坡监测

滑坡监测站点要布设在滑坡、泥石流频繁发生且危害大有代表性的地区地段。滑坡监测含降雨观测和地形变形与位移观测、地表裂缝观测、地表水、地下水和其他变形迹象及滑坡侵蚀量等。

4. 泥石流监测

监测项目包含流态、龙头、龙尾、历时、泥面宽、泥深、测速距离、测速时间、流速、流量、容重、径流量、输沙量、沟床纵比降、流动压力和冲击力等。主要观测方法：①设立断面。用测速雷达、超声波泥位计实现对泥石流运动的观测。②动力观测。采用遥测数传冲击力仪、泥石流地声测定仪等方法。③输移和冲淤观测。应在流过区布设多个固定的观测面，采用超声波泥位计、动态立体摄影等观测。④滑坡、泥石流岩土性状试验观测。

(二)遥感监测

遥感信息是实现对流域或区域水土流失及水土保持效益全面准确地实时动态监测的重要手段，可帮助决策部门掌握主要监测区内水土流失的分布、面积、流失量的逐年变化情况，措施实施后的总体效益变化情况，以及生态环境的动态变化过程，以定期向社会公告。

特点：遥感影像资源丰富，覆盖面广，周期快，分辨率高，信息量丰富。已得到水土保持规划、治理、监督等应用方面的高度重视，其宏观、快速和客观的优势使之成为水土流失监测的重要手段。

1. 监测级别、比例尺和周期的确定

(1)监测级别与比例尺。按监测区域面积大小分为：全国、大江大河流域(不小于1:250 000)、省(自治区、直辖市)与重点防治区(不小于1:100 000)、县(不小于1:50 000)与小流域(含大型开发建设项目区)(不小于1:10 000)等四个级别。

(2)监测周期。全国、大江大河流域和省(自治区、直辖市)监测周期为5～10年；重点防治区、县和小流域(含大型开发建设项目区)根据具体情况而定。

2. 遥感信息的选择和使用

按照监测区域的大小和制图比例尺，选择相应的航空和航天遥感信息。①时间跨度。全国、大江大河流域、省(自治区、直辖市)和重点防治区，遥感信息的时间跨度不超过2年，县和小流域为6个月。②时相选择。根据工作区域和任务的不同选择不同季节的遥感信息。

六、生产建设项目水土保持监测

生产建设项目水土保持监测是近年来水土保持监测的重点内容。生产建设项目水土保持监测主要采取地面观测和调查监测相结合的方法。对大型工程和重点项目，还同时利用遥感手段进行水土流失背景调查和动态监测。根据水土保持监测规程的要求，大中型开发建设项目应布设相对固定的监测设施。监测时段不仅包括工程对地表扰动的时期,也包括地表植被的恢复时期,监测结果直接服务于开发建设项目水土保持监督执法。

(一)监测任务

主要围绕项目建设引起环境变化造成的水土流失问题在微观层次的实时的、全过程的监测。监测信息主要用于:①划定水土流失防治责任范围;②掌握水土流失动态变化情况;③确定防治措施的数量和效果。

(二)监测内容

主要监测内容为弃土弃渣量、地面扰动面积、土壤流失量、水土保持措施实施情况和林草覆被率等项目,目的是核定扰动土地整治率、水土流失治理度、拦渣率、水土流失控制比、林草植被恢复率和林草覆盖率等6项主要指标,为项目水土保持竣工验收提供依据。

具体要求为:①通过测量建设项目各阶段的占地面积、土地扰动类型及其分布、土石方挖填数量、弃土(石、渣)量及其分布和林草保存情况等,划定建设项目防治责任范围;②监测土壤侵蚀强度和水土流失量的变化,分析水土流失影响及危害等;③调查水土保持方案中各项治理措施的实施数量和质量,林草措施的成活率、覆盖率和生长情况,防护工程的稳定性、完好性和运行情况,拦渣保土量和水土保持措施管理等,为确定是否达到防治标准提供依据。

(三)监测方法与时段

(1)调查与巡查。调查与巡查是指定期采取线路调查或全面调查,采用GPS定位仪、照相机、标杆、尺子等对项目区防治责任范围内地表扰动类型和面积、基本特征及水土保持措施实施情况(拦渣工程、护坡工程、土地整治等)进行监测记录。

(2)地面定位监测。布设临时监测(点)(主要为建设类)和永久性监测(点)(主要为建设生产类)。临时监测为不定期进行全线踏勘调查,特别是大雨及暴雨后对具有潜在流失危险地段的临时查看,若发现较大的扰动类型的变化(如新出现堆渣或堆渣消失)或流失现象,及时监测记录;永久性监测点主要采用桩钉法、侵蚀沟样方测量法、简易径流小区法以及人工模拟降雨试验等。同时,采用自记雨量计观测降雨量和降雨强度。

(3)建设生产类项目。水土保持监测时段划分为四个阶段:施工准备期、施工建设期、试运行期和生产运行期的2~3年。

(4)建设类项目。监测时段可分为施工准备期、施工建设期和试运行期直至设计水平年结束。

另外,监测时应控制监测点密度的合理性、监测方案的可操作性、监测方法的针对性、监测时段的准确性和监测资质的准入性。

(四)主要行业的监测重点

(1)采矿行业。监测的重点是弃渣场和尾矿。

(2)铁路、公路交通行业。新建铁路、公路对沿线地形地貌的扰动破坏大,水土流失严重;道路建设过程中开挖路堑、填筑路基、取土采石等动用土石方量大;特别是隧道的弃土弃渣、高填深挖地区的取弃土;施工时间长的大中型工程,临时工棚、施工场地和施工便道等的占地量也很大。监测的重点是弃土弃渣场、取土场、土石方临时转运场、开挖边坡、工场和施工便道等。

(3)石油、天然气行业。特别是西部,石油、天然气储量丰富。该行业输送油气管道在建设过程中会造成新的水土流失的形成。监测重点为施工过程中的水土流失、交叉工程的弃土弃渣、管道覆土后的地面植被恢复等。

(4)水利水电工程。水利枢纽工程、防洪堤防、灌溉工程、供水工程、调水工程等在建设过程中的采土、取土、挖沙、开挖地面和移民村镇建设等都会引起水土流失。监测重点为:施工过程中的水土流失、弃土弃渣场、取土场、移民建镇过程和库区周边的山体稳定等。

(5)城镇化建设。城镇化建设过程中对原地貌的破坏、开山造地形成的高陡边坡,水土流失对城市基础设施、城市旅游资源和城市水资源等自然资源的影响等为监测的重点。

第四节　水土保持监督管理

一、水土保持监督管理的概念和意义

水土保持监督管理作为水土保持管理的一项重要工作,是指县级以上人民政府水行政主管部门及其所属管理机构,根据法律、法规、规章、规范性文件或政府授权,对所辖区域内各类人为活动造成水土流失的防治以及影响水土流失防治效果的各项活动进行监督检查及处理各种行为的总称。包括实施水土保持行政许可、监督检查、行政处理、行政处罚等活动。

水土保持监督属于行政监督范畴,是国家有关主管部门及所属监督机构按照有关水土保持方面的法律、法规规定的权限、程序和方式,对有关公民、法人和其他组织在水土保持方面行为活动的合法性、有效性进行的检查督导。

开展水土保持监督执法既是贯彻执行有关水土保持法规的需要,是保护自然资源、保护生态环境和巩固现有防治成果的需要,更是促进国民经济持续健康发展、环境可持续维护和保障社会稳定的需要。

1993 年 8 月 1 日国务院令第 120 号发布了《中华人民共和国水土保持实施条例》,根据该条例的规定,水行政主管部门的水土保持监督机构负责对《水土保持法》及其实施条例的执行情况实施监督检查。自国务院 1993 年 5 号文件《国务院关于加强水土保持工作的通知》发布以来,全国建立和健全了水土保持监督执法机构,形成了国家、省(自治区、直辖市)、市、县、乡完整的水土保持执法体系。

二、水土保持监督执法的主要内容

水土保持监督执法的内容非常广泛,根据水土保持法律法规、规章与规范性文件、水土保持各类规范和各项标准,主要归纳为以下几个方面。

(一)对农业生产的监督

《水土保持法》第二十条规定,禁止在 25°以上陡坡地开垦种植农作物。在 25°以上陡坡地种植经济林的,应当科学选择树种,合理确定规模,采取水土保持措施,防止造成水土流失。

省、自治区、直辖市根据本行政区域的实际情况,可以规定小于 25°的禁止开垦坡度。

禁止开垦的陡坡地的范围由当地县级人民政府划定并公告。

在禁止开垦坡度以下、5°以上的荒坡地开垦种植农作物，应当采取水土保持措施。具体办法由省、自治区、直辖市根据本行政区域的实际情况规定。

根据法律对上述农业生产规定对生产者的行为和活动方式进行监督管理。如在禁垦坡度以上陡坡地开垦种植农作物的，要坚决制止；对已在禁垦坡度以上的陡坡地开垦种植农作物的，要监督开垦者按计划逐步进行退耕还林还草，恢复植被；对在禁止开垦坡度以下、5°以上的荒坡地开垦种植农作物的，监督其是否采取了水土保持措施，对未采取措施的要督促其实施相应措施，并按规定进行处罚。同时，对符合法规规定的生产活动方式，要予以积极的引导，使其向更规范化的方向发展。

（二）对采伐利用林草植被的监督

《水土保持法》第二十一条规定，禁止毁林、毁草开垦和采集发菜。禁止在水土流失重点预防区和重点治理区铲草皮、挖树蔸或者滥挖虫草、甘草、麻黄等。

第二十二条规定，林木采伐应当采用合理方式，严格控制皆伐；对水源涵养林、水土保持林、防风固沙林等防护林只能进行抚育和更新性质的采伐；对采伐区和集材道应当采取防止水土流失的措施，并在采伐后及时更新造林。

在林区采伐林木的，采伐方案中应当有水土保持措施。采伐方案经林业主管部门批准后，由林业主管部门和水行政主管部门监督实施。

第二十三条规定，在5°以上坡地植树造林、抚育幼林、种植中药材等，应当采取水土保持措施。

根据法律规定，监督的重点是检查采伐区和集材道要有具体的防治水土流失的措施、采伐方案中是否制定有水土保持措施，以及是否在植树造林、种草和抚育管护中采取水土保持措施。

《水土保持法》中的法律责任，第五十条规定，违反本法规定，毁林、毁草开垦的，依照《中华人民共和国森林法》、《中华人民共和国草原法》的有关规定处罚。

（三）对生产建设项目实施“三同时”制度的监督

《水土保持法》第二十七条规定，依法应当编制水土保持方案的生产建设项目中的水土保持设施，应当与主体工程同时设计、同时施工、同时投产使用，称为“三同时”制度。

对建设或生产过程中可能引起水土流失的开发建设项目的水土流失防治的监督，是目前水土保持监督执法、监督管理和监督检查的重要内容。其任务非常繁重，水土保持监督管理部门对以上活动的监督主要是通过审批方案、验收设施和现场检查等方法进行。

通过检查审批方案即要求生产建设单位和个人接受国家的水土保持监督管理；验收设施是指对建设项目中水土保持设施的验收，通过验收促进水土保持方案的实施，同时可以保证水土保持设施的质量和数量；现场检查主要是检查“三同时”制度落实情况，检查本身就是监督的一种形式。对“三同时”制度进行监督检查的主要内容如下：

（1）对“同时设计”的监督。审查在建设项目设计中是否编制了《水土保持方案》，是否经水行政主管部门批准。通过这种监督检查，可以确保《生产建设项目水土保持方案》的落实，强化水土保持监督管理机构的监督权。

（2）对“同时施工”的监督。监督建设项目主体工程与水土保持设施是否按照方案的要求同时进行施工,经费是否落实到位。通过监督检查,及时发现与解决问题,确保结合主体工程的进度及时采取水土流失防治措施,及时发挥水土保持设施的作用。

(3)对"同时投产使用"的监督。监督建设项目主体工程与水土保持设施是否同时竣工及水土保持设施是否经过验收并签署意见。通过严格监督检查,保证水土保持设施全面、按时竣工和投产使用。对水土保持设施的监督管护,是防止水土保持设施(含水土保持工程措施、林草措施、科研基地、示范基地、仪器设备)遭受破坏,巩固治理成果的重要保证。

三、水土流失补偿费

水土流失补偿费是指开办生产建设项目或从事其他生产建设活动损坏了原有的水土保持设施和具有一定保持水土功能的地貌、植被,从而降低或减弱其原有的水土保持功能,所必须为此补偿的费用。《水土保持法》第三十二条规定:开办生产建设项目或者从事其他生产建设活动造成水土流失的,应当进行治理。在山区、丘陵区、风沙区以及水土保持规划确定的容易发生水土流失的其他区域开办生产建设项目或者从事其他生产建设活动,损坏水土保持设施、地貌、植被,不能恢复原有水土保持功能的,应当缴纳水土保持补偿费,专项用于水土流失预防和治理。专项水土流失预防和治理由水行政主管部门负责组织实施。补偿费不同于赔偿费,补偿费由水行政主管部门及水土保持监督管理机构在别处投资,另行防治,使水土保持整体功能不至于降低。

如果损坏者不承担这部分费用,它就会由没有实施损坏行为的单位和个人甚至包括受害人来承担。这于法、于理、于情都是相违背的。据此,任何单位和个人如果损坏了水土保持设施,就应同时支付水土流失补偿费。这对防止损坏水土保持设施、保护和合理利用水土资源具有重要的现实意义。

通过依法征收水土保持补偿费以利于控制和减少有关单位或个人在生产建设活动中对地形、地貌、植被等的扰动和对水土保持设施的损坏。水土保持补偿费实质是应用经济杠杆,调节生产建设单位和个人在各类开发建设活动中的水土保持行为;征收补偿费可以促进人为引发水土流失的治理,减缓生产建设活动行为的外部性影响,达到有效保护水土资源和生态环境可持续维护的目的。从水土保持补偿费的征收和管理实践情况看,水土保持补偿费对减轻因生产建设活动引发的人为水土流失危害、保护水土保持生态环境方面具有重要的作用。

本章小结

本章主要介绍了水土保持规划的内容、步骤以及生产建设项目区水土流失调查的主要内容,以便分析流域和生产建设项目区水土流失形成的不同原因。通过把流域水土流失综合防治措施体系与生产建设项目水土流失防治措施的类型进行对比,帮助学生掌握防治水土流失的基本技术措施,明确流域与生产建设项目水土流失防治技术的主要内容,为学习生产建设项目水土保持技术奠定必要的基础。通过介绍水土保持动态监测和水土保持监督管理的内容,帮助学生掌握水土保持动态监测和监督管理在实施水土保持生态建设中的重要意义。

复习思考题

1. 水土保持规划可分为哪几类？简述水土保持规划的主要作用。

2. 水土保持规划中水土流失调查的内容与生产建设项目水土流失调查的主要内容有何联系与区别？

3. 何谓小流域？小流域综合治理的意义是什么？搜集小流域综合防治的实例，说明所采取的主要防治措施。

4. 说明水土保持动态监测的主要内容及动态监测的意义。

5. 生产建设项目各重点行业监测的主要内容分别是什么？

6. 简述水土保持补偿费的含义以及征收水土保持补偿费的意义。

第五章　开发建设项目水土保持概述

【学习目标】

掌握开发建设项目水土流失防治标准、水土保持方案的含义及编制要求；熟悉项目建议书阶段、可行性研究报告阶段、初步设计阶段和施工图设计阶段水土保持设计的主要任务；了解建设项目的概念及特征、开发建设项目的类型、水土流失特点及水土流失防治的基本原则。

第一节　开发建设项目水土流失特点

一、建设项目的概念与特征

（一）建设项目的概念

建设项目是指按固定资产投资方式进行的一切开发建设活动，包括国有经济、城乡集体经济，以及联营、股份制、外资、港澳台投资、个体经济和其他各种不同经济类型的开发活动。建设项目往往是按一个总体设计进行建设的各个单项工程所构成的总体，在我国也称为基本建设项目。

我国通常把建设一个企业、事业单位或一个独立工程项目作为一个建设项目；凡属于一个总体设计中分期分批进行建设的主体工程和附属配套工程、综合利用工程、供水供电工程等整体作为一个建设项目；不能把不属于一个总体设计的工程，按各种方式归并为一个建设项目；也不能把同一个总体设计内的工程，按地区或施工单位分为几个建设项目。建设项目一般可以进一步划分为单项工程、单位工程、分部工程和单元工程。

（二）建设项目的特征

建设项目的特征可概括为以下几点：①建设项目投资额巨大，建设周期长；②建设项目是按照一个总体设计建设的，是可以形成生产能力或使用价值的若干单项工程的总体；③建设项目一般在行政上实行统一管理，经济上实行统一核算，因此有利于统一管理总体设计所规定的各项工程。

二、建设项目分类

为了加强基本建设项目管理，正确反映建设项目的内容及规模，建设项目可按不同标准进行分类。

（一）按建设性质分类

建设项目按其建设性质不同，可划分为基本建设项目和更新改造项目两大类。

1. 基本建设项目

基本建设项目是投资建设用于进行以扩大生产能力或增加工程效益为主要目的的新

建、扩建工程及有关工作。具体包括以下几方面：

(1)新建项目。指以技术、经济和社会发展为目的，从无到有的建设项目。现有企业、事业和行政单位一般不应有新建项目。但新增加的固定资产价值超过原有全部固定资产价值(原值)3 倍以上时，才可算作新建项目。

(2)扩建项目。指企业为扩大生产能力或新增效益而增建的生产车间或工程项目，以及事业和行政单位增建业务用房等。

(3)迁建项目。指现有企、事业单位为改变生产布局或出于环境保护等其他特殊要求，搬迁到其他地点的建设项目。

(4)恢复项目。指原固定资产因自然灾害或人为灾害等已全部或部分报废，又投资重新建设的项目。

2. 更新改造项目

更新改造项目是指建设资金用于对企、事业单位原有设施进行技术改造或固定资产更新以及相应配套的辅助性生产、生活福利等工程和有关工作。更新改造项目包括挖潜工程、节能工程、安全工程和环境工程等项目。

(二)按投资作用分类

基本建设项目按其投资在国民经济各部门中的作用，分为生产性建设项目和非生产性建设项目。

1. 生产性建设项目

生产性建设项目是指直接用于物质生产或直接为物质生产服务的建设项目，主要包括以下 4 方面：

(1)工业建设。包括工业、国防和能源建设。

(2)农业建设。包括农、林、牧、渔、水利建设。

(3)基础设施。包括交通、邮电、通信建设，地质普查、勘探建设，建筑业建设等。

(4)商业建设。包括商业、饮食、营销、仓储、综合技术服务事业的建设。

2. 非生产性建设项目

非生产性建设项目(消费性建设)包括用于满足人们物质、文化和福利需要的建设及非物质生产部门的建设，主要包括办公用房、居住建筑、公共建筑和其他非生产性建设。

三、开发建设项目的含义及分类

开发建设项目泛指生产和国民经济建设中如开垦荒坡地、水工程建设、矿业开采、工业企业建设、交通工程建设、城镇建设、生态移民、国防工程建设等一切新建、改建、扩建及技术改造的生产项目和基本建设项目。《开发建设项目水土保持技术规范》(GB 50433—2008)适用于在建设或生产过程中可能引起水土流失的开发建设项目的水土流失防治。建设或生产过程中可能引起水土流失的开发建设项目指公路、铁路、机场、港口、码头、水工程、电力工程、通信工程、管道工程、国防工程、矿产和石油天然气开采及冶炼、工厂建设、建材、城镇新区建设、地质勘探、考古、滩涂开发、生态移民、荒地开发、林木采伐等项目。

开发建设项目可按照以下两种方法进行分类。

(一)根据建设和生产运行情况进行分类

按照《开发建设项目水土流失防治标准》(GB 50434—2008),开发建设项目按照建设和生产运行情况可划分为建设类和建设生产类两大类,并按类型划分时段。

(1)建设类项目。可包括公路、铁路、机场、港口码头、水工程、电力工程(水电、核电、风电、输变电)、通信工程、输油输气管道、国防工程、城镇建设、开发区建设和地质勘探等水土流失主要发生在建设期的项目。其特点是当开发建设项目通过水土保持专项验收并投产使用后,在运营期基本没有开挖、取土(石、料)、弃土(石、渣)等生产活动,水土流失呈逐步减少和逐渐趋于稳定的趋势。建设类项目水土流失防治时段标准可划分为施工期和试运行期两个阶段。

(2)建设生产类项目。建设生产类项目可包括矿产和石油天然气开采及冶炼、建材、火力发电、考古、滩涂开发、生态移民、荒地开发、林木采伐等水土流失发生在建设期和生产运行期的项目。其特点是不仅在建设过程中产生水土流失,而且在生产运行期间还源源不断地产生水土流失。如燃煤电站在通过水土保持专项验收并投产使用后,还将产生粉煤灰、石膏等废弃物,还需要采取各种防护措施。建设生产类项目水土流失防治时段标准可划分为施工期、试运行期和生产运行期三个阶段。

(二)根据开发建设项目的平面布局进行分类

按照《开发建设项目水土流失防治标准》(GB 50434—2008)和《开发建设项目水土保持技术规范》(GB 50433—2008)可将开发建设项目划分为线型开发建设项目和点型开发建设项目。

(1)线型开发建设项目。布局跨度较大,呈线状分布。包括公路(高速公路、国道、省道、县际等公路、县乡公路和乡村道路等)、铁路、管道(供水、输油、输气和通信光缆等)、输电线路和渠道等。

(2)点型开发建设项目。布局相对集中,呈点状分布的矿山、电厂、水利枢纽、城镇建设工程、农林开发工程和冶金化工工厂等。

四、开发建设项目水土流失的特点

开发建设项目水土流失,顾名思义就是指在上述开发建设活动中造成水土流失,即因扰动地表或地下岩土层、排放固体废弃物,或破坏地表植被、土壤结构,或改变地形,使下垫面条件向着有利于土壤侵蚀的方向发展,造成水土资源的破坏和损失。

开发建设项目水土流失是在人为活动下诱发产生的,是以人类生产建设活动为主要外营力形成的水土流失类型,是人类生产建设活动过程中扰动地表和地下岩土层、堆置废弃物、构筑人工边坡以及排放各种有毒有害物质而造成的水土资源和土地生产力的破坏与损失,是一种典型的人为加速侵蚀。有关研究表明,开发建设活动由于改变了原始的地貌、植被和水系,并产生大量的弃土弃渣,由此导致的水土流失强度和危害程度居人为水土流失之首。

开发建设项目造成的水土流失与原地貌条件下的水土流失有着必然的联系,其所造成水土流失的形式,主要体现为项目建设区的水资源、土地资源及其环境的破坏和损失,包括岩石、土壤、土状物、泥状物、废渣、尾矿、垃圾等多种物质的破坏、侵蚀、搬运和沉积。

同时，开发建设活动造成的水土流失与自然状态下产生的水土流失也有着本质的区别。开发建设项目的建设类型多样、涉及的地域特点不同，产生水土流失的形式不同，其造成的水土流失的危害具有分散性、潜伏性和不确定性等特点。不同类型开发建设项目水土流失特征见表5-1。

表5-1　不同类型开发建设项目水土流失特征

工程类型	工程特点	主要流失时段	重点流失部位
公路、铁路	线路长，穿越的地貌类型多，取土弃土和土石方流转的数量大	建设期、运行初期	路堑和路基边坡、取料场、弃土（渣）场
水利水电	河道沟道峡谷地段，移民安置数量大，土石方流转数量大	施工准备期、建设期	弃渣场、取料场、主体工程区
火电核电	工程占地集中，建设周期短	施工准备期、建设期、运行期	厂区、贮灰场区
管线	线路长，穿越河流及铁路、公路等工程多，作业带宽，临时堆土量大，施工期短	建设期	临时堆土区，线路穿越区
井采矿	地面扰动小，沉陷范围大，排矸多	建设期、运行期	排矸场、工业广场、沉陷区
露天采矿	扰动强度大，排土量大	建设期、运行期	内外排土场、采掘坑沿帮
城镇开发建设	位于人口密集区，扰动面积集中，砂石料用量大	施工准备期、建设期	砂石料场区、建筑工地
农林开发	多位于丘陵山地，面积较大，多连片集中	施工准备期、建设期、运行期	林下、破坏面等
冶金化工	扰动面积集中，砂石料用量大	施工准备期、建设期、运行期	渣场、尾矿库

开发建设项目水土流失特点可概括为以下几个方面。

（一）水土流失在空间上以点、线、面的区位特征分布，影响程度各异

开发建设项目的建设及其生产运行期间所处的区域，由工程特点及其施工需要所决定，它不是单一完整的自然小流域或行政单元。因此，开发建设项目的水土流失的分布可能是跨越多个自然小流域或行政单元，以点、线、面中的一种或多种形式存在，这是开发建设项目水土流失的重要特点。如公路、铁路造成的水土流失呈“带”状分布；输油输气管道工程造成的水土流失呈“线”状分布，受工程沿线地形地貌条件的限制及“线带状”活动方式的影响，其主体工程建设区和配套工程建设区，涉及的破坏范围较大。矿业生产、火力发电、井采矿和水利水电工程等项目，其特点是影响区域范围相对较小，但破坏强度大，造成的水土流失呈“点”状分布，在促进生态改善和植被恢复方面的难度大。农林开发、城市建设和大型露天采矿造成的水土流失呈“面”状分布。因此，综合性强、规模较大的项目，影响区整体以“面”的形式表现出来，特别是范围大、建设生产周期长，而且在结构上以点、线、面组合或交织而成的项目，水土流失影响范围也较大。

（二）水土流失类型和形式的多样性

开发建设项目的类型多种多样，涵盖了国民经济建设的各个方面。如矿业资源、交通、电力工业、水利工程、城镇建设和农林开发等。多种多样的行业类型，由于其项目的组成、施工工艺和运行方式多样，且因受施工期和运行期的地表裸露、土方堆置松散和人类机械活动频繁等的影响，其产生的水土流失类型和形式多种多样，造成水蚀、风蚀、重力侵蚀和混合侵蚀等侵蚀形式在时空上交错分布。在侵蚀形式上雨季以面蚀、沟蚀、崩塌、滑坡和泥石流等并存，非雨季又受大风的影响多产生风蚀。

开发建设项目的生产建设过程对地表的扰动及重塑，使原来的主要侵蚀营力也发生了一定的变化，增加了侵蚀形式的多样性。如在丘陵沟壑区的公路施工中，路基修筑中的削坡、开挖断面以及弃渣的堆砌，使原本的风力侵蚀作用加大，造成风力与水力侵蚀的复合侵蚀形式；平原区在高填路基施工后，形成一定的路基边坡，从而使原本以风力侵蚀为主的单一侵蚀形式，在路基边坡处转变为以水力侵蚀为主的侵蚀形式；对于设置在水蚀区的干灰场，由于堆灰所引起的灰渣流失，使得该区在原有水蚀的条件下增加了风蚀，或者是风力侵蚀与水力侵蚀并存。

（三）水土流失的潜在危害性增加，可控制性和可预防性低

开发建设项目在建设和生产运行过程中造成的水土流失危害，并非短期内完全显现出来，通常是在众多侵蚀营力的共同作用下，经过一定时段后其侵蚀造成的危害才逐渐呈现出来。因此，开发建设项目造成的水土流失潜在危害程度以及危害后果有时很难预测。例如，弃土场使用初期，往往水蚀和风力侵蚀同时存在，在雨季主要表现为水力侵蚀，遇到大风主要表现为风力侵蚀。而随着弃土场使用时间的延长，如遇到一定外来诱发营力的作用，可能会形成重力侵蚀，如发生崩岗、塌陷、滑坡或成为暴发山洪、泥石流的重大隐患等；又如对于大多数地下生产项目如采煤、采铁等，除扰动地面外，随着地层的原有结构被破坏和地下水的疏干，形成地面沉陷、植被退化，这种影响具有明显的滞后效应，几年甚至几十年后才表现出来。这个不确定时段的潜伏期和结果难以预测，可控性和可预防性低。

（四）水土流失发生的时段性强、突发性强和危害性强

开发建设项目分准备期、建设期和生产运行期等阶段。由于建设项目的性质不同，造成的水土流失有集中于建设期的，也有集中于生产期的。但由于施工期大面积的扰动地面，产生或堆置大量松散弃土弃渣物质，水土流失集中于建设期的占多数。由于开发建设项目造成的水土流失具有很强的时段性，短时间内对地表进行大范围及深度的开挖、扰动堆垫和采掘活动，形成大量的人工坡面、悬空面和采空区等，破坏了原有的地质结构和原有的平衡状态，引发的水土流失具有突发性强的特点，如在暴雨、洪水、强风暴和地震等外来诱发营力的作用下，引发泻溜、崩塌和滑坡等重力侵蚀，其危害性极强。同时，施工建设活动也改变了土体的理化性质，其抗蚀力大大下降，水土流失急剧增加，尤其在弃渣、弃土、取土等松散部位，水土流失强度往往会高出自然侵蚀强度的3～8倍。如福建省建瓯小区观测点对松散堆填地形的试验结果表明，3°～5°坡面原地貌土壤侵蚀模数为1 000～3 000 t/(km^2·a)，而当原始坡面被破坏之后，则形成36°～40°的坡面堆积体，土壤侵蚀模数可达20 000 t/(km^2·a)以上。

（五）水土流失携带的物质成分复杂，水土流失与环境污染相伴发生

开发建设项目产生的废弃物，其物质组成成分除土壤外，还有大量的岩石、碎屑、建筑垃圾、生活垃圾以及植物残体等混合物。矿山类弃渣还有煤矸石、尾矿、尾矿渣及其他固体废弃物，火电类项目还有炉渣等。再如有色金属工业工程，其固体废弃物主要是采矿、选矿、冶炼和加工过程以及环境保护设施中排放出的固体与泥状废弃物，其种类包括采矿废石、选矿尾矿、冶炼弃渣、污泥和工业垃圾等，还有在生产过程中排放出的有害固体废弃物等。如甘肃省金川公司冶炼弃渣年排放量约 70 万 t，建厂以来已排放 2 000 余万 t，而且其弃渣排放温度高达 13 000 ℃，含铁量大于 34%，同时弃渣中还含有少量镍、钴、铜等有色金属（详见表 5-2）。因此，在发生水土流失过程中所携带的固体物的成分相当复杂，包括矿石、尾矿、尾渣和冶炼弃渣等有毒有害物质，形成的水土流失通常与环境污染相伴发生，如造成下游水体污染等，严重危害人们的健康和财产安全。

表 5-2　有色金属工程排放的有害固体物种类

来源	有害固体废物名称
选矿	含高砷尾矿、含铀尾矿
钢冶炼	湿法炼钢浸出渣、砷铁渣
铅冶炼	含砷烟尘、砷钙渣
锌冶炼	湿法炼锌浸出渣、中和净化渣、砷铁渣
锡冶炼	含砷烟尘、砷铁渣、污泥
锑冶炼	湿法炼锑浸出渣、碱渣
稀有金属冶炼	铍渣
制酸	酸泥

正由于如此，工业弃渣应在指定的场所集中堆放，并采取相应的防护措施和合理的处置方法，以避免产生流失、压埋农田和淤积江河湖库，以减少对周边环境产生严重影响和危害人身安全。

五、开发建设项目水土流失对生态环境的影响

（一）对水资源和水环境的影响

各类开发建设项目对地表的硬化以及破坏地形、地貌、植被等水土保持设施，使原有的水土保持功能降低或丧失，造成土壤渗流系数减小，地表径流系数增大，地表径流汇流时间缩短，强度增大，而地下水源的涵养和补给受到阻碍。据山东省水利科学研究院对济南南部舜湖社区开发建设项目进行的观测计算，项目区内由于地面硬化，地表径流系数增大，地表径流量由工程建设前的年均 32.53 万 $m^3/(km^2 \cdot a)$ 增加到 64.38 万 $m^3/(km^2 \cdot a)$。地表径流量的成倍增加，必然导致地下水补给量的成倍减少，其结果是地下水位下降，生态环境恶化。同时由于开发建设项目在施工开采过程中产生的一些化学与物理污染物，也会随着地表径流进入河流或渗透到地下，导致河流或地下水水体的污染，对水环境造成一定的影响。

(二)对土地资源和农业生态的影响

开发建设用地改变了部分土地利用现状,将农、林、牧业用地或其他用地转化为建筑物用地和道路等,这部分用地基本丧失了生产能力。另一部分临时用地(如住房、道路、堆渣等)也占有相当一部分,必然导致作为生产用地的可利用土地资源不断减少。同时开发建设项目在施工过程中的表土剥离,岩石被开采与破碎,使得整个土壤的结构和层次受到破坏,土壤生态系统的功能恶化。当遇到降雨时水土流失的产生使得土地可利用价值和生产力大大下降,形成土壤肥力下降、沙漠化、盐渍化和土壤污染等问题的出现。

开发建设项目产生的水土流失对农业生态的影响,一方面体现在通过农田的路段,特别是路堤、桥梁和交叉点,降雨冲刷携带的大量泥沙排至工程区外的农田时,由于地势较缓,大部分泥沙沉积下来,形成"沙压农田",对农业生态造成一定的影响。另外,建设项目施工所产生的粉尘对农作物生长也会带来不利的影响,特别是干旱季节,施工产生的扬尘在作物的叶片聚集较厚或在作物的扬花期受大量粉尘的影响,将会影响其光合作用和作物的品质与产量。

(三)对生物资源和生态系统的影响

开发建设项目使工程建设区的植被受到破坏,部分生物个体被铲除,生物群落和生态系统结构受到影响。同时施工机械的开挖、碾压,施工人员施工与生活的踩踏,搅拌场、拌和场和堆料场、弃渣的堆放等,将造成使用地的植被遭到破坏,造成植物的多样性减少,对植物资源造成影响。特别是露天开采,表土的剥离对原有植被造成严重的破坏,而主要矿层被采空,又会造成严重漏水和上覆岩土层结构破坏,使植物失去生存条件。开采后形成的大量固体废弃物的堆积也相应加剧了水土流失的形成。

由于植被遭受破坏引起的水土流失,这一系列的生态效应最终将导致生物量的锐减,生态系统的结构受损,周围生态环境逐渐恶化,对野生动物的整体生存环境构成巨大的影响。因食草动物开始迁移,数量减少,食肉动物也得不到足够的食物数量开始减少,从而导致物种减少,生物多样性受到遏制。这种对食物链结构的破坏,导致生态平衡受到影响,对维持生态环境的稳定是非常不利的。

另外,开发建设项目的建设若沿河或跨河路段较多,特别是近河施工中如不做好开挖坡面的防护工作,发生水土流失或扬尘严重时,将增加水体的悬浮物含量,在短期内污染河流,对鱼类及浮游生物的生存环境造成一定的影响,部分鱼类也因环境改变而规避至其他河段,从而对水生生态系统造成严重危害,并直接导致对水生生物资源的破坏。其不利影响程度与施工时间长短、进入河流的污染物浓度及成分有关。

(四)对周边环境和下游环境的影响

开发建设项目水土流失对周边环境和下游环境的影响,主要是大量的弃土弃渣进入河流,淤塞河床沟道,造成河道淤积,毁坏水利设施,影响正常行洪和水利工程效益的发挥,甚至还会引发更大的洪涝和地质灾害。如近几十年来,长江流域的各类开发建设项目激增,使长江中下游地区的湖泊面积丧失约 1 200 万 hm^2,丧失率达 34%,极大地削弱了湖泊的调洪能力。据调查,陕北油气田开发累计因开挖、压埋、扰动破坏地貌植被面积达 7 万多 hm^2,排放弃土弃渣 1.5 亿 t,其中塌陷区造成的水土流失最为严重,并且年增速超过 45 km^2。这种因人为水土流失造成的水位下降、井泉干涸、河道断流、植被衰退、水土草木资源损毁、土地沙漠化的状况，严重威胁人们的生命财产安全，危害极其严重。

第二节　开发建设项目水土流失防治简述

一、水土保持方案的含义

水土保持方案是针对开发建设项目的建设区和影响区域内已经存在的或在工程建设和运行过程中可能产生的水土流失开展预防、保护和综合治理的设计文件。水土保持方案是开发建设项目总体设计的重要组成部分，是设计和实施水土保持措施的技术依据，是防止开发建设项目引起水土流失的基本保障。

（一）开发建设项目水土保持方案编制的意义

（1）开发建设项目水土保持方案是项目设计的组成部分。项目建设者在立项时就应充分考虑因建设活动而造成的水土流失问题。这一法律要求，从源头上预防了因项目建设而造成新的水土流失问题，最大限度地减少和降低了开发建设活动对生态环境的影响。

（2）全面落实《水土保持法》及相关法规。水土保持方案编制按照“谁开发谁保护，谁造成水土流失谁治理”的原则，合理界定生产建设方应承担水土流失防治的责任范围，具体落实防治义务，明确防治目标。

（3）因地制宜，因害设防。在水土保持方案编制中，通过工程、植物和临时防护措施的合理布设，形成科学的综合防治体系，为开发建设单位搞好水土流失的防治提供技术支撑。

（4）开发建设项目水土保持方案编制为后续设计和水行政主管部门的监督执法、竣工验收提供依据。水土保持方案中有了相应设计深度的防治措施，为水土保持监督管理部门实施有效的监督、管理和对竣工的水土保持设施进行验收等提供了科学依据。

（二）水土保持方案编报的依据

水土保持方案编报制度是水土保持法确立的基本制度。《水土保持法》第二十五条规定，在山区、丘陵区、风沙区以及水土保持规划确定的容易发生水土流失的其他区域开办可能造成水土流失的生产建设项目，生产建设单位应当编制水土保持方案，报县级以上人民政府水行政主管部门审批，并按照经批准的水土保持方案，采取水土流失预防和治理措施。没有能力编制水土保持方案的，应当委托具备相应技术条件的机构编制。

水土保持方案应当包括水土流失预防和治理的范围、目标、措施与投资等内容。

水土保持方案经批准后，生产建设项目的地点、规模发生重大变化的，应当补充或者修改水土保持方案并报原审批机关批准。水土保持方案实施过程中，水土保持措施需要作出重大变更的，应当经原审批机关批准。

二、水土保持方案编制基本要求

（一）方案编制工作范畴

1. 地域

根据《开发建设项目水土保持技术规范》（GB 50433—2008），凡在建设或生产过程中可能引起水土流失的开发建设项目都应编制水土保持方案。建设或生产过程中可能引起水土流失的开发建设项目指公路、铁路、机场、港口、码头、水工程、电力工程、通信工程、管道工程、国防工程、矿产和石油天然气开采及冶炼、工厂建设、建材、城镇新区建设、地质勘探、考古、滩涂开发、生态移民、荒地开发和林木采伐等项目。

根据《开发建设项目水土保持技术规范》(GB 50433—2008)的要求,凡征占地面积在1 hm^2 以上或挖填土石方总量在1万 m^3 以上的开发建设项目,必须编报水土保持方案报告书。其他开发建设项目必须编报水土保持方案报告表,其内容和格式应符合规范的相关规定。

开发建设项目水土保持方案由生产建设单位负责,具体编制水土保持方案的单位必须持有“编制水土保持方案资格证书”。

2.方案编制时限

根据《开发建设项目水土保持技术规范》(GB 50433—2008)的要求,开发建设项目水土保持工程设计可分为项目建议书、可行性研究、初步设计和施工图设计四个阶段。水土保持方案编制程序和主体工程项目所处的设计阶段相一致。

开发建设项目在项目建议书阶段应有水土保持章节;工程可行性研究阶段(或项目核准前)必须编报水土保持方案,并达到可行性研究阶段深度,工程可行性研究报告中应有水土保持章节;初步设计阶段应根据批准的水土保持方案和有关技术标准,进行水土保持初步设计,工程的初步设计应有水土保持篇章;施工图阶段应进行水土保持施工图设计。

(二)方案编制资格

实行专门资格证书制度。编制单位必须持有水行政主管部门颁发的“编制水土保持方案资格证书”。

(三)水土保持方案管理制度

1.分级编制

取得甲级资格证书的单位,可以承担各级人民政府水行政主管部门审批的方案编制工作。取得乙级资格证书的单位,可以承担所在省(自治区、直辖市)省级以下(含省级)人民政府水行政主管部门审批的方案编制工作。取得丙级资格证书的单位,可以承担所在省(自治区、直辖市)市级以下(含市级)人民政府水行政主管部门审批的方案编制工作。

2.考核

根据《生产建设项目水土保持方案编制资质管理办法》(水保方案资质管理办法中水会字(2013)第008号)第17条规定,资格证书的有效期为3年。有效期届满需要延续的,持证单位应当在有效期届满前3个月提出申请,并提交管理办法中规定的材料以及有效期内的业绩证明。

三、开发建设项目水土流失防治基本原则

《开发建设项目水土保持技术规范》(GB 50433—2008)明确规定,项目建设单位依法应承担水土流失防治义务的区域,该区域由项目建设区和直接影响区组成。项目建设区是指开发建设项目征地、占地、使用及管辖的区域;直接影响区是指项目建设过程中对项

目建设区以外造成水土流失危害的区域。

在依法应承担水土流失防治义务的区域，水土流失的防治应遵循以下基本原则。

（一）按照“三同时”制度的规定，有效防治水土流失

开发建设项目应按照“水土保持设施必须与主体工程同时设计、同时施工、同时投产使用”的规定，坚持“预防优先，先拦后弃”的原则，有效控制水土流失。

（二）应控制和减少对原地貌的损毁

应控制和减少对原地貌、地表植被、水系的扰动与损毁，保护原地表植被、表土及结皮层，减少占用水土资源，提高利用效益。

（三）开挖与排弃必须采取相应的防治措施

开挖、排弃和堆垫场所必须采取拦挡、护坡、拦截排水以及其他整治措施；弃土（石、渣）宜综合利用，不能利用的应集中堆放在专门的存放地，并按“先拦后弃”的原则采取拦挡措施，不得在江河、湖泊、建成水库及河道管理范围内布设弃土（石、渣）场。

（四）施工过程需要采取临时防护措施

工程施工应减少地表裸露时间，遇暴雨或大风时应加强临时防护；雨季施工应随挖、随运、随填、随压，避免产生水土流失；临时堆土（石、渣）及料场加工的成品料应集中堆放，设置沉沙、拦挡等措施；土砂石渣料在运输过程中应采取防护措施，防止沿途散溢，造成水土流失。

（五）施工迹地应及时整治

施工迹地应及时进行土地整治，采取水土保持措施，恢复其利用功能。

四、开发建设项目水土流失防治技术措施概况

水土流失防治技术措施包括主体工程已列的防护措施和方案新增的工程措施、植物措施和临时防治措施，各项措施按照防治分区分别布设，并形成综合防治措施体系。开发建设项目水土保持措施可分为以下 8 类（见表 5-3）。

表 5-3　水土保持措施一览表

措施类型	措施形式	适用范围
拦渣工程	拦渣坝	在沟道中弃土（石、渣、尾矿）时应用
	拦渣墙	拦挡在坡顶、斜坡堆的弃土（石、渣）或预防固体废弃物发生滑塌
	拦渣堤	弃土（石、渣）堆置河（沟）道旁边按防洪治导线布置修建
斜坡防护工程	削坡开级	边坡高度大于 4 m，坡度大于 1.0∶1.5 时应用
	工程护坡	适用于堆置物、山体不稳定的高陡边坡或坡脚遭受水流冲刷的边坡
	滑坡治理工程	应用于易产生滑坡地段的坡面
土地整治工程	坑洼回填	将固体废弃物回填于施工、取料形成的坑洼地
	渣场改造	适用于弃土（石、渣）场的整治
	整治后的土地利用	对坑洼回填、终止使用的弃渣场表面，采取平整覆土，改造成可利用土地

续表 5-3

措施类型	措施形式	适用范围
防洪排导工程	拦洪坝	上游有小流域沟道洪水集中危害时采用
	排洪渠	一侧或周边有洪水危害时修建
	涵洞、暗管	当坡面、沟道洪水与项目区道路、建筑物、广场等交叉处需地下排水时应用
	防洪堤	沟、河洪水影响项目安全时,在沟(河)岸修建
	护岸护滩工程	项目区内的沟岸、河岸在洪水影响下易发生冲刷、坍塌时应用
	泥石流治理工程	应用在泥石流易发沟道
降水蓄渗工程	漫流拦蓄工程	拦蓄坡面径流,增加入渗,提高土体含水量时应用
	集流拦蓄工程	拦蓄股流,防冲、蓄水利用
临时防护工程	苫盖	适用于临时堆放的渣土、风沙区的扰动场地
	临时拦挡工程	布设在施工场地边坡下侧、临时堆放土(石、渣)的周边
	临时排水工程	布设在施工场地及周边
	沉沙池	修建在挖、运方便的地方,用于沉积施工场地泥浆产生的泥沙
	临时种草	取土或扰动后的裸露面、临时堆放土(石、渣)体超过一个生长季时采用
	草皮移植	将地表植被连同其下熟土层一起移植保存,维持生命力,工程结束后回植,适用于高寒、干旱、植被恢复难的地区
植物防护工程	植被建设	包括造林、种草,因地制宜,带片网结合、乔灌草结合建设植被,保水、保土、固沙
	植被恢复	适应湿润、半湿润地区工程建设的取土(料)场、弃土(石、渣)场裸露面,施工临时占地、施工营地、临时道路及设备材料堆放场地的生态修复
	植物护坡	种草护坡坡比 1.0∶1.5 土层薄的沙质或土质坡面;造林护坡在 10°~20°,土层厚 15~40 cm 以上的坡面
	综合护坡	砌石草皮护坡在坡比小于 1.0∶1.0、高度小于 4 m 的立地条件较好的坡面使用;格状框种草皮护坡在路旁或人口聚居的土、沙质坡面使用
	绿化美化	因地制宜地建设风景林、栽植绿篱、种植花卉、布设草坪等
防风固沙工程	沙障固沙	适应流动、半流动沙丘地带
	造林固沙	在项目周边、风口和项目区内营造带、片、网结合的防风固沙林
	种草固沙	在沙障内或基本控制的流沙上种草,改造利用沙地
	平整沙丘	对项目区的沙丘采用人机结合、引水拉沙等方法进行造地

五、开发建设项目水土流失防治标准

开发建设项目水土流失防治应根据水土保持方案编制的内容进行实施，达到以下防治水土流失的基本目标：

(1)项目建设区的原有水土流失得到基本治理。

(2)新增水土流失得到有效控制。

(3)生态得到最大限度的保护，环境得到明显的改善。

(4)水土保持设施安全有效。

(5)水土流失量不超过国家规定标准。

(6)扰动土地整治率、水土流失总治理度、土壤流失控制比、拦渣率、林草植被恢复率、林草覆盖率等指标达到国家现行标准《开发建设项目水土流失防治标准》(GB 50434—2008)的指标要求。

《开发建设项目水土流失防治标准》(GB 50434—2008)中，水土流失防治标准应分类、分级、分阶段确定(见表5-4和表5-5)。

表5-4 建设类项目水土流失防治标准

分类	一级标准		二级标准		三级标准	
	施工期	试运行期	施工期	试运行期	施工期	试运行期
1. 扰动土地整治率(%)	*	95	*	95	*	90
2. 水土流失总治理度(%)	*	95	*	85	*	80
3. 土壤流失控制比	0.7	0.8	0.5	0.7	0.4	0.4
4. 拦渣率(%)	95	95	90	95	85	90
5. 林草植被恢复率(%)	*	97	*	95	*	90
6. 林草覆盖率(%)	*	25	*	20	*	15

注：表中"*"表示指标值应根据批准的水土保持方案措施实施进度，通过动态监测获得，并作为竣工验收的依据之一。

表5-5 建设生产类项目水土流失防治标准

分类	一级标准			二级标准			三级标准		
	施工期	试运行期	生产运行期	施工期	试运行期	生产运行期	施工期	试运行期	生产运行期
1. 扰动土地整治率(%)	*	95	>95	*	95	>95	*	90	>90
2. 水土流失总治理度(%)	*	90	>90	*	85	>85	*	80	>80
3 土壤流失控制比	0.7	0.8	0.7	0.5	0.7	0.5	0.4	0.5	0.4
4. 拦渣率(%)	95	98	98	90	95	95	85	95	85
5. 林草植被恢复率(%)	*	97	97	*	95	>95	*	90	>90
6. 林草覆盖率(%)	*	25	>25	*	20	>20	*	15	>15

注：表中"*"表示指标值应根据批准的水土保持方案措施实施进度，通过动态监测获得，并作为竣工验收的依据之一。

（一）六项防治指标的含义

开发建设项目水土流失防治指标包括扰动土地整治率、水土流失总治理度、土壤流失控制比、拦渣率、林草植被恢复率和林草覆盖率等六项指标。

（1）扰动土地整治率。项目建设区内扰动土地的整治面积占扰动土地总面积的百分比。

（2）水土流失总治理度。项目建设区内水土流失治理达标面积占水土流失总面积的百分比。

（3）土壤流失控制比。项目建设区内容许土壤流失量与治理后的平均土壤流失强度之比。

（4）拦渣率。项目建设区内采取措施实际拦挡的弃土（石、渣）量与工程弃土（石、渣）总量的百分比。

（5）林草植被恢复率。项目建设区内，林草类植被面积占可恢复林草植被（在目前经济、技术条件下适宜于恢复林草植被）面积的百分比。

（6）林草覆盖率。林草类植被面积占项目建设区面积的百分比。

（二）防治标准等级与适用范围

开发建设项目水土流失防治标准的等级应按项目所处水土流失防治区和区域水土保持生态功能重要性确定。

1.按开发建设项目所处水土流失防治区，确定水土流失防治标准执行等级

（1）一级标准。依法划定的国家级水土流失重点预防保护区、重点监督区和重点治理区及省级重点预防保护区。

（2）二级标准。依法划定的省级水土流失重点治理区和重点监督区。

（3）三级标准。一级标准和二级标准未涉及的其他区域。

2.按开发建设项目所处地理位置、水系、河道、水资源及水功能、防洪功能等确定水土流失防治标准执行等级

（1）一级标准。开发建设项目生产建设活动对国家和省级人民政府依法确定的重要江河、湖泊的防洪河段、水源保护区、水库周边、生态功能保护区、景观保护区、经济开发区等直接产生重大水土流失影响，并经水土保持方案论证确认作为一级标准防治的区域。

（2）二级标准。开发建设项目生产建设活动对国家和省、市级人民政府依法确定的重要江河、湖泊的防洪河段、水源保护区、水库周边、生态功能保护区、景观保护区、经济开发区等直接产生较大水土流失影响，并经水土保持方案论证确认作为二级标准防治的区域。

（3）三级标准。一级标准和二级标准未涉及的其他区域。

另外，当按上述两项的规定确定防治标准执行等级出现交叉时，按下列规定执行：①同一项目所处区域出现两个标准时，采用高一级标准；②线型工程根据上述规定，分段采用不同的标准。

（三）其他有关内容说明

（1）对表5-4和表5-5中水土流失总治理度（%）、林草植被恢复率（%）和林草覆盖

率(%)的说明。表中的数值是以多年平均年降水量在400~600 mm的区域为基准,降水量不在此范围时可根据下列原则适当提高或降低表中指标值。①降水量300 mm以下地区,可根据降水量与有无灌溉条件及当地生产实践经验分析确定;②降水量300~400 mm的地区,表中的绝对值可降低3~5;③降水量600~800 mm的地区,表中的绝对值宜提高1~2;④降水量在800 mm以上地区,表中的绝对值宜提高2以上。

(2)对表5-4和表5-5中土壤流失控制比的说明。表中土壤流失控制比是以现状土壤侵蚀强度属中度侵蚀为主的区域为基准,以其他侵蚀强度为主的区域,可根据下列原则适当提高或降低。①以轻度侵蚀为主的区域应大于或等于1;②以中度以上侵蚀为主的区域可降低0.1~0.2,但最小不得低于0.3;③同一开发建设项目土壤流失控制比,可根据实际需要分区分级确定。

(3)矿山企业和水工程防治指标的说明。矿山企业和水工程在计算各项防治指标值时,其露天矿山的采坑面积、井工矿山的塌陷区面积、水工程的水域面积应属于防治责任面积,但不包括在总防治面积内。

第三节　开发建设项目水土保持各设计阶段的主要任务

生产建设项目水土保持工程设计一般分为项目建议书、可行性研究、初步设计和施工图设计4个阶段。各设计阶段水土保持的主要任务如下。

一、项目建议书阶段的主要任务

(1)简要说明项目区水土流失现状与环境状况,预防监督与治理状况。

(2)明确水土流失防治责任。

(3)初步分析项目建设过程中可能对水土流失的影响。

(4)提出水土流失防治总体要求,初拟水土流失防治措施体系及总体布局,提出下一阶段要解决的主要问题。

(5)确定水土保持投资估算的原则和依据,匡算水土保持投资。

二、可行性研究阶段的主要任务

(1)对建设项目及其周边环境开展相应深度的勘测与调查以及必要的试验研究。

(2)从水土保持角度论证主体工程设计方案的合理性及制约因素。

(3)对主体工程的选址(线)、总体布置、施工组织、施工工艺等比选方案进行水土保持分析评价,对主体工程提出优化设计要求和推荐意见。

(4)估算弃土(石、渣)量及其流向,分析土石方平衡,初步提出分类堆放及综合利用的途径。

(5)基本确定水土流失防治责任范围、水土流失防治分区及水土流失防治目标等。

(6)分析工程建设过程中可能引起水土流失的环节、因素,定量预测水力侵蚀、风力侵蚀量及分布,定性分析引发重力侵蚀、泥石流等灾害的可能性。定性分析开发建设所造成的水土流失危害类型及程度。

(7)确定水土流失防治措施总体布局,按防治工程分类进行典型设计并明确工程设计标准,估算工程量。对主要防治工程的类型、布置进行比选,基本确定防治方案。初步拟定水土保持工程施工组织设计。

(8)基本确定水土保持监测内容、项目、方法、时段、频次,初步选定地面监测的点位,估算所需的人工和物耗。

(9)编制水土保持工程投资估算,估算防治措施的分项投资及总投资,分析水土保持效益,定量分析水土流失防治效果。

(10)拟定水土流失防治工作的保障措施。

三、初步设计阶段的主要任务

(1)开展相应深度的勘测与调查。

(2)分区(段)复核土石方平衡及弃土(石、渣)场、取料场的布置。

(3)复核水土流失防治责任范围、水土流失防治分区和水土保持措施总体布局。

(4)在项目划分的基础上进行水土流失防治措施的设计,说明施工方法及质量要求,进一步细化施工组织设计。

(5)编制水土保持监测设计与实施计划。

(6)编制水土保持投资概算。

四、施工图设计阶段的主要任务

(1)进行水土流失防治单项工程的施工图设计。

(2)计算工程量,编制工程预算。

本章小结

本章主要讲述了开发建设项目水土流失特点、水土流失对生态环境的影响,针对开发建设项目所产生的水土流失特点进行水土流失防治的法律依据和技术手段,开发建设项目水土流失防治的标准以及各设计阶段水土保持的主要任务。通过学习使学生了解开发建设项目水土流失防治的基本程序和开展水土流失防治的基本手段,初步具有分析开发建设项目水土流失形成原因的能力,明确开发建设项目水土流失防治措施的类型、防治标准和编制水土保持方案的重要意义。

复习思考题

1. 解释建设项目和开发建设项目的含义。开发建设项目可分为哪几类?

2. 通过案例说明开发建设项目水土流失的特点以及水土流失对周边生态环境的

影响。

3. 何谓水土保持方案？熟悉水土保持方案编制的时限要求和资格要求。

4. 熟悉开发建设项目水土保持措施的类型。

5. 简述开发建设项目水土流失防治标准等级与适用范围的内容。

6. 了解和分析项目建议书阶段、可行性研究阶段、初步设计阶段和施工图设计阶段水土保持设计的主要任务。

第六章　拦渣工程

【学习目标】

掌握拦渣坝各部分库容确定及坝顶高程确定的方法、拦渣坝的稳定分析方法、重力式拦渣墙的断面设计、尾矿坝库容确定的方法；熟悉拦渣工程的设计要求、拦渣墙的选线选址及拦渣墙各形式的应用特点、拦渣堤堤顶高程确定以及尾矿坝排水排洪系统的布置特点；了解拦渣工程的种类和适用条件、拦渣坝防洪标准确定的原则、拦渣坝排洪建筑物主要形式、拦渣堤的类型和防洪标准确定的方法、尾矿坝的组成和布设原则。

第一节　拦渣工程的种类及设计要求

拦渣工程是为集中存放建设项目在基建施工和生产运行中造成的大量弃土、弃石、弃渣、尾矿（沙）和其他废弃固体物而修建的水土保持工程。

一、拦渣工程的种类与适用条件

拦渣工程包括拦渣坝、拦渣墙、拦渣堤、围渣堰和尾矿（沙）坝等种类。

（一）拦渣坝及适用条件

拦渣坝是在沟道中修建的拦蓄固体废弃物的建筑工程。目的是避免固体废弃物随水流汇集发生乱流造成河道淤塞或增加入河入库泥沙，并防止引发山洪、泥石流等灾害。在沟道中堆置弃土、弃石、弃渣、尾矿时，必须修建拦渣坝（尾矿坝）。

拦渣坝适用于坝体控制流域面积较小（一般不超过 3 km^2）、库容和工程地质条件满足要求的沟道。

（二）拦渣墙及适用条件

拦渣墙是为了防止固体废弃物堆积体被冲蚀或易发生滑塌、崩塌，或稳定人工开挖形成的高陡边坡，或避免滑坡体前缘再次滑坡而修建的水土保持工程。拦渣墙适用于防洪要求不高的大多数地段。弃土、弃石、弃渣等堆置物易发生垮塌，当堆置在坡顶及斜坡面时，必须修建拦渣墙。

（三）拦渣堤及适用条件

拦渣堤是指修建于沟岸或河岸的，用以拦挡建设项目基建施工与生产过程中排放的固体废弃物的建筑物。当拦渣堤具有防洪要求时，应结合防洪堤进行布置。另外，弃土、弃石、弃渣等堆置于河（沟）道旁边，妨碍河道行洪或可能因冲刷流入河道时，必须按防洪治导线布置拦渣堤。

（四）尾矿（沙）坝及适用条件

尾矿（沙）坝是为妥善存放和处理大量的尾矿（沙）而修建的挡拦建筑物，尾矿（沙）

坝和尾矿(沙)存放场地,统称为尾矿(沙)库。应用尾矿(沙)库时要根据尾矿类型和物理、化学性质满足环境保护要求。

二、拦渣工程布设应遵循的基本原则

建设项目在基建施工期和生产运行期造成大量弃土、弃石、弃渣、尾矿和其他废弃固体物质时,必须布置专门的堆放场地,将其集中堆放,并修建拦渣工程。

(1)选择拦渣工程类型的原则。拦渣工程应根据弃土、弃石、弃渣量的堆放位置和堆放方式,结合堆放区域的地形地貌特征、水文地质条件和建设项目的安全要求,在设计时妥善确定与其相适宜的拦渣工程型式。

(2)确定防洪标准的原则。拦渣工程的防洪标准及建筑物等级,应按其所处位置的重要程度和河道的等级分别确定,并应进行相应的水文计算和稳定计算。在总体布局上必须考虑河(沟)道行洪和下游建筑物、工厂、城镇、居民点等重要设施的安全,应根据国家标准,结合当地的具体情况确定相应的防洪标准。

(3)选择占地类型的原则。拦渣工程选址、修建应少占耕地,尽可能选择荒沟、荒滩、荒坡等地方。

(4)确定拦渣工程设计标准的原则。拦渣工程布设应首先满足《开发建设项目水土保持技术规范》(GB 50433—2008),同时应符合《挡土墙设计规范》和《堤防工程设计规范》等技术标准的要求。对在防洪、稳定、防止有毒物质泄露等方面有特殊要求的生产建设项目,如冶炼系统的尾矿(沙)库、赤泥库等,应参照有关行业的设计规范,在分析论证的基础上,确定相应的设计标准。

三、拦渣工程的设计要求

(一)可行性研究阶段设计要求

首先,在调查项目区水土流失和水土保持现状的基础上,结合项目主体工程可行性研究报告,预测生产建设过程中的弃土、弃石、弃渣量及其物质组成,分析论证可能出现的水土流失形式、原因及危害。

其次,确定主要的水文参数和地质要素,对影响项目本身及其周围地区安全的重大防洪、稳定等问题,应进行必要的勘测,掌握可靠的基础资料。

另外,从技术、经济、社会等多方面分析论证,明确拦渣工程的任务,比选拦渣工程类型、型式、规模、数量、位置、布局、建筑材料来源、场所和运输条件等,初步选定合适的拦渣工程的型式、位置和总体布局。

(二)初步设计阶段设计要求

(1)明确拦渣工程初步设计的依据和技术资料。

(2)确定弃渣种类、名称、数量和排放方式,复核拦渣工程的任务和具体要求。

(3)依据资料进行分析论证,核查确定拦渣工程的类型、规模、数量、布局及设计标准。

(4)确定拦渣工程的位置、结构、型式、断面尺寸、控制高程和工程量。

(5)确定修建工程所需的建筑材料来源、位置和运输方式及必要的附属建筑物。

第二节　拦渣坝

拦渣坝布置在堆渣体下游,修建时应妥善处理河(沟)道水流过坝问题,可允许部分或整个坝体渗流和坝顶溢流。因此,工程实践中常用两种拦渣坝:一种是滞洪式拦渣坝,另一种是截洪式拦渣坝。滞洪式拦渣坝既有拦渣作用,又有滞蓄上游洪水作用;截洪式拦渣坝仅拦渣不滞洪,其上游洪水由排洪涵洞等排洪建筑物排出。水土保持工程中常用的拦渣坝受技术、经济和工期的影响,一般采用低坝,滞洪式拦渣坝坝高不大于30 m,截洪式拦渣坝坝高不超过15 m。

一、拦渣坝坝址选择

拦渣坝坝址选择应综合考虑以下几个方面因素确定:

(1)坝址位置。应位于渣源附近,其上游流域面积不宜过大,废弃物的堆放不会影响河道的行洪和下游的防洪,也不会增加对下游河(沟)道的淤积。

(2)拦渣坝库区地形。拦渣坝所处的河(沟)谷地形平缓,河(沟)床狭窄,且有足够的库容拦挡洪水、泥沙和废弃物,库区淹没和浸没损失相对较小。

(3)地质地貌。两岸地质地貌条件适合布置溢洪道、竖井等泄水建筑物。

(4)坝基和岸坡的地质条件。修筑拦渣的坝基及两岸岸坡的地质条件良好,宜为新鲜岩石或紧密的土基,无断层破碎带,无地下水出露,库区无大的断裂构造。尽量选择岔沟、沟道平直和跌水的上方,坝端不能有集流洼地或冲沟。

(5)施工条件。坝址附近筑坝所需土、石、砂料充足,且取料方便,水、电、交通、施工场地等条件能满足施工要求。

二、拦渣坝防洪标准确定的原则

拦渣坝防洪标准的确定可参照项目及工矿企业的尾矿库来确定,根据库容或坝高的规模可分为5个等级,各等级的防洪标准参照《防洪标准》(GB 50201—1994)的规定确定(见表6-1)。沟道中的拦渣坝防洪标准还应符合水土保持治沟骨干工程的规定(见表6-2)。

表6-1　拦渣坝的等级和防洪标准

等级	工程规模		防洪标准(重现期,a)	
	库容(亿 m^3)	坝高(m)	设计	校核
Ⅰ	具备提高等级条件的Ⅱ、Ⅲ等工程			1 000～2 000
Ⅱ	≥1	≥100	100～200	500～1 000
Ⅲ	0.1～1	60～100	50～100	200～500
Ⅳ	0.01～0.1	30～60	30～50	100～200
Ⅴ	≤0.01	≤30	20～30	50～100

表6-2 治沟骨干工程等级划分及设计标准

工程等级	五	四
总库容(万 m^3)	50~100	100~500
设计洪水重现期(a)	20~30	30~50
校核洪水重现期(a)	200~300	300~500
设计淤积年限(a)	10~20	20~30

拦渣坝一旦失事将对下游的城镇、工矿企业、交通运输等设施造成严重危害,或有害物质会大量扩散时,应比规定确定的防洪标准提高一个等级或二个等级。对于特别重要的拦渣坝,除采用Ⅰ等的最高防洪标准外,还应采取专门的防护措施。

三、拦渣坝库容及坝顶高程的确定

滞洪式拦渣坝总库容由拦渣库容、拦泥库容、滞洪库容三部分组成。坝顶高程应按总库容在水位—库容曲线上对应的高程,加上安全超高确定。截洪式拦渣坝不考虑滞洪库容,但需考虑对拦渣坝上游洪水的处理。

(一)拦渣库容的确定

根据项目建设和生产运行情况,若运行时间长,应确定每年的排渣量,根据每年排渣量和拦渣坝的使用年限,确定其拦渣库容;若建设项目属于施工期一次性排渣,则该排渣总量即为拦渣库容。

由于在每年的拦渣过程中,坝址控制区的泥沙也会相应在坝内拦蓄,因此每年的拦渣拦泥经常交错进行,实际拦渣库容与拦泥库容难以截然分开,但确定坝高与库容时可分开计算。

(二)拦泥库容的确定

根据拦渣坝坝址控制区的水土流失情况,在拦渣坝的使用年限内,拦渣坝本身应有一定的拦泥库容。

拦泥库容 V_s 可用下列公式计算:

$$V_s = nK_sSF \tag{6-1}$$

式中 F——拦渣坝上游汇水面积;

S——年侵蚀模数;

K_s——平均拦泥率(见表6-3),应根据上游综合治理面积占流域面积的百分比确定,可参照《水土保持综合治理技术规范》(GB 16453—1996);

n——使用年限。

表6-3为《山西省淤地坝技术规范》所确定的指标,可供参考。

表6-3 坡面治理措施年平均拦泥率

水平梯田及郁闭度0.6以上的人工林地占流域(%)	15~20	20~30	30~50	50~70
年平均侵蚀模数减少率(%)	10	20	40	50

（三）滞洪库容的确定

1. 洪峰流量的计算

洪峰流量和洪水总量是调洪演算的基本资料，计算方法应根据《水土保持综合治理技术规范》（GB 16453—1996），结合项目所在地区的实际情况确定。以下用小流域经验法为例说明其计算步骤。

1）设计暴雨量计算

频率为 P 的 24 h 暴雨量：

$$H_{24P} = K_P \cdot H_{24} \tag{6-2}$$

式中　K_P——皮尔逊Ⅲ型曲线模比系数；

H_{24}——最大 24 h 暴雨量均值。

2）设计洪峰流量计算

频率为 P 的洪峰流量：

$$Q_P = C_1 \cdot H_{24P} \cdot F^{2/3} \tag{6-3}$$

式中　C_1——洪峰地理参数；

H_{24P}——设计暴雨量计算频率为 P 的 24 h 暴雨量；

F——汇水面积。

2. 设计洪水总量计算

频率为 P 的洪水总量：

$$W_P = K \cdot P \cdot F \tag{6-4}$$

式中　K——小面积洪水折减系数；

F——汇水面积；

P——设计频率。

3. 调洪演算及滞洪库容确定

调洪演算的方法很多。常用的方法有概化三角形求解法、图解分析法、全图解法和图解法等，可参考相关课程内容或规范进行调洪演算，确定滞洪库容。

（四）总坝高与总库容的确定

总坝高由四部分组成：

$$H_{总} = H_{渣} + H_{泥} + H_{滞洪} + H_{超高}$$

由 $H \sim V$ 关系曲线，得到相应的 $V_{总}$，超高可由表 6-4 查得。

表 6-4　坝高与超高关系

坝高（m）	<10	10～20	>20
超高（m）	0.5～1.0	1.0～1.5	1.5～2.0

根据拦渣的规模和筑坝材料，拦渣坝的坝型可分为土坝、土石坝和浆砌石坝等类型。坝型类型和断面设计参考有关不同坝型设计的技术规范确定；拦渣坝的修筑过程可分为一次成坝或多次成坝，根据坝址区地形、地质、水文、施工和运行等条件，结合弃土（石、渣、尾矿）等排弃物的数量和岩性确定坝体的修筑形式。

(五)拦渣坝上游洪水的处理

拦渣坝上游洪水较小时,设置导洪堤或排洪渠,将区间洪水排泄至拦渣坝的溢洪道或泄洪洞进口,将洪水安全排泄至下游。

拦渣坝坝址上游有较大洪水,并对拦渣坝构成威胁时,应在拦渣坝上游修建拦洪坝。在此情况下,拦渣坝溢洪道、泄洪洞的溢洪、泄水总量应与其上游拦洪坝的排洪、泄水建筑物的泄洪总量统一考虑,即由拦洪坝下泄流量与两坝之间的区间洪水流量组合调节确定。

拦渣坝上游来洪量较大且无条件修建拦洪坝时,应修建防洪拦渣坝,该坝同时具有拦渣和防洪双重作用。经技术经济分析之后,择优确定可靠、经济、合理的设计和施工方案。

四、拦渣坝的稳定性分析

水土保持工程中多采用重力式拦渣坝,其稳定性分析应满足抗滑稳定和基底应力计算的要求。抗滑稳定分析是为保证拦渣坝不产生滑动破坏;坝基应力验算为坝脚上下游垂直应力不超过允许值就认为满足强度要求(在设计时,由于不允许坝内产生拉应力,或者只允许产生极小的拉应力,因此对于坝体的倾覆稳定,通常不必进行核算)。坝体稳定计算,主要指抗滑稳定计算。

(一)抗滑稳定计算

不同的坝型可分别参考不同的技术规范对坝体稳定性进行分析计算,如《碾压式土石坝设计规范》、《砌石坝设计规范》和《水坠坝技术规范》等。

坝体抗滑稳定按下列公式计算:

$$K_s = \frac{f\sum G}{\sum P} \geqslant [K_s] \tag{6-5}$$

式中 K_s——抗滑稳定安全系数;

f——拦渣坝基底面与地基之间的摩擦系数,可由试验或根据类似地基的工程经验确定;

$\sum G$——作用于拦渣坝上全部垂直分力之和,kN;

$\sum P$——作用于拦渣坝上全部水平分力之和,kN;

$[K_s]$——抗滑稳定安全系数允许值。

拦渣坝抗滑稳定安全系数允许值应根据拦渣坝工程级别,按表6-5确定。

表6-5　拦渣坝抗滑稳定安全系数

计算工况	工程级别				
	1	2	3	4	5
正常运用	1.35	1.30	1.25	1.20	1.20
非常运用	1.10	1.10	1.10	1.05	1.05

(二)坝基应力计算

以浆砌石坝为例。浆砌石坝由于浆砌石块的抗拉强度很低,如果坝体上游面出现拉应力,则容易产生裂缝,水流渗入裂隙,影响坝体强度。因此,在浆砌石坝设计时不容许造成坝体上游面出现拉应力。如果坝脚上下游垂直应力不超过允许值,就认为满足强度要求。计算公式为:

$$\sigma_{上} = \frac{N}{b}(1 - \frac{6e}{b}) \tag{6-6}$$

$$\sigma_{下} = \frac{N}{b}(1 + \frac{6e}{b}) \tag{6-7}$$

式中　$\sigma_{上}$——上游面坝基应力,kg/cm^2,当 $\sigma_{上}>0$ 时,不产生拉应力;

$\sigma_{下}$——下游面的坝基应力,kg/cm^2;

b——坝底宽,m;

N——坝体垂直力的总和,向下为正,向上为负;

e——合力作用点至坝底中心点的距离,m,其计算公式为:

$$e = \frac{M}{N}$$

其中　M——所有作用在坝上的各力对坝底中心点力矩的代数和(t · m),顺时针为负,逆时针为正。

当 $e \leqslant \frac{b}{6}$ 时,坝体不会产生拉应力。

五、拦渣坝排洪建筑物主要形式

根据坝址两岸地形地质条件、泄洪流量等因素,确定溢洪道、放水工程的形式。

土坝溢洪道尽量利用天然的有利地形条件,如分水鞍或山坳;地质条件要求两岸山坡比较稳定;溢洪道尽量做到直线布设,力求泄洪时水流顺畅;土坝溢洪道以明渠式溢洪道为主。浆砌石坝多采用坝顶溢流堰形式,溢流堰为矩形或梯形形式(应避免全坝顶溢流冲毁岸坡,坝顶溢流墙溢流最大水深小于 1.0 m)。放水工程分为卧管式、竖井式两种型式。

溢洪道设计可参照《溢洪道设计规范》、《水土保持治沟骨干工程技术规范》中的相关规定。放水工程设计可参考《水土保持治沟骨干工程技术规范》中的相关规定,并应特别注意排、放水流量的确定。

第三节　拦渣墙与拦渣堤

拦渣墙修筑的关键是稳定性问题。为充分发挥拦渣墙拦挡废渣的作用,保证拦渣墙在使用期间的稳定与安全,应在实地详尽调查和勘测的基础上,合理选线选址,尽量减小拦渣墙的设计高度与断面尺寸。对于拦渣墙下部有重要设施的,应提高设计标准,其稳定性应采用多种方法分析论证。

拦渣堤一般同时兼有拦渣与防洪两种功能,堤内拦渣,堤外防洪。因此,拦渣堤的设计应同时满足防洪和拦渣的双重要求。

一、拦渣墙选线选址

（1）墙址选择。拦渣墙的墙址应选在弃土、弃石、弃渣坡脚处且沿地形等高线布置，在较高的坡面上布置拦渣墙时，应当通过削坡开级放缓坡面坡度的措施，以降低拦渣墙的高度。

（2）地基选择。拦渣墙沿线地基宜为新鲜不易风化的岩石或密实土层。土层应均匀单一，含水量较小，避免地基不均匀沉陷引起墙基和墙体变形或断裂，并且基底宜开挖成1%～2%的倒坡，以增强基底的摩擦力。为安全起见，在具体施工时，应沿拦渣墙长度方向预留伸缩缝和沉降缝（二者通常合并设置，沿墙线方向每隔10～15 m设置一道，缝宽2～3 cm，缝内填塞胶泥。在渗水量大或冻害严重的地区，宜用沥青麻筋或涂沥青的木板）。

（3）墙线选择。墙线宜顺直，转折处应用平滑曲线相连接。同时，拦渣墙的布设应与水流方向一致，尽可能避免横断沟谷和水流，如无法避免时，应修建排水建筑物。如拦渣墙上游修筑导洪堤、排洪渠或暗管等，将洪水排泄至拦渣墙的下游；当上游集流面积较大时，应采取引洪渠或拦洪坝等形式，将洪水排至拦渣墙下游或拦蓄在坝内有控制地下泄。

二、拦渣墙的型式及适用条件

拦渣墙按其结构的不同分为重力式、悬臂式、扶壁式和加筋式等四种形式。拦渣墙的墙型应根据拦渣数量、渣体岩性、地形地质条件、建筑材料等因素以及在防止水土流失、保证墙体安全的基础上，按照经济、可靠、合理、美观的原则，进行多种设计方案分析比较，选择确定最佳墙型。

（一）重力式拦渣墙

重力式拦渣墙是依靠墙体自重来维持其稳定性。一般用浆砌块石砌筑或混凝土浇筑，适用于墙高小于5 m、地基土质较好的情况。重力式拦渣墙是最常用的一种形式，拦渣墙的墙体由墙背、墙面、墙顶和护栏等几部分构成。

1. 墙背

重力式拦渣墙墙背有俯斜式、仰斜式、垂直式、衡重式和凸形折线式等形式（见图6-1）。①俯斜式。拦渣墙的墙背在地面横坡陡峻时，所受的土压力较大，因此俯斜式拦渣墙采用陡直墙面，借以减小墙高，俯斜墙背可砌筑成台阶形，以便增加墙背与渣体间的摩擦力。②仰斜式。墙背通体与渣体边坡贴合，所受土压力小，开挖回填量较小，墙身断面经济，但在设计与施工中应注意仰斜墙背的坡度不得缓于1∶0.3，以便于施工。③垂直式。垂直墙背介于两者之间。④衡重式。拦渣墙上下墙之间设置衡重台，采用陡直的墙面，适用于山区地形陡峻处的边坡，上墙俯斜墙背的坡度为1∶0.25～1∶0.45，下墙仰斜墙背的坡度为1∶0.25，上下墙高之比采用2∶3。⑤凸形折线式。墙背是仰斜式拦渣墙上部墙背改为俯斜形，以减小上部断面尺寸，多用于较长斜坡坡脚地段的陡坎处，如路堑。

2. 墙面

墙面均为平面，其坡度与墙背协调一致，墙面坡度直接影响拦渣墙的高度，在地面横坡较陡时墙面坡度一般为1∶0.05～1∶0.2，矮墙采用陡直墙面；地面平缓时采用1∶0.2～

1∶0.35 较为经济。

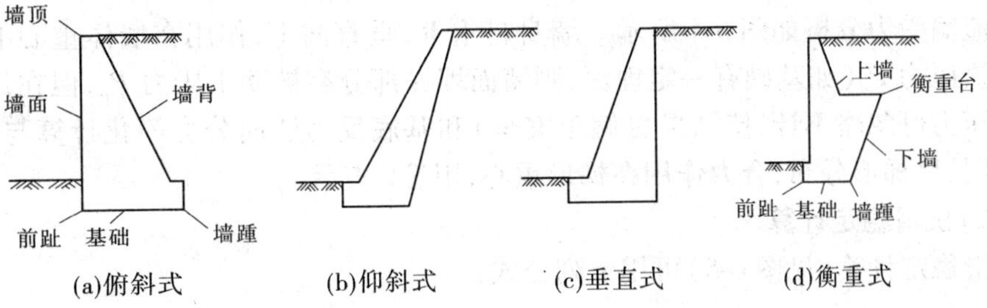

图 6-1　重力式拦渣墙的断面形式

3. 墙顶

浆砌块石拦渣墙墙顶宽不小于 0.5 m,另需砌筑厚度≥0.4 m 的顶帽,若不砌筑顶帽,墙顶应以大块石砌筑,并用砂浆勾缝。

4. 护栏

为保证安全,在交通要道、地势陡峻地段的拦渣墙顶部应设护栏。

(二)悬臂式拦渣墙

当墙高超过 5 m,地基土质较差,当地石料缺乏,在堆渣体下游又有重要工程时,可采用悬臂式拦渣墙。悬臂式拦渣墙由立壁和底板组成,具有三个悬壁,即立壁、前趾板和趾板(见图 6-2)。这种结构形式的特点是:主要依靠趾板上的填土重量维持结构稳定性,墙身断面面积小,自重轻,节省材料,适用于墙身较高的情况。

(三)扶壁式拦渣墙

当防护要求高,墙高大于 10 m 时,可采用由钢筋混凝土建造的扶壁式拦渣墙。其主体是悬壁式拦渣墙,沿墙长度方向每隔 0.8 ~ 1.0 m 布置一个与墙高等高的扶壁,以维持拦渣墙的整体性,加强拦渣能力(见图 6-3)。扶壁式拦渣墙在维持结构稳定、断面面积等方面与悬臂式拦渣墙基本相似。

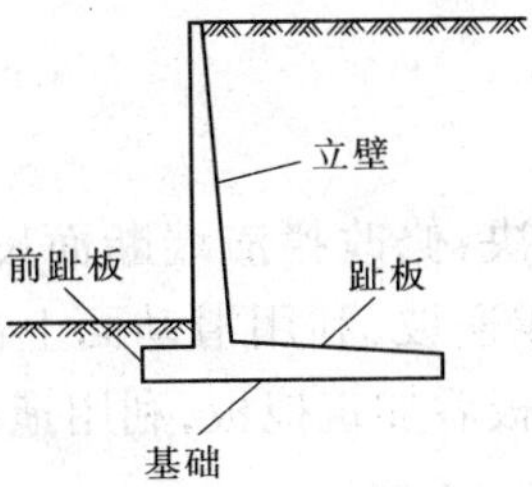

图 6-2　悬臂式拦渣墙示意图

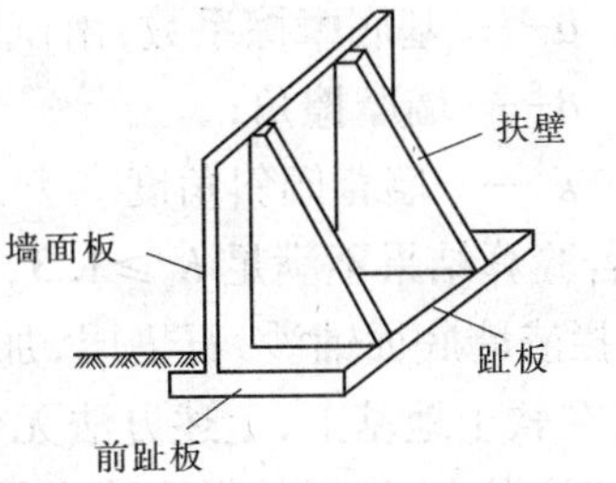

图 6-3　扶臂式拦渣墙示意图

三、重力式拦渣墙的断面设计

拦渣墙的最小高度一般在 3 m 左右,重力式拦渣墙的断面尺寸采用试算法确定。首先根据经验初步拟定断面尺寸,然后进行抗滑、抗倾覆和地基承载力稳定验算。当拟定的断面既符合规范规定的抗滑、抗倾覆和地基承载力要求,并且断面面积又合理,即为合理的断面尺寸。

(一)拦渣墙受力分析

拦渣墙受力分析如图 6-4 所示。墙身自重 W,垂直向下,作用在墙体重心上;墙背的主动土渣压力 P_a(如基础有一定埋深,则墙面埋深部分有被动土压力 P_p,但在设计中,该部分土压力可忽略不计,使结果更偏于安全)和基底反力法向分力简化计算与偏心受压基础相同,呈梯形分布,合力作用在梯形重心,用 $\sum V$ 表示。

(二)抗滑稳定计算

抗滑稳定计算(见图 6-5)可用下列公式:

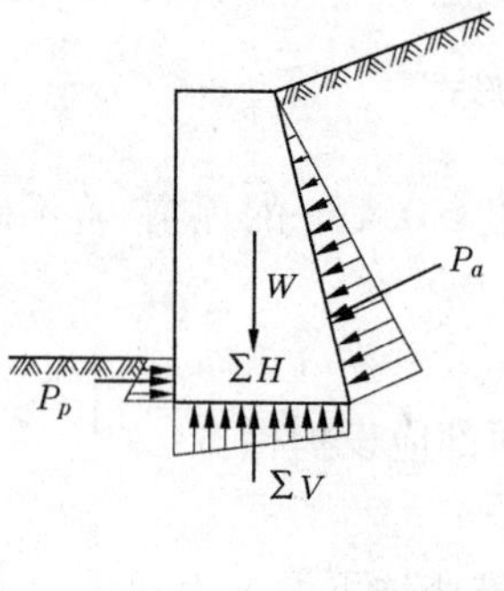

图 6-4　拦渣墙受力分析图

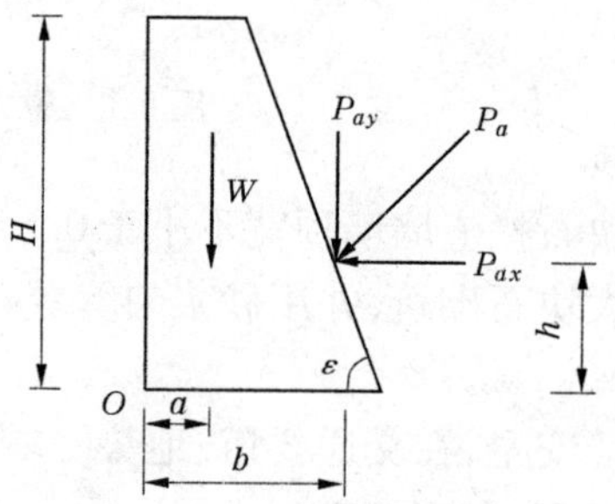

图 6-5　拦渣墙稳定性分析图

$$K_s = \frac{抗滑力}{滑动力} = \frac{(W + P_{ay})\mu}{P_{ax}} \tag{6-8}$$

式中　K_s——最小抗滑安全系数,$[K_s] \geqslant 1.3$;

W——墙体自重,kN;

P_{ay}——主动土压力的垂直分力,kN,$P_{ay} = P_a \sin(\delta + \varepsilon)$;

P_{ax}——主动土压力的水平分力,kN,$P_{ax} = P_a \cos(\delta + \varepsilon)$;

P_a——主动土压力,kN;

μ——基底摩擦系数,由试验确定或参考表 6-6;

δ——墙摩擦角;

ε——墙背倾斜角度。

若验算结果不满足 $K_s \geqslant 1.3$,应采取以下措施加以解决:修改拦渣墙断面尺寸,加大 W;在拦渣墙底面铺沙、石垫层,加大 μ;将拦渣墙基地做成逆坡,利用滑动面上部分反力抗滑;在软土地基上,上述方法无效或不经济时,可在墙趾板后加筑拖板,利用拖板上的渣重增加抗滑力,拖板与拦渣墙之间用钢筋连接等。

(三)抗倾覆稳定计算

在拦渣墙满足 $K_s \geqslant 1.3$ 的同时,还须满足抗倾覆稳定性要求(见图 6-5)。即对墙趾 O 点取力矩,采用下列公式计算:

$$K_t = \frac{抗滑覆力矩}{倾覆力矩} = \frac{Wa + P_{ay}b}{P_{ax}h} \tag{6-9}$$

式中　K_t——最小安全系数,$[K_t] \geqslant 1.5$;

Wa——墙体自重 W 对 O 点的力矩，kN · m；

$P_{ay}b$——主动土压力的垂直分力对 O 点的力矩，kN · m；

$P_{ax}h$——主动土压力的水平分力对 O 点的力矩，kN · m。

表 6-6　拦渣墙基底对地基的摩擦系数 μ 值

土的类别		摩擦系数 μ
黏性土	可塑	0.25 ~ 0.30
	硬塑	0.30 ~ 0.35
	坚硬	0.35 ~ 0.45
粉土	$S_r \leqslant 0.50$	0.30 ~ 0.40
中砂，粗砂，砾砂		0.40 ~ 0.50
碎石土		0.40 ~ 0.50
软质岩土		0.40 ~ 0.55
表面粗糙的硬质岩石		0.65 ~ 0.75

注：S_r 是与基础形状有关的形状系数，$S_r = 1 - \frac{0.4B}{L}$；B 为基础宽度，m；L 为基础长度，m。

若不满足 $K_t \geqslant 1.5$ 的要求，则应加大 W，即增加工程量；或通过增大前趾以加大 a，当前趾长度大于厚度时应配钢筋；或减小渣料压力，墙背做成仰斜，但施工技术要求就会较高。

（四）地基承载力验算

基底应力应小于地基承载力，地基允许承载力 [R] 通过试验或参考有关设计手册确定。基底应力采用下列偏心受压公式计算：

$$\sigma_{yu} = \frac{\sum W}{B} + 6\frac{\sum M}{B^2} \tag{6-10}$$

$$\sigma_{yd} = \frac{\sum W}{B} - 6\frac{\sum M}{B^2} \tag{6-11}$$

式中　σ_{yu}、σ_{yd}——水平截面上的正应力，kN/m^2，σ_{yu}、$\sigma_{yd} \leqslant [R]$；

$\sum W$——作用在计算截面以上的全部荷载的铅直分力之和，kN；

$\sum M$——作用在计算截面以上的全部荷载对截面形心的力矩之和，kN · m；

B——计算截面的长度，m。

软质墙基最大应力 σ_{max} 与最小应力 σ_{min} 之比应小于 1.5 ~ 2；对于中等坚硬、紧密的地基，则应小于 2 ~ 3。

在实际应用中，应在采用上述基本原理分析的基础上，灵活选择适宜的稳定分析方法。常用的稳定分析方法有瑞典圆弧法、泰勒圆表法、条分法等。对于一些重要的拦渣墙工程，还需分别用多种稳定分析方法进行综合比较，才能最终确定其稳定安全系数。拦渣墙的设计参照《水工挡土墙设计规范》(SL 379—2007)确定。

四、排水设施的设置

拦渣墙需要根据具体情况设置各种排水设施，将坝体中出露的地下水以及降水渗流及时排走，以减少墙身的水压力，增强墙体的稳定性。如在墙背每隔 2 ~ 3 m 设置孔径为 5 ~ 10 cm 的泄水孔，泄水孔的位置应高于墙前水位，以免倒灌。

五、拦渣堤的类型

拦渣堤按其所处的位置可分为沟岸拦渣堤和河岸拦渣堤两种类型。弃土(石、渣)堆置于沟道边时，应采用沟岸拦渣堤；河岸拦渣堤应选择在河道较宽处，不宜在河流凹岸建设，并且宜少占用河床的面积，尤其是在河漫滩地上修建拦渣堤，应减少占地面积，不得影响河道的行洪宽度。

按照筑堤材料，拦渣堤又可分为砌石堤、土石堤、混凝土或钢筋混凝土堤、新型材料堤(如格宾石笼堤)等。拦渣堤堤型选择应综合考虑筑堤材料种类及开采运输条件、地形地质条件、气候条件、施工条件、基础处理、抗震要求等因素，经技术、经济分析比较后确定。

六、拦渣堤的防洪标准和堤顶高程的确定

(一)拦渣堤的防洪标准

拦渣堤的布设应按照《河道管理条例》的要求执行，获得相应河道管理部门的批准。设计标准应与其相应的河道防洪标准相对应，建设过程中严禁泥土进入河道。堤线的选择与河流治导线可根据《开发建设项目水土保持技术规范》(GB 50433—2008)中堤线选择与平面布置的有关规定执行。

拦渣堤的防护标准应满足以下要求：①拦渣堤设计必须同时满足防洪和拦渣的双重要求；②堤顶高程必须同时满足防洪与拦渣的双重要求，取二者中的大值，防洪堤高根据设计洪水、风浪爬高、安全超高和拦渣量综合确定。

(二)拦渣堤堤顶高程的确定

拦渣堤堤顶高程应同时满足防洪和拦渣的双重要求。

1. 防洪要求

按防洪要求确定的堤顶高程应为设计洪水位(或设计潮水位)加风浪爬高和堤顶超高，堤顶高程按下列公式计算。

$$Y = R + e + A \qquad (6\text{-}12)$$

式中　R——设计洪水位，m；

e——风浪爬高，m；

A——安全超高，m。

R、e 值根据《堤防工程设计规范》附录 C 计算确定；A 值可按表 6-7 确定。

表6-7　拦渣堤工程安全超高值

拦渣堤工程级别	1	2	3	4	5
拦渣堤工程安全超高值(m)	1.0	0.8	0.7	0.6	0.5

2. 拦渣要求

①根据项目在基建施工或生产运行中弃土、弃石、弃渣的具体情况，确定在规定时期内拦渣堤应承担的堆渣总量；②根据堤身长度与堆渣总量，计算确定顺堤单位长度（每米）的堆渣量；③根据堤后地面坡度、堆渣形式与顺堤单位长度的堆渣量，计算并确定堆渣高度，按1.0 m超高确定堤顶高度。

根据防洪要求和拦渣要求，分别算出相应的堤顶高程，取二者中较大值，作为最终确定的堤顶高程。当设计堤身高度较大时，可根据具体情况降低堤身高度，如采用拦渣堤和斜坡防护相结合的复合形式。斜坡防护工程详见第七章。

第四节　尾矿（沙）坝

工矿企业在采场剥离土石、尾矿、尾沙、赤泥和灰渣等排弃物，为防止在水力或风力作用下这些大量流失、淤积堵塞下游河（沟）道和污染环境而修建的拦挡建筑物，称为拦灰坝或尾矿（沙）坝，坝体和尾矿（沙）存放场地统称为尾矿（沙）库。对于有毒有害尾矿（选矿厂选出矿石后，产生的大量脉石“废渣”即尾矿。尾矿通常是以矿浆状态排出的，个别也以干沙状态排出）、尾沙（矿石冶炼后的“废渣”即尾沙）、赤泥、废灰等必须按照国家有关标准进行处理，否则不得出库（场）及向下游排放。

一、尾矿（沙）坝的组成与坝型

（一）尾矿（沙）坝的组成

尾矿（沙）坝是尾矿（沙）库的主要建筑物，一般由初期坝和堆积坝两部分组成。

初期坝是在尾矿库运用之前用当地土石料建造而成的。当尾矿（沙）堆积到初期坝设计高程时，必须加高加固坝体，以满足拦蓄尾矿（沙）的要求，加高坝即为堆积坝。一般采用尾矿（沙）或土石修筑加高，但当尾矿（沙）颗粒很细不能用于筑坝或尾矿库周边有大量石料（采场废石利用最为经济）时，整个坝体可全部用当地土石材料筑成。

（二）尾矿（沙）库的型式和坝型

尾矿（沙）库一般修建在沟道或低洼地方，多由堤坝围堰而成，并设有排水建筑物，以排出库内水流。尾矿（沙）库的型式通常分为山谷型、山坡型和平地型三大类型。山谷型初期坝工程量小，管理维护简单，应优先选用；山坡型初期工作量大，管理维护复杂，在无可选山谷作尾矿库的地形条件下采用；平地型是四周筑堤，工作量大，在平原地区尽量选择洼地。

尾矿（沙）库的坝型分为均质坝、非均质坝。非均质坝分为心墙坝和斜墙坝。根据坝址处地形地质条件、当地筑坝材料、施工条件、尾矿（沙）岩性和数量，选择经济、合理、可靠、美观的坝型，并利用废土、废石、废沙、废渣等废弃物修筑非均质坝。

二、尾矿(沙)坝的布设原则

(1)占地类型。尽量不占或少占耕地，库区淹没损失小，移民人数少，破坏植被数量小。

(2)布设位置。尾矿(沙)库宜布置在水源区、工业区和居民区主导方向的下游，其飞灰和排水对环境的影响必须符合国家有关环境保护规定。距选矿厂近，尽可能自流输送尾矿(沙)，有足够的贮存尾矿(沙)的容积。

(3)地形条件。尾矿(沙)库的汇水面积小，库容大，能够拦蓄施工及运行期的弃土(石、沙、灰)等废弃物；贮灰场也可布置在塌陷区、废矿井、废采石场和石滩地等区域。

(4)施工条件。库区附近要有质地良好、贮量丰富的土、石筑坝材料，施工条件良好。

(5)防洪要求。尾矿(沙)库的排洪防洪标准与前述的拦渣墙和拦渣坝基本一致。

三、尾矿(沙)坝的库容及等级的确定

(一)尾矿(沙)坝库容

尾矿(沙)坝库容一般按下式计算：

$$V = \frac{W \cdot N}{\gamma_a \cdot \eta_z} \tag{6-13}$$

式中 V——尾矿(沙)库所需总库容，m^3；

W——选矿厂每年排出的尾矿(尾沙、贮灰、尾渣)量，t/a；

N——选矿厂的设计生产年限，a；

η_z——尾矿(尾沙、贮灰、尾渣)库终期库容利用系数，与尾矿(尾沙、贮灰、尾渣)库的形状，尾矿(尾沙、贮灰、尾渣)粒径、排放方式等有关；

γ_a——尾矿(尾沙、贮灰、尾渣)堆积干容重的平均值，t/m^3。

(二)尾矿(沙)库等级和防洪标准

按尾矿(沙)库的规模(总库容、总坝高)和上下游防洪要求等分析确定尾矿(沙)库Ⅱ、Ⅲ、Ⅳ、Ⅴ级。根据尾矿(沙)库的等级按水利工程或相关行业的规范或标准，确定其防洪标准及枢纽建筑物的级别，作为设计的基本依据(见表6-8)。

表6-8 尾矿(沙)库等级标准

总库容或坝高	尾矿(沙)库等级	防洪标准(重现期，a)	
		设计	校核
具备提高等级条件的Ⅱ、Ⅲ等工程	Ⅰ		2 000～1 000
$V>10^8\ m^3$ 或 $H>100$ m	Ⅱ	200～100	1 000～500
$V=10^7\sim10^8\ m^3$ 或 $H=60\sim100$ m	Ⅲ	100～50	500～200
$V=10^6\sim10^7\ m^3$ 或 $H=30\sim60$ m	Ⅳ	50～30	200～100
$V<10^6\ m^3$ 或 $H<30$ m	Ⅴ	30～20	100～50

注：防洪标准还应参考《城镇防洪》(1983)和《防洪标准》(GB 50201—1994)。

四、尾矿(沙)坝排水排洪系统的布置

尾矿(沙)库排水系统的主要任务是排出库内澄清水;排洪系统则是排泄上游汇集洪水。排水排洪系统,一般由排水井(塔)、排水管、消力池、溢洪道及截(排)洪沟等一系列水工建筑物组成(见图6-6)。

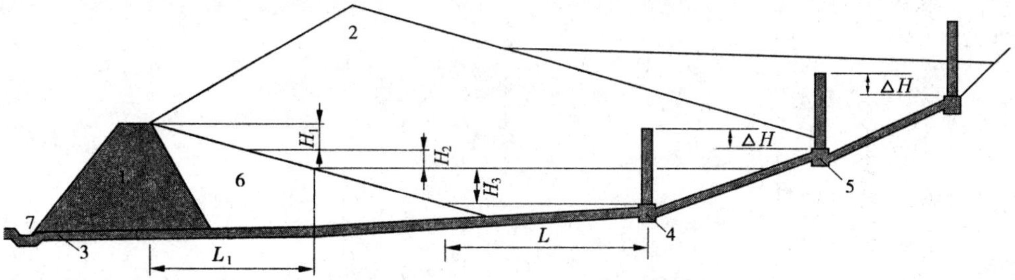

1—初期坝;2—堆积坝;3—排水管;4—第一个排水井;5—后续排水井;6—尾矿堆积滩;7—消力池;
H_1—安全超高;H_2—调洪高度;H_3—蓄水高度;ΔH—井筒重叠高度;L_1—沉积滩干滩长度;L—澄清距离

图6-6　排水排洪系统布置示意图

(1)排水系统中进水建筑物的布置。应保证在运行期,顺畅排出尾矿(沙)澄清水。

(2)排水建筑物的形式。排水井的形式有窗口式、井圈叠装式、框架挡板式、浆砌块石式。排洪量较小的采用前两种形式,排洪量较大的采用后两种形式。常用排水道形式有圆形、拱形、矩形。当地形地质条件良好,可结合水处理与水循环利用开挖泄水洞。

(3)排水排洪系统水力计算。根据库坝防洪标准及建筑物的等级,参照《水利水电工程设计洪水计算规范》(SL 44—2006),分析确定库坝设计及校核洪水总量、洪峰流量以及管道中水流流态(自由式泄流、半有压流、有压流),参考《水利工程水利计算规范》(SL 104—95)及其他有关专业手册计算。

本章小结

拦渣工程主要包括拦渣坝、拦渣墙、拦渣堤和尾矿(沙)坝等四种形式。本章分别介绍了不同形式的使用条件、设计标准、稳定性分析以及相关的排洪防洪等内容,通过学习使学生理解拦渣工程应用的条件、应用目的和应用方法,初步掌握拦渣工程在防治水土流失方面的基本技术。

复习思考题

1. 简述拦渣工程的类型和适用条件。
2. 熟悉布设拦渣工程应遵循的基本原则和拦渣工程不同阶段的设计要求。
3. 根据教师提供的案例资料,计算拦渣坝的总库容和总坝高。
4. 拦渣墙主要分为哪几种型式?其特点各是什么?拦渣坝应如何选线、选址?

5. 以教师提供的重力式拦渣墙断面尺寸为例，验算拦渣墙的抗滑、抗倾覆的稳定性和是否满足地基承载力的要求。

6. 如何确定拦渣堤的堤顶高程？

7. 试根据尾矿（沙）坝的库容确定尾矿坝的等级。熟悉尾矿（沙）坝排水排洪系统中各水工建筑物之间的相互联系。

第七章　斜坡防护工程

【学习目标】

掌握土质和石质边坡削坡开级的典型形式及技术要点、工程护坡的主要形式及适用条件、综合护坡的典型形式及技术要点和防止滑坡的各类整治工程的应用条件与技术方法；熟悉各类防护工程的适用条件和植物护坡的主要形式与特点；了解斜坡防护工程的类型、斜坡防护工程布设的原则和斜坡防护工程的设计要求。

第一节　斜坡防护工程的类型及布设原则

由于生产建设项目的开挖、回填或堆置固体废弃物的坡面，原有植被遭到彻底破坏、原土体结构被彻底扰动，造成了裸露坡面在水力、风力和重力等外营力作用下，极易产生水土流失。斜坡防护工程就是为了稳定开挖地面或堆置固体废弃物所形成的不稳定高陡边坡，或者对局部非稳定自然边坡进行加固，或对滑坡危险地段采取水土保持护坡措施，以控制水土流失的形成。

一、斜坡防护工程的类型及适用条件

人工扰动形成的边坡按照其组成物质的不同可分为土质边坡、石质边坡、土石混合边坡等三类；按照边坡形成的原因可分为堆垫边坡、挖损边坡、构筑边坡以及滑动体和塌陷边坡等五类；按照固结稳定状况可分为松散非固结不稳定边坡、坚硬固结较稳定边坡和固结非稳定边坡三类。

斜坡防护工程根据开挖、回填、弃土(石、沙、渣)形成的非稳定边坡的高度、坡度、岩层结构、岩土力学性质、水文条件、施工方式和行业防护要求等因素，分别采取不同的护坡措施。斜坡防护工程措施主要分为以下几类。

(一)挡墙(又叫挡土墙)

对开挖、削坡、取土(石)形成的土(沙)质坡面或风化严重的岩石坡面，在降水渗流的渗透、地面径流及沟道洪水的冲刷作用下容易产生湿陷、坍塌、滑坡、岩石风化等边坡失稳现象的，应采取挡墙工程，保证边坡的稳定。

水土保持工程的挡墙型式可分为浆砌石挡墙、混凝土挡墙、钢筋混凝土挡墙和钢筋铅丝笼挡墙等。应根据坡面的高度、地层岩性、地质构造、水文条件、施工条件和筑墙材料等条件，综合分析确定挡墙型式。挡墙选择、断面设计、稳定性分析、基础处理等可参照第六章拦渣墙的有关内容。

(二)削坡开级

削坡是削掉非稳定边坡的部分岩土体，以减缓坡度，减小助滑力，维持坡面岩土体的稳定性，当边坡的相对高差较大时，削坡常分级留出平台。因此，削坡与开级多配合使用，

通过开挖边坡修筑阶梯或平台,达到相对截短坡长,改变坡型、坡度,降低荷载重心,维护边坡稳定的一种护坡措施。二者单独使用或配合使用。主要用于防止中小规模的滑坡或崩塌。

削坡开级的适用条件:当非稳定边坡的高度大于 4 m,坡比大于 1.0∶1.5 时,宜采用削坡开级防护措施。

(三)工程护坡

对堆置固体废弃物或山体不稳定的高陡边坡,或坡脚易遭受水流冲刷的地段,应采取工程护坡措施。工程护坡主要包括砌石护坡、抛石护坡、混凝土护坡、喷浆护坡、锚杆支护和喷锚加筋支护等形式。工程护坡具有保护边坡,防止风化、碎石崩落、崩塌、浅层小规模滑坡的作用。

(四)植物护坡

对于边坡坡度或削坡开级后坡度缓于 1.0∶1.5 的土质或沙质坡面,应采取植物护坡措施,植物护坡可分为种草和造林两种类型。

植物护坡的应用通常受到一定地形条件的局限,对于坡度较陡的边坡,必须与工程措施结合使用。所有的稳定或非稳定的人工和自然边坡,尽可能为恢复植被创造条件,以便控制坡面水土流失,维护坡面的稳定性,保护坡面工程防护措施,并且对保护、维护水土资源的可持续利用和维护生态环境的可持续利用具有重要的作用。

(五)综合护坡措施

综合护坡措施是在有拦挡措施的坡面或工程措施的间隙种植植物。综合护坡不仅具有增强坡面工程强度、提高边坡稳定性的作用,而且具有绿化美化的生态功能。综合护坡措施是植物和工程有效结合的护坡措施,适用于条件较复杂的不稳定坡面。常见的综合护坡措施有砌石草皮护坡、格状框条护坡、蜂巢式的网格护坡和喷混植生植物护坡等。

(六)滑坡整治工程

对于人工开挖和人工扰动易发生滑坡的坡面,或形成滑坡的潜伏地段,应根据滑坡体的岩层构造、地层岩性、塑性滑动层、地表地下水分布状况以及造成滑坡的主导因素,采取削坡反压、拦排地表水、排除地下水、滑坡体上造林、抗滑桩和抗滑墙等措施。应用时通过比选确定适宜的整治工程措施,将各项措施结合使用。

二、斜坡防护工程布设的原则

(1)措施类型。护坡工程应根据非稳定边坡的高度、坡度、岩层构造、岩土力学性质、坡脚环境、行业防护要求等,分别采取不同的措施。

(2)技术合理。稳定性分析是护坡工程设计的关键问题,大型护坡工程应进行必要的勘探和试验,并采用多种分析方法比较论证,做到工程稳定、技术合理。

(3)经济合理。不同的护坡工程,防护功能不同,造价差异很大,应进行充分地分析论证,做到切合实际,经济合理。

(4)植被建设。护坡工程应在满足护坡要求的前提下,加强植被的恢复和重建,特别是草灌植物的建设,力求将工程和植物措施相结合。

三、斜坡防护工程的设计要求

(一)可行性研究阶段的设计要求

(1)实地调查与重点勘察。实地调查非稳定边坡周围的地形、地质、气象、水文、地震等状况,收集有关资料,以便掌握边坡周边地形变化、上方和坡脚上游的汇水面积及汇流量、地质裂隙、岩土风化状况、原生植被及水土保持状况等;调查适宜于坡面生长的植物种类,调查斜坡防护工程所需的建筑材料来源和运输情况。

在实地进行调查的同时,重点勘察非稳定边坡的坡度、坡长、坡型、岩层构造、岩土力学性质、坡脚环境等,特别是岩层走向及节理、坡脚地下水情况、老滑坡体的稳定性,坡体有无裂隙、软弱滑动面和崩塌等危险存在。

(2)分析研究调查勘察资料。根据调查和勘测资料分析边坡的稳定性,对特殊重要的地段,进行必要的地质钻探和岩土力学试验,必要时列专题进行研究。

根据调查、勘察和研究资料,明确防护要求,提出多种护坡方案,并进行分析论证,选择经济合理、安全可靠的方案。初步确定斜坡防护工程的类型、形式,并估算工程量。

(二)初步设计阶段的设计要求

(1)明确斜坡防护工程初步设计的依据和技术资料。

(2)对防护边坡的地理位置、地形地貌、地质、坡高、坡比、气象、水文等资料进行分析研究,说明结果。

(3)研究防护边坡的各项特征,核对有关稳定性的资料,对特别重要的防护地段应进行详细的钻探和勘测,验算边坡的稳定性,提出结论性意见。

(4)明确防护目的和要求,对斜坡防护工程措施的具体布设、结构形式、断面尺寸、建筑材料、种植植物种类及种植方法等作出详尽设计说明,并计算工程量。

(5)明确斜坡防护工程所需材料的料场位置、运输条件及必要附属建筑设施。

总之,斜坡防护工程要以安全稳定为目的,无论选择何种护坡型式,首先保证工程的安全稳定。对于非稳定坡面,采用工程方法加固或有条件时加固稳定后再采取植物护坡或综合护坡。另外,斜坡防护工程的设计须注重生态功能的改善,使工程护坡与植物护坡相辅相成、斜坡整体防护措施的布设与周边的自然景观相协调。

第二节 斜坡防护工程的形式及实施技术

一、削坡开级的形式及适用条件

(一)土质边坡削坡开级的形式和条件

土质边坡的削坡开级形式可分为直线形、折线形、阶梯形和大平台形等形式。具体应用时应根据边坡的土质与暴雨径流条件,确定削坡开级的形式、两平台间的高差和平台的宽度,削坡后应保持土坡的稳定。

(1)直线形。对整体坡面从上部到下部进行削坡(不开级),使边坡坡度减缓,并成为具有同一坡度的稳定边坡的削坡方式。其适用于高度小于 15 m、结构紧密的均质土坡,或高度小于 10 m 的非均质土坡。对有松散夹层的土坡,其松散部分应采取加固措施。

(2)折线形。为仅仅对边坡上部削级,保持上部较缓、下部较陡,剖面呈折线形的一种削坡方式。其适用于高 12 ~ 15 m、结构比较松散的土坡,特别适用于上部结构较松散、下部结构较紧密的土坡。折线形削坡的高度和坡比,应根据边坡坡型、上下部高度、结构、坡比和土质情况经具体分析确定,以削坡后能保证稳定为原则。

(3)阶梯形。阶梯形就是对非稳定边坡进行开级,使之成为台、坡相间分布的稳定边坡,对于陡直边坡,可先削坡然后再开级。其适用于高 12 m 以上、结构较松散,或高 20 m 以上、结构较紧密的均质土坡。阶梯形开级的每一阶小平台的宽度和两平台间的高差,根据当地土质与暴雨径流情况确定。一般小平台宽 1.5 ~ 2.0 m,两台间高差 6 ~ 12 m。干旱、半干旱地区,两台间高差大些;湿润、半湿润地区,两台间高差小些。开级后应保证土坡稳定,并能有效地减轻水土流失。

(4)大平台形。大平台形是削坡开级的特殊形式,其适用于高度大于 30 m,或在 8 度以上的高烈度地震区的土坡。大平台一般开在土坡中部,宽 4 m 以上,以达到稳定边坡的目的。平台具体位置与尺寸,需根据《地震区建筑技术规范》对土质边坡高度的限制,结合边坡的稳定性予以验算,慎重确定。

(二)石质边坡削坡开级的形式及适用条件

石质边坡的削坡适用于坡度陡直或坡型呈凸型,荷载不平衡;或存在软弱交互岩层,且岩层走向沿坡体下倾的非稳定边坡。石质边坡削坡后的坡比应小于 1.0∶1.0,一般只削坡,不开级,但应留出齿槽,齿槽间距 3 ~ 5 m,齿槽宽度 1 ~ 2 m。在齿槽上修筑排水明沟和渗沟,深 10 ~ 30 m,宽 20 ~ 30 m。

(三)坡脚防护

削坡后因土质疏松而产生岩屑、碎石滑落或发生局部塌方的坡脚,应修筑挡土墙予以保护(参见第六章拦渣墙的内容)。无论土质削坡或石质削坡,都应在距最终坡脚 1 m 处开挖防洪排水沟,排水沟深 0.4 ~ 0.6 m,上口宽 1.0 ~ 1.2 m,底宽 0.4 ~ 0.6 m。断面具体尺寸可根据坡面来水情况确定。

(四)坡面防护

削坡开级后的土质坡面,应采取植物护坡措施。在阶梯形的小平台和大平台上,根据土质情况因地制宜地种植乔木、灌木或经济树种,削坡坡面可种植草本或灌木。

另外,坡面采取的削坡工程应与山坡截流沟、平台截水沟、急流槽、排水边沟和排洪沟等排水系统配套使用。如坡面上方距开挖(或填筑)边缘线 2 m 以外布置山坡截水沟工程、在阶梯形和大平台形削坡的平台布置平台截水沟、顺削坡面或坡面两侧布置急流槽或明(暗)沟工程等,将山坡截水沟和平台截水沟中的径流排泄至排水边沟或排洪沟,防止削坡坡面径流及坡面上方地表径流对坡面的冲刷。

二、工程护坡的主要形式及适用条件

在堆置固体废弃物或山体不稳定的地段,或坡脚易遭受水流冲刷的地方,应采取工程护坡措施。其主要作用为保护边坡,防止岩土风化、碎石崩落、崩塌及浅层小型滑坡的形成。

工程护坡主要包括砌石护坡、抛石护坡、混凝土护坡和喷锚护坡等几种形式。

(一)砌石护坡

砌石护坡有干砌石护坡和浆砌石护坡两种形式。干砌石适用于易受冲刷、有地下水渗流的土质边坡,稳固性较差,但投资低;浆砌石护坡坚固,适宜于多种情况,但投资高。

(1)干砌石护坡。对坡度较缓(1∶2.5～1∶3.0)、坡下不受水流冲刷的坡面,采用单层干砌块石护坡;在易受冲刷或有地下水渗流的重要地段,采用双层干砌块石护坡(见图7-1)。当坡度小于1.0∶1.0,坡体高度小于3 m,坡面涌水现象严重时,应在护坡层下铺设厚15 cm以上的粗砂、砾石或碎石作为反滤层,封顶处用平整块石砌护。干砌石护坡的坡比一般为1∶2.5～1∶3.0,个别可为1∶2.0,具体根据边坡土体的性质和结构来确定。土质紧实的坡面砌石坡度可陡些,否则砌石坡度应缓些。

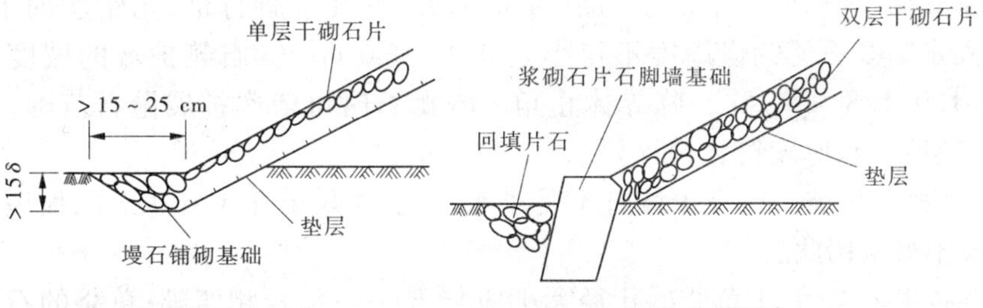

图7-1　干砌石护坡断面图

(2)浆砌石护坡。坡比在1.0∶1.0～1.0∶2.0,或位于沟、河岸的岸坡下部可能遭受水流冲刷,且冲击力强的地段,宜采用浆砌石护坡。浆砌石护坡由面层块石与其下铺设的反滤垫层组成(垫层分单层和双层,单层厚5～15 cm,双层厚20～25 cm。原坡面如为砂、砾、卵石时,可不设垫层)。面层铺砌厚度为25～35 cm,浆砌石石料应选择坚固的岩石。对横坡方向较长的浆砌石护坡,应沿横坡方向每隔10～15 m设置一道宽约2 cm的纵向伸缩缝,并用沥青砂浆或沥青木板填塞。

(二)抛石护坡

当边坡坡脚位于河(沟)岸,暴雨条件下可能遭受洪水淘刷作用时,对枯水位以下的部分采取抛石防护工程。抛石的范围和粒径应根据水深、流速来确定,坡度不应陡于所抛石料浸水后的天然休止角,石料应符合质地坚硬、不易风化的要求。常见的主要形式有散抛块石、石笼抛石和草袋抛石三种。

(1)散抛块石护坡。坡脚因受流水冲淘,坡下出现均匀沉陷时,应散抛块石以固定坡脚,此种方法适宜于在沟(河)水流速为3～5 m/s的情况下采用。

散抛块石护坡的主要技术要点为:①散抛块石护坡一般采用粒径为0.2～0.4 m、质量为30～50 kg的石料;②抛投时间在枯水期选择;③抛石前,应测量抛投区的水深、流速、断面形状等基本情况;④抛石厚度一般为0.6～1.0 m,接坡段(枯水位附近)和边岸护坡段(枯水位以下近坡脚部位)应加厚,掩坡段(枯水位以下中间坡面,其上接接坡段,其下接边岸护坡段)可薄些,抛石后的稳定坡度应不陡于1.0∶1.5;⑤抛石应从最能控制险情的部位抛起,依次展开;⑥水深流急时,应先用较大石块在护脚部位下游侧抛一石埂,然后再逐次向上游抛投。

为了防止因水流冲淘使抛石产生位移及影响护坡基础的稳定，抛石前可先在护坡基础范围内打多排钢筋混凝土预制桩。预制桩打入河床 3 m，外露 1.5 m，间距 2 m，一般呈三角形布置。

(2)石笼抛石护坡。对坡度较陡，坡脚易受洪水冲淘，流速大于 5 m/s 的坡段，需采取石笼抛石护坡措施。石笼抛石具有很好的柔韧性、透水性、耐久性以及防浪能力强等优点，而且具有较好的生态性。它的结构能进行自身适应性的微调，不会因不均匀沉陷而产生沉陷缝等，整体结构不会遭到破坏。

石笼抛石的主要技术要点为：①根据当地材料情况，可选用铅丝、竹篾、木板、荆条、柳条等做成不同形状的笼状物，内装石料。笼的网孔大小，以不漏石为宜。②石笼应从坡脚密集向上排列，上下层呈“品”字形错开，并在坡脚打桩，用铅丝向上拉紧，将各层石笼固定。③石笼铺设厚度不得小于 0.4～0.6 m。④石笼护坡的坡度不得小于 1.0∶1.5～1.0∶1.8，不应陡于临界休止角。⑤抛石时可依次扩展抛石范围，适时进行水下探测，使坡度和厚度符合设计要求。

(3)草袋抛石护坡。适宜于坡脚不受洪水冲淘、边坡陡于 1.0∶1.5 的坡段。坡下有滚石的坡段不得采用此法。

其主要技术要点为：①草袋的孔径大小应与土(砂)粒径相匹配；草袋的石料粒径一般为 1～3 cm，砂土料粒径一般为 0.02～1.0 cm。草袋的充填度以 70%～80% 为宜，每袋不应少于 50 kg，封口绑扎应牢固。②草袋应从坡脚向上，呈“品”字形紧密排列，并在坡脚打桩，用铅丝向上拉紧，将各层草袋固定。岸上抛投宜用滑板，使草袋准确入水叠压；船上抛投袋，当水流流速过大时，可将几个草袋捆绑抛投。③铺设厚度一般为 0.4～0.6 m，铺后坡度不应陡于 1.0∶1.5～1.0∶1.8。

(三)混凝土护坡

常见的混凝土护坡主要有编织布模袋、现浇土工膜袋混凝土和预制混凝土砌块。编织布模袋分为两种类型：一种为有排水点型，适用于平均厚度 15 cm 以下的斜坡防护工程；另一种为无排水点型，适用于平均厚度 16 cm 以上的斜坡防护工程。编织布模袋只是一种使混凝土或砂浆按设计形状要求成形的临时模具，耐久性差，接缝多，不能保证地基长期稳定。因此，必须在下面铺设织物滤层，以防止基土流失。滤层一般采用针刺无纺土工布(透水无纺布)，单位重 300～400 g/m^2。

土工膜袋混凝土在正式浇筑之前，要进行现场混凝土配比试验，最终确定施工所用的混凝土配比。施工前要放线定位，挖好加固齿槽。在齿槽处打固定钢桩，桩深 1 m，间距 2 m，在坡脚处打定位木桩，桩深 0.8 m，间距 1 m。展开膜袋铺平。膜袋上预留孔，水平插入钢管，用粗绳将钢管与钢桩固定，调整好距离，保证充灌后膜袋的尺寸位置与设计一致。混凝土输送管可根据输送距离不同进行调整，输送管最末端要安装一条软管，便于移动对准进料口。搅拌后的混凝土输入混凝土泵，再经管道灌入膜袋。每次充灌前先拌制砂浆，以润滑管道，防止堵塞，充灌完毕后，要清洗管道。

预制混凝土砌块长、宽各 30～50 cm；采用钢筋混凝土砌块护坡，砌块长、宽各 40～60 cm。

混凝土护坡适用条件:①在边坡坡脚可能遭受洪水强烈冲刷的陡坡地段,采取混凝土或钢筋混凝土护坡,必要时加筋固定;②坡度介于1:1～1:0.5、高度小于3 m的边坡,采用现浇混凝土或混凝土砌预制块护坡,边坡陡于1.0:0.5时可采用钢筋混凝土护坡;③坡面有涌水时,在砌块与坡面间设置粗砂、碎石、砾石或卵石反滤层,涌水量较大时修筑盲沟排水,盲沟应位于涌水处下端并水平设置,沟宽20～50 cm,深20～40 cm。

(四)喷浆护坡

在基岩只有细小裂隙,且无大面积崩塌的坡面,可采用喷浆机进行喷浆或喷混凝土护坡,防止基岩风化剥落。喷射水泥砂浆厚度为5～10 cm,喷射混凝土厚度为10～25 cm。一般在冻融地区,喷射厚度最好在10 cm以上;在地质软弱、温差大的地区,喷射厚度应相应增厚。喷射水泥砂浆的沙石料最大粒径15 mm,水泥和沙石的质量比为1:4～1:5,沙石率50%～60%,水灰比0.4～0.5,速凝剂添加量为水泥质量的3%左右。

如在采用削坡卸荷的较稳定边坡,采取喷浆护坡,使岩石与喷浆在共同变形的过程中达到自身的稳定,以有效控制岩石的风化变形及碎屑物的撒落,使部分砂浆渗入岩石的节理、裂隙,将松动岩块胶结起来,起到加固岩石的作用。

喷浆前必须清除坡面活动岩石、废渣、浮土、草根等杂物,采用浆砌块石或混凝土填堵大缝隙、大坑洼。根据土料质地和情况,对破碎程度较轻的坡段,可就地取材采用可塑胶泥喷涂护坡,或用胶泥作为喷浆垫层。

(五)喷锚护坡

对于稳定性差的岩石坡面可采取锚杆支护、喷锚支护、喷锚加筋支护等喷锚护坡工程;特别对破碎、软弱、稳定性极差的岩层,应在开挖后立即喷射混凝土,以保证施工安全。对岩石风化、崩塌严重的地段,可加筋锚固后再喷浆。

在节理、裂隙、层理发育的岩石坡面,根据岩石破坏的形态(局部或整体性破坏),采用局部(或对个别"危石")锚杆加固,或在整个横断面上系统锚固加固。锚杆应穿过松弱区或塑性区进入岩层或弹性区一定深度。锚杆杆径为16～25 mm,长2～4 m,间距一般不宜大于锚杆长度的1/2,且大于1.25 m;锚杆应垂直于主结构面,当结构面不明显时,可与坡面垂直。

对强度不高或完整性差的岩石坡面,可采用锚杆与喷混凝土联合支护。对软弱、破碎岩层,如锚杆和喷混凝土所提供的支护反力不足时,还可加钢筋网,以提高喷层的整体性和强度并减少温变裂缝。钢筋网网格尺寸为20 cm×20 cm～30 cm×30 cm,距岩面3～5 cm与锚杆焊接在一起,钢筋喷射混凝土保护层的厚度不应小于5 cm。

三、植物护坡的主要形式和特点

为控制水土流失,维护坡面稳定,对于一切稳定和非稳定的人工边坡或自然裸露边坡,尽可能创造条件加速恢复植被。由于植被护坡在坡度较陡的边坡,必须与工程措施相结合,才能更好地利用植物覆盖坡面,保护表土、调节地表径流、根系深入土层固结土体以及防止扬尘风蚀等。在工程建设中,对于边坡坡度或削坡开级后坡度缓于1.0:1.5的土质或砂质坡面,均可采取植物护坡措施。

植物护坡的特点为:对边坡所处的地理位置、坡向、高差、坡比、土质、土层厚度、气候及水文等情况评价和划分立地条件类型，并选择适宜的植物种类、混交方式和栽植密度等。生产建设项目中应用的植物护坡形式主要有以下几种。

(一)植生带植草

植生带是采用专用的机械设备，依据特定的生产工艺，把草种、肥料、保水剂等按一定的密度定植在可自然降解的无纺布或其他材料上，并经过机器的滚压和针刺的复合定位工序，形成的一定规格的产品(见图7-2)。植生带护坡技术在我国于20世纪80年代开始试制和应用，目前在我国生产建设项目边坡防护中已得到广泛推广。

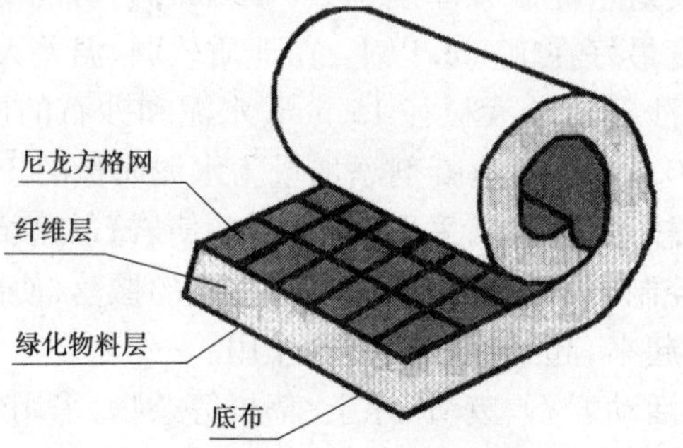

图7-2 植生带示意图

植生带护坡的特点为：①将草种与肥料混于一体，播种施肥均匀，草种、肥料不易移动；②具有保水和避免水流冲失草籽的作用；③出苗率高，出苗整齐；④采用可自然降解的纸或无纺布等作为底布，与地表吸附作用强，腐烂后还可转化为肥料；⑤植生袋材质轻，成卷入库，贮存、运输和搬运轻便灵活；⑥施工操作简便。

植生带植草在土质填方不超过10 m的稳定坡面，如土质路堤边坡和土质路堑边坡、土石混合填方边坡经处理后均可使用。施工在春季和秋季进行，应尽量避免在暴雨季节施工。植生带护坡施工工序为：平整坡面—开挖沟槽—铺植生带—覆土、洒水。

与植生带技术类似的另一种新技术是生态植被毯。生态植被毯是用稻草、麦秸等原料作为载体层，在载体层添加草种、保水剂、营养土等材料。植被毯的结构分上网、植物纤维层、种子层、木浆纸层和下网五层。植被毯可固定土壤，增加地面粗糙度，减少和减缓坡面径流，缓解雨水对坡面表土的冲刷；在植被毯中加入肥料、保水剂等材料，为植物种子出苗及后期生长创造良好的条件。在人工养护有一定困难的区域，生态植被毯的应用可大大减少后期的养护管理工作量。

(二)三维植被网护坡

三维植被网护坡是指利用活性植物并结合土工合成材料等工程材料，在坡面构建一个具有自身生长能力的防护系统，通过植物的生长对边坡进行加固的一种新技术。三维植被网护坡的特点是：①固土性能优良；②消能作用明显；③网络加固突出；④保温功能良好。

三维植被网护坡在我国各地均可应用。多在每级高度不超过10 m的各类稳定土质边坡(坡比1.0∶1.5，一般不超过1.0∶1.0)和强风化岩石边坡上使用。对土石混合填方边坡经处理后也可应用。三维植被网护坡施工工序为：准备工作—铺网—覆土—播种—盖无纺布—养护(见图 7-3)。

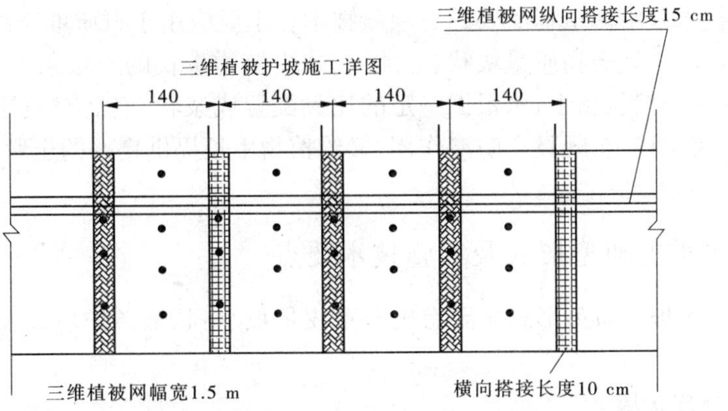

图 7-3　挂三维网边坡平面设计图

(三)液压喷播植草(又称水力播种)

液压喷播植草护坡是把优选出来的绿化草种、肥料、黏着剂、保水剂、纤维覆盖物、着色剂等与水按一定比例混合成喷浆,通过液压喷播机直接喷射到待绿化坡面上的一种植草方法。其特点是:①施工简单,速度快;②施工质量高,草籽喷播均匀,发芽快,整齐一致;③防护效果好,正常情况下喷播 1 个月后坡面植物覆盖率可达 70% 以上。目前,国内液压喷播植草护坡在公路、铁路、路堤、城市建设等边坡防护中使用较多。

液压喷播一般用于土质填方不超过 10 m 的稳定边坡,经处理后的土质挖方边坡或土石混合填方边坡也可应用。适宜坡比为 1.0∶1.5 ~ 1.0∶2.0(见图 7-4)。

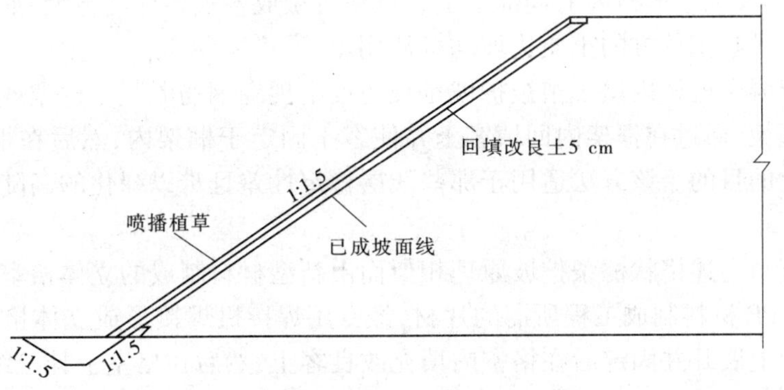

图 7-4　液压喷播植草护坡示意图

液压喷播植草护坡施工工序为:平整坡面—排水设施施工—喷播施工—盖无纺布—前期养护。

(四)生态植被袋护坡技术

生态植被袋护坡技术是将选定的植物种子通过两层木浆纸附着在可降解的纤维材料编织袋的内侧,施工时在植被袋内装入营养土,封口后按照坡面防护要求放置,经过浇水养护,实现边坡防护与绿化的目的。

(五)生态灌浆技术

生态灌浆技术是沿用工程灌浆的一项新技术。主要应用于石质堆渣高陡边坡的局部绿化。在石质堆渣等地表物质呈块状、空隙大、缺少植物生长的土壤条件的边坡,先把恢复植被需用的基质材料、黏土、水根据一定的比例配置成浆状,然后对表层的植物生长层进行灌浆,以使表层稳定,既具有防渗作用,又给植物生长提供良好的土肥条件,使植物恢复成为可能。

四、综合护坡的典型形式及实施技术要点

常见的综合护坡的典型形式主要有砌石草皮护坡、格状框条护坡以及喷混植生植物护坡等。

(一)砌石草皮护坡

在坡度小于1∶1、高度小于4 m、坡面有渗水的坡段,可采取砌石草皮护坡措施。砌石草皮护坡主要有两种形式:一种是在坡面下部1/2～2/3处采取浆砌石护坡,上部采取草皮护坡;另一种是在坡面从上到下,每隔3～5 m沿等高线修一条宽30～50 cm的砌石条带,上下条带间的坡面种植草皮。砌石部位一般在坡面下部的渗水处或松散地层出露处,在渗水较大处应设反滤层。

(二)格状框条护坡

在公路旁人口聚集地,坡度陡于1.0∶1.0的土质、沙质坡面,可采用格状框条护坡措施。

框格防护通常用混凝土、钢筋混凝土、浆砌块(片)石等材料,在边坡上形成格状骨架,框格内覆土植草或灌木,起到稳固坡面和绿化边坡的作用。其目的在于减缓坡面水流的速度,使冲刷仅限于框格内的局部范围。框格可做成各式各样的造型,如菱形、拱形、矩形等。框格防护在挖填方的土质边坡均可使用。

如钢筋混凝土框架内填土植被护坡是在边坡上现浇钢筋混凝土框架或将预制件铺设于坡面形成框架,通过在框架内回填客土并使客土固定于框架内,然后在框架内植草,以达到护坡绿化的目的。该方法适用于那些浅层稳定性差且难以绿化的高陡岩坡和贫瘠土坡。

目前还有与上述格状框条护坡原理相似而由新型材料制成的立体格室。如土工格室主要是由PE、PP材料制成工程所需的片材,经专用焊接机焊接形成立体格室。将土工格室材料在坡面上展开并固定后在格室内填充改良客土,然后在格室上挂三维植被网,进行喷播施工的一种护坡技术。该技术既为植物以后的生长提供稳定、良好的生存环境,又可使新形成的边坡充分绿化,带孔的格室还能增加坡面的排水性能。

(三)喷混植生植物护坡

喷混植生植物护坡是喷锚护坡和液压喷播植草的有机结合。它是在稳定岩质边坡上先施工锚杆、铺挂镀锌铁丝网后,再采用专用喷射机,将拌和均匀的种植基材(种植基材由种植土、混合草灌种子、有机质、肥料、团粒剂、保水剂、稳定剂、pH缓解剂和水等组成)喷射到坡面上,植物依靠“基材”生长发育,达到护坡的目的。这种措施具有防护边坡、恢

复植被的双重作用,可以代替传统的喷锚防护、片石护坡等防护技术。

该技术的应用,种植基材的配方(基质配置)是成功的关键,良好的配方可在陡于1.0∶0.75的岩质边坡上起到一定的保护坡面和抵抗雨水冲刷以及具有足够的空隙率和肥力,以保证植物生长的作用。该技术目前已广泛应用于铁路、公路、水利等各类岩石边坡绿化的防护工程方面。

五、滑坡地段的综合防治措施

由于开挖和人工扰动地面,可能会致使坡体稳定失衡,形成滑坡的潜发地段,该地段必须采取固定滑坡的护坡措施,如采取削坡反压、排除地下水、排除地表水、滑坡体上造林、抗滑桩和抗滑墙等措施来达到固定滑坡体的目的。这些措施通常综合进行应用。

(一)削坡反压

削坡反压适用于上陡下缓的移动式滑坡。将上部陡坡段削坡,取土反压在下部缓坡段,或在坡脚修抗滑挡土墙,增强抗滑阻力,以控制上部滑坡体向下滑动(见图7-5)。

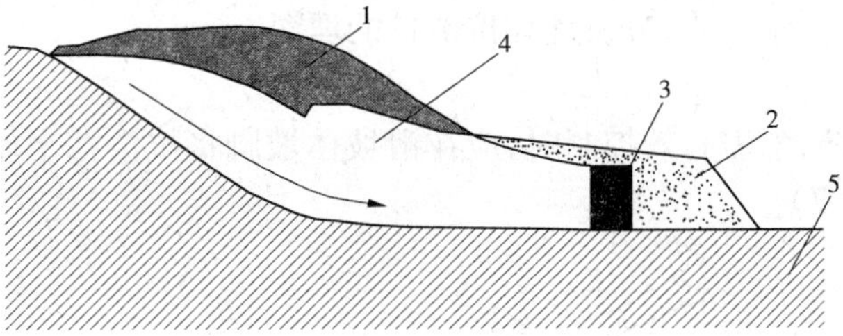

1—削土减重部位;2—卸土修挡土墙反压;3—渗沟;4— 滑坡体;5—不透水层

图7-5　削坡反压示意图

(二)拦排地表水和地下水

在地面径流及渗流、地下水较易导致滑坡的地段,采取拦排水工程。首先在滑坡体外边缘开挖截水沟并布置排水沟,将来自滑坡体外围的地表径流拦排到滑坡体下游的坡脚以外。同时,在坡脚修抗滑挡土墙,墙后设排水渗沟,墙下设排水孔,排除滑坡体内的地下水。

(三)滑坡体上造林

在滑坡体基本稳定但有人为挖损的条件下,仍有滑坡潜在危险的坡面,可在滑坡体上造林。首先,应在滑坡体上部修筑排水沟,排除外来径流;然后再在滑坡体上栽植深根性的乔灌木树种,利用植物根系达到增强坡面土体稳定性的目的,同时植物的蒸腾耗水作用,也可减少地下水对滑坡的促推作用。

滑坡体上造林是稳定边坡的重要措施。滑坡体上护坡林的配置应从坡脚到坡顶依次为乔木林、乔灌混交林和灌木纯林。

(四)抗滑桩

抗滑桩是穿过滑坡体将土体或岩体固定在滑坡面的桩柱。抗滑桩主要适用于浅层及中型非塑性滑坡的前缘地段,使用抗滑桩,开挖土方量小,省工省料,施工方便,为广泛采用的一种抗滑措施(见图7-6)。

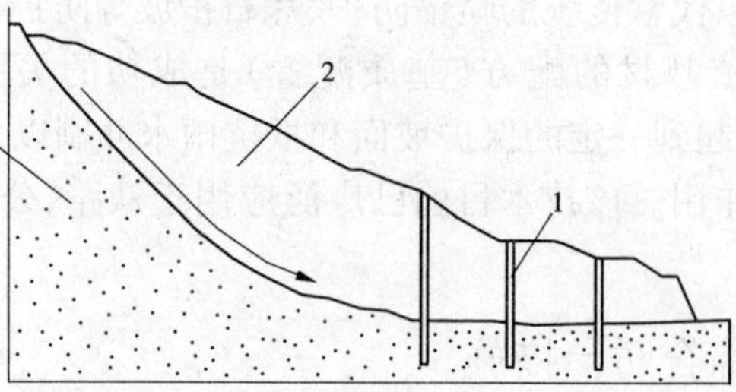

1—抗滑桩;2—滑坡体;3—不透水层

图7-6　抗滑桩

抗滑桩可根据滑坡体厚度、推力大小、防水要求和施工条件等,选用木桩、钢桩、混凝土桩或钢筋(钢轨)混凝土桩等。木桩可用于浅层小型土质滑坡或对土体临时拦挡,其强度低,抗水性差,所以防止滑坡常用钢桩和钢筋混凝土桩。抗滑桩的材料、规格和布置要能满足抗剪、抗弯、抗倾斜、阻止土体从桩间或桩顶滑出的要求,这就要求具体确定时应根据下滑力、滑床土体力学性质,分析计算抗滑桩的埋深。

(五)抗滑墙

当滑坡比较活跃,急需有效控制时,应在滑坡体坡脚将抗滑挡土墙向上延伸,并可修筑块石护坡(见图7-7)。

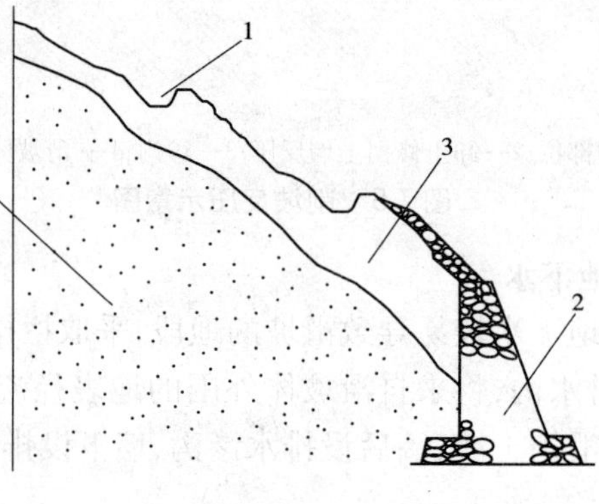

1—排水沟;2— 抗滑墙与块石护坡;3—滑坡体;4—不透水层

图7-7　抗滑墙

本章小结

本章介绍了斜坡防护工程的类型、各类型的典型形式和主要技术要点,通过学习使学生熟悉各类斜坡防护工程的适用条件,具有运用各类斜坡防护工程的能力,初步具有设计与实施各项斜坡防护工程的能力。

复习思考题

1. 斜坡防护工程可分为哪几类？其适用条件各是什么？

2. 熟悉斜坡防护工程布设的原则和各阶段的设计要求。

3. 搜集削坡开级护坡的案例，说明该形式的主要特点和坡脚、坡面防护分别采取了何种防护措施？

4. 简述工程护坡中砌石护坡、抛石护坡和喷锚护坡的主要技术要点。

5. 何谓植生带植草和水力播种？其特点各是什么？

6. 防治滑坡的措施包括哪些方面的内容？

第八章 防洪排导工程

【学习目标】

掌握排洪渠布设及渠道断面尺寸确定的方法、排洪涵洞的类型与特点以及防洪堤的选线和确定堤距的方法;熟悉排洪涵洞的适用条件和防洪堤防洪标准的确定方法等内容;了解防洪排导工程的适用条件和布设原则、排洪渠的类型、防洪堤的堤型、坝式护岸护滩工程的类型与作用以及清淤清障的具体方法。

第一节 排洪渠与排洪涵洞

生产建设项目在基建施工和生产运行中,由于破坏地面或排放大量弃土、弃石、弃渣,极易造成水土流失和引发洪水灾害。防洪排导工程就是运用工程措施,减免山洪及泥石流对项目区所造成的危害。防洪排导工程包括拦洪坝、排洪渠、排洪涵洞、防洪堤、护岸护滩和清淤清障等工程类型。

一、防洪排导工程的适用条件

根据项目区的来水量以及危害程度,选择不同的防洪工程类型。

(1)拦洪坝。当项目区上游有小流域沟道的洪水集中汇集时,应在沟道中修建拦洪坝(可参考前述淤地坝和拦渣坝的相关内容)。

(2)排洪渠。当项目区周边坡面或某一侧有洪水危害时,应在坡面或坡脚选择适宜位置修建排洪渠,并对坡面采取综合治理的措施。项目区内各类场地、道路以及其他地面排水要与排洪渠顺畅衔接,形成完整的洪水排泄系统。

(3)排洪涵洞。当坡面或沟道洪水与项目区的道路、建筑物或堆渣场等发生交叉时,应采取涵洞或暗管进行排洪。

(4)防洪堤与护岸护滩。当项目区紧靠沟岸、河岸,洪水有可能影响项目区的安全时,应修建防洪堤;在沟岸、河岸受洪水的影响易造成岸滩坍塌侵蚀时,要及时采取护岸护滩工程措施;应确保与项目区有关的河流、沟道泄洪顺畅,必要时及时进行清淤清障。

二、防洪排导工程的布设原则

(1)确定可行的工程类型。根据项目区各项工程的总体布局、施工与生产工艺以及安全要求等,遵循经济安全的原则,确定应采取的防洪排导工程类型。

(2)确定合理的防洪标准。防洪排导工程将防洪减灾、保障安全放在首位。因此,确定合理的防洪标准和确保排导工程的稳定性是至关重要的内容之一。通常为了保护特殊重要的基础设施和民用设施,应依据相关国家标准,通过综合论证分析,可提高防洪设计标准。

(3)注重综合效益。防洪排导工程的实施应处理好防洪与综合利用、占地与造地的关系，尽量少占耕地，并结合工程修建和运行特征，把防洪与蓄水利用、拦泥与淤地造地相结合，充分发挥其综合效益。

(4)注重与流域综合治理的协调。防洪排导工程的实施会涉及一定的汇水面积，为了控制集水面积的水土流失，减少来水来沙量，延长排导工程的使用寿命，排导工程的布设应与流域综合治理措施实施的内容相协调（流域治理参见前述第三章和第四章的相关内容）。

三、排洪渠的类型及布设原则

排洪渠是为了保证项目区生产建设安全兴建的排除周边坡面及区域内洪水的工程设施。排洪渠一般修建在项目区周边，项目区内各类场地、道路和其他地面排水，应结合排洪渠进行统一布设。

（一）排洪渠的类型

排洪渠根据其建筑材料的不同，分为土质排洪渠、三合土排洪渠和浆砌石排洪渠等三种型式。

(1)土质排洪渠。在有洪水危害的山坡的坡面或下部，按设计断面半挖半填，修成土质排洪渠，不加衬砌，结构简单，就地取材，节省投资。适用于坡面洪水流量较小、危害不大的地方。

(2)三合土排洪渠。排洪渠的填方部分用土、沙和石灰（比例约为6∶3∶1）分层填筑夯实。适用于高含沙山洪的区域应用。

(3)浆砌石排洪渠。适合于排泄冲刷力强的山洪。浆砌石衬砌的方式有两种：一种是边坡衬砌，另一种是边坡和沟底衬砌。浆砌块石衬砌多用于半挖半填的排洪渠中，衬砌厚度一般为0.3～0.5 m。

（二）排洪渠的布置原则

排洪渠在总体布局上应保证将项目区周边或上游来洪安全排泄，并与项目区内的排水系统相结合。

(1)渠线布置。排洪渠道的渠线布置应为原有山洪沟道或河道。若天然沟道不顺直或因项目区规划的需要必须新辟渠线时，宜选择地形平缓、地质稳定、拆迁少的地带，并尽量保持原有沟道的引洪条件。

(2)渠道位置。排洪渠道应尽量设置在项目区一侧或周边，尽量缩短距离，减少弯道，避免穿绕建筑群，以达到充分利用地形将洪水排至项目区下游的目的。

(3)结合地形特点布设。当地形坡度较大时，排洪渠宜布置在地势较低的地方；当地形平坦时，宜布置在汇水面的中间地段，以便扩大汇流范围。

(4)排洪方式的选择。排洪方式应结合具体情况确定，最好采用排洪渠。例如对通过郊区或新建工业区或项目区外围的排洪道，宜采用排洪渠排洪，以节省工程费用；当通过项目建设区内或市区内的排洪道与道路、建筑物交叉而建筑物密度又大、交通量大时，应采用排洪涵洞排洪。

（三）排洪渠的设计原则

在设计排洪渠时应在调查当地气象和水文资料等基本资料的基础上，通过综合分析，确定产流场地的面积以及生产运行排出的各类水量，明确其防护和综合利用的任务。然后，选定排洪渠的线路、规模和布局，初步确定排洪渠的类型和布置方式。排洪渠的设计应遵循以下原则：

（1）排洪渠设计应遵循安全经济的原则，确定合理的防洪标准。可参照国家《防洪标准》（GB 50201—1994）的规定（见表 8-1）。

表 8-1　工矿企业等级和防洪标准

等级	工矿企业规模	防洪标准（重现期，a）
Ⅰ	特大型	200 ~ 100
Ⅱ	大型	100 ~ 50
Ⅲ	中型	50 ~ 20
Ⅳ	小型	20 ~ 10

注：各类工矿企业的规模，按国家现行规定划分；如辅助厂区（或车间）和生活区单独进行防护的，其防洪标准可适当降低。

（2）排洪渠纵坡设计原则。应根据渠线、地形、地质以及与山洪沟道的连接要求等因素确定。当自然纵坡大于 1∶20 或局部高差较大时，可设置陡坡式跌水。

（3）断面设计原则。当排洪渠断面变化时，应采用渐变段衔接，其长度可取水面宽度变化之差的 5 ~ 20 倍。

（4）排洪渠进出口布置的原则。排洪渠进出口平面布置宜采用喇叭口或“八”字形导流翼墙。导流翼墙长度可取设计水深的 3 ~ 4 倍。

（5）安全超高的确定。排洪渠的安全超高见表 8-2，在弯曲段、凹岸应考虑水位壅高的影响。

表 8-2　防洪建筑物安全超高

建筑物名称	建筑级别			
	1	2	3	4
土堤、防洪墙、防洪闸（m）	1.0	0.8	0.6	0.5
护岸、排洪渠、渡槽（m）	0.8	0.6	0.5	0.4

注：安全超高不包括波浪爬高；越浪后不造成危害的，安全超高可适当降低。

（6）排洪渠宜采用挖方渠道。若必须修建填方渠道时，填方应按现行国家标准《堤防工程设计规范》（GB 50286—1998）的要求进行设计。

（7）排洪渠允许弯曲半径的确定。排洪渠弯曲段和弯曲半径不得小于最小允许半径及渠底宽度的 5 倍。最小允许半径可按下式计算：

$$R_{\min} = 1.1v^2\sqrt{A} + 12 \tag{8-1}$$

式中　$R_{\min}$——最小允许半径，m；

v——渠道中水流流速，m/s；

A——渠道过水断面面积，m^2。

另外，当排洪渠水流流速大于土壤最大允许流速时，应根据土壤性质和水流流速采用适当的防护措施防止冲刷，在排洪渠进口处宜设置沉沙池，以拦截山洪泥沙。

四、排洪渠渠道断面尺寸的确定

（一）排洪渠横断面

排洪渠横断面一般为梯形断面或矩形断面。渠内过水断面水深按明渠均匀流公式计算确定，排洪渠的深度为渠内过水断面水深加安全超高。

填方梯形渠道断面根据渠深、底宽和填筑材料确定边坡比，一般内坡 1.0∶1.5～1.0∶1.75，外坡 1.0∶1.0～1.0∶1.5，顶宽 1.5～2.5 m；挖方梯形渠道的边坡坡比根据底宽和水深确定，一般多为 1.0∶1.0～1.0∶1.5。浆砌石和混凝土排洪渠可采用矩形断面。

（二）排洪渠纵断面

排洪渠纵断面确定的方法为：①根据高程测量数据，绘出地面高程线；②根据选定的纵坡，绘出排洪渠的渠底线；③根据断面设计水深，绘出水位线，水位高程为渠底高程与设计水位之和；④根据水位高程和超高，绘出渠顶线，渠顶高程为水位高程与超高之和。

排洪渠纵断面设计应将地面高程线、渠底线、水位线、渠顶线绘制在纵断面设计图中。

（三）洪峰流量的确定

（1）清水洪峰流量。根据各地水文手册中的有关参数，按以下公式计算。

$$Q_b = 0.278KiF \tag{8-2}$$

式中 Q_b——最大清水洪峰流量，m^3/s；

K——径流系数；

i——平均 1 h 降雨强度，mm/h；

F——山坡集水面积，km^2。

（2）高含沙洪峰流量。山洪密度为 1.1～1.5 t/m^3 时，采用下式计算：

$$Q_s = Q_b(1+\varphi) \tag{8-3}$$

$$\varphi = (\gamma_c - 1)/(\gamma_h - \gamma_c) \tag{8-4}$$

式中 Q_s——高含沙山洪洪峰流量，m^3/s；

Q_b——最大清水洪峰流量，m^3/s；

γ_c——高含沙山洪密度，t/m^3；

γ_h——高含沙山洪中固体物质密度，t/m^3；

φ——修正系数。

五、排洪涵洞类型及设计要求

排洪涵洞是从地面以下排除洪水的建筑物。适合于坡面或沟道洪水与项目区的道路、建筑物、堆渣物等发生交叉时采用。涵洞由进口、洞身和出口三部分组成，其顶部往往填土，一般不设闸门。在设计时涵洞过水断面水深按明渠均匀流公式计算确定。

（一）排洪涵洞的类型

根据涵洞内水流的流态，排洪涵洞可分为有压、无压或半有压形式三种类型；根据涵洞的建筑材料和断面形式可分为浆砌石拱形涵洞、钢筋混凝土箱形涵洞、钢筋混凝土盖板涵洞和圆形管涵四种。

(1)浆砌石拱形涵洞。其底板和侧墙用浆砌块石砌筑,顶拱用浆砌粗料石砌筑。当拱上垂直荷载较大时,采用矢跨比为1/2的半圆拱;当拱上荷载较小时,采用矢跨比小于1/2的圆弧拱。

(2)钢筋混凝土箱形涵洞。其侧墙、底板和顶板多采用钢筋混凝土整体框形结构,适合布置在项目区内地质条件复杂的地段,排除坡面和地表径流。箱形涵洞洞顶可填厚土。箱形涵洞跨度可根据排水量确定,单孔跨度应小于2~3 m,大于此值应做成双孔或多孔。单孔箱涵壁厚一般为跨度的1/8~1/12;双孔顶板厚度为其跨度的1/9~1/10,侧墙厚度为其高度的1/12~1/13,隔墙可小些。

(3)钢筋混凝土盖板涵洞。涵洞边墙和底板由浆砌块石砌筑,顶部用预制的钢筋混凝土板覆盖。底板视地基条件,可分为分离式和整体式。盖板厚度为跨径的1/5 ~1/12,盖板设2%的坡度向两侧倾斜,以利排水。

(4)圆形管涵。多采用混凝土和钢筋混凝土修筑。管涵水力条件和受力条件较好,结构简单,工程量小,施工方便,可根据需要采用单管、双管或多管。

(二)排洪涵洞的设计要求

排洪涵洞在设计时应主要考虑以下因素。

(1)排洪涵洞纵坡变化处,应注意避免上游产生壅水,断面变化宜改变渠底宽度,深度保持不变。

(2)排洪涵洞检查井的间距可取50~100 m,涵洞走向变化处应加设检查井。

(3)涵洞中每隔10~20 m设置一道沉陷缝,并做好止水设施,避免由于地基的不均匀沉陷而发生裂缝。

(4)排洪涵洞为无压流时,设计水位以上的净面积不应小于过水断面面积的15%。

(5)季节性冻土地区的涵洞基础埋深不应小于土壤冻结深度,进出口基础应采取适当的防冻措施。

(6)排洪涵洞出口受河水或潮水顶托时,宜设防洪闸,防止洪水倒灌。

涵洞排洪流量计算方法参见排洪渠的洪峰流量确定。

(三)排洪涵洞断面设计要求

涵洞孔径及下游连接段的型式和断面尺寸由水力计算确定。在水力计算之前首先应分清水流状态。无压涵洞洞身断面尺寸较大,进水口壅高较小;有压涵洞洞身断面尺寸较小,但进水口壅高较大;半有压涵洞介于两者之间。

当上游来水面较大、洪水历时长时,应采用无压涵洞的水力计算确定断面尺寸。排洪涵洞应尽可能设计为无压涵洞,并使涵洞有较大的比降,利于洪水和淤积物的排出,纵坡比多在1:500~1:100范围内选择。在沟道入口衔接段与渡槽进口前需修筑15~20倍槽宽的直线引流段,以与渡槽进口平滑衔接。

当洪水历时短时,可按半有压涵洞的水力计算确定。排洪涵洞一般不采用有压涵洞。

涵洞净高应在水力计算的水深基础上,加一定高度的安全超高。

第二节　防洪堤

一、防洪堤的堤型选择

防洪堤是沿沟岸、河岸布设的，使生产建设项目区避免遭受洪水危害，保障生产安全的防洪建筑物。防洪堤设计应重点勘测河（沟）道、河（沟）岸的地形、地质、水文情况，结合项目的防洪要求，明确其防护和综合利用任务，通过比选确定堤线、规模、结构型式、布置方式、断面尺寸、筑堤材料的采料场位置和运输路线等内容。

防洪堤的堤型可分为土堤（包括均质土堤和分区填筑的非均质土堤）、土石混合堤和石堤。堤型选择应根据当地土石材料的数量、质量、分布范围、运输条件、工程造价以及堤址地质、施工场地和工程的重要性等因素综合考虑后确定。

当有足够筑堤土料时，应优先采用均质土堤；土料不足时，也可采用土石混合堤；非均质土堤可采用斜墙式、心墙式或混合型式；在地质条件、石料储备及工程的重要性等条件具备时，应考虑建造浆砌石防洪堤；同一堤线的各堤段可根据具体条件分别采用不同的堤型。在堤型变换处应处理好结合部位工程的相互连接。

二、防洪堤的防洪标准与选线

（一）防洪堤防洪标准

1. 防洪标准的确定

防洪堤的防洪标准应符合现行国家标准《防洪标准》（GB 50201—1994）的规定。防护区内各防护对象的防护标准差别较大时，可分段采用不同的防洪标准。具体设计时，应根据本工程在防洪中所起的作用，对不同防洪标准可减免的洪灾经济损失与所需防洪费用进行对比分析，并进行综合权衡论证分析后确定。堤防设计应符合现行国家标准《堤防工程设计规范》（GB 50286—1998）的规定。

2. 安全加高与安全系数

防洪堤工程的安全加高应根据工程级别选定（见表 8-3）。

表 8-3　防洪堤工程级别划分

防洪堤级别	1	2	3	4	5
安全加高（m）	1.0	0.8～0.9	0.7	0.6	0.5

土堤的抗滑稳定安全系数不小于表 8-4 的规定。

（二）防洪堤的选线

堤线应根据防洪规划，按规划治导线要求，并结合防洪区的范围、防护对象的要求、土地综合利用以及行政区划等因素，经过技术经济分析比较后确定堤线。

防洪堤应布设在土质较好、比较稳定的滩岸上，沿高地或一侧傍山布置，宜避开软弱地基、深水地带、古河道和强透水层地基。

表 8-4　防洪堤抗滑稳定安全系数

运用条件	防洪堤工程级别				
	1	2	3	4	5
设计条件	1.30	1.25	1.20	1.15	1.10
地震条件	1.10	1.05	1.00	—	—

防洪堤堤线走向力求平顺,各堤段用平缓曲线相连接,不宜采用折线或急弯。

堤线布设应保留适当宽度的滩地,走向与河势相适应,与洪水的主流方向大致平行。堤线应尽量选择在拆迁房屋、工厂等建筑物较少的地带,并考虑到建成后便于管理养护和防汛抢险。防汛区内各防护对象的防洪标准差别较大时,可修建隔堤分别防护。

三、防洪堤堤距及沿程水位的确定

(一)确定防洪堤堤距应考虑的主要因素

堤距应根据河流地形地质条件、水文泥沙特性、河床特点及冲淤变化规律,分别拟定不同堤距进行水力学(流速、水面线)等计算;根据不同堤距、堤型的工程量、工程投资等技术经济指标,考虑对设计有重大影响的自然因素和社会因素,综合分析确定(见图 8-1)。

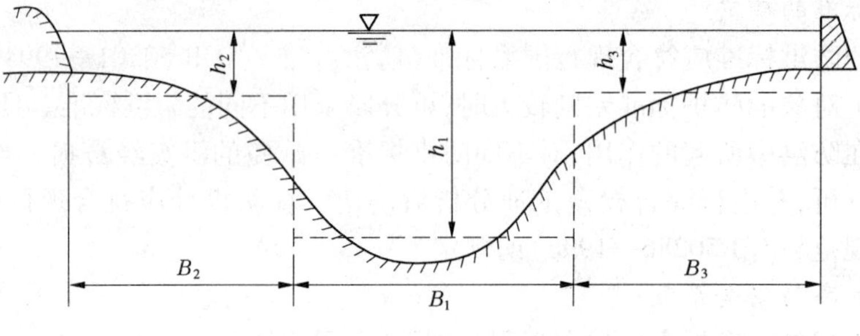

图 8-1　堤距示意图

根据河段防洪规划及治导线确定堤距,上下游、左右岸统筹兼顾,保障必要的行洪宽度,使设计洪水从两堤之间安全通过。河段两岸防洪堤之间的距离(或一岸防洪堤与对岸高地之间的距离)应大致相等,不宜突然放大或缩小。

确定堤距时,要考虑现有水文资料系列的局限性、滩涂的滞洪淤沙作用和社会经济发展的要求等,留有适当的余地。

利用河道上原有堤防时应以不影响行洪安全为前提。

(二)堤距计算

堤距计算的洪水验算可按均匀流公式,均匀流按滩槽分别计算。计算方法如下。

$$
\left.\begin{aligned}
B &= B_1 + B_2 + B_3 \\
Q &= Q_1 + Q_2 + Q_3 \\
Q_1 &= (1/n_1) B_1 h_1^{5/3} J^{1/2} \\
Q_2 &= (1/n_2) B_2 h_2^{5/3} J^{1/2} \\
Q_3 &= (1/n_3) B_3 h_3^{5/3} J^{1/2}
\end{aligned}\right\} \tag{8-5}
$$

式中　Q——设计流量，m^3/s；

J——水面比降；

n——糙率；

B——堤距，m；

h——平均水深，m；

Q、B、h 等符号的角标 1、2、3 分别代表主槽和两边河漫滩。

（三）防洪堤沿程水位线的确定

在拟建堤防区段内沿程有接近设计流量的观测水位资料时，根据控制站设计水位和水面比降推算堤防沿程设计水位，并考虑桥梁、码头、跨河、拦河等建筑物的壅水作用。当沿程无接近相关资料时，应根据控制站设计水位，通过推求水面线来确定堤防沿程设计水位。在推求水面线时，应根据实测或调查洪水资料确定糙率，力求使确定的水位线符合实际，并利用上、下游水文站实测水位进行检验。

四、土堤堤身断面设计

土堤堤身断面设计的主要内容为确定堤顶高程和堤坡的坡比。

土堤堤顶和堤坡依据地形、地质、设计水位、筑堤材料及交通条件，分段确定。可参照已建成的防洪堤结构初步选定标准断面，经稳定分析与技术经济比较后，确定堤身断面结构及尺寸。

（1）堤顶高程。堤顶高程按设计洪水位、风浪爬高、安全超高三者之和确定。当土堤临水面设有坚固的防浪墙时，防浪墙顶高程可视为设计堤顶高程。土堤堤顶至少应高于设计水位 0.5 m 以上。土堤预留沉降加高，通常为堤高的 3% ~8%。地震沉降加高一般可不考虑，但对于特别重要的软弱地基上的堤防，须专门论证确定。

（2）堤顶宽度。堤顶宽度根据防汛、管理、施工、结构等要求确定。一般Ⅰ、Ⅱ级堤防顶宽不小于 6 m，Ⅲ级以下堤防顶宽不小于 3 m。堤顶有交通和存放物料要求时，如需要专门设置回车场、避车道和存料场等要求时应根据需要确定。

（3）防渗体。对非均质土堤可修筑斜墙、心墙等防渗体。防渗体断面自上而下逐渐加厚，其顶部最小水平宽度不小于 1 m；底部厚度斜墙不小于设计水头的 1/5，心墙不小于设计水头的 1/4；防渗体的顶部在设计水位以上的最小超高为 0.5 m，防渗体的顶部和斜墙的临水面应设置保护层。

（4）堤顶路面结构。根据防汛的管理要求，常用堤顶路面结构形式有黏土、砂石、混凝土、沥青混凝土预制块等。堤顶应向一侧或两侧倾斜，坡比为 2%~3%。

（5）堤坡坡比。堤坡根据筑堤材料、堤高、施工方法及运行情况，经稳定分析计算确定。土堤常用的坡比为1.0:2.5~1.0:4.0。

(6)土堤戗台宽度。土堤戗台根据堤身结构、防渗、交通等条件,经稳定分析后确定。通常当堤高超过6 m时可设置2~3 m宽的戗台。

(7)土堤临水面需修筑斜坡防护工程。斜坡防护工程应坚固耐久、就地取材、便于施工和维修。

(8)土堤背水坡。土堤背水坡及临水坡前有较高、较宽的滩地或为不经常过水的季节性河流时,应优先选择草皮护坡。

五、护岸护滩工程

护岸护滩工程是为了防止项目区因洪水冲淘沟岸、河岸而导致岸边坍塌所修筑的防护工程。护岸护滩工程主要有坡式护岸、墙式护岸和坝式护岸护滩等三类。坡式护岸(枯水位与洪水位之间采用护坡工程;枯水位以下采用护脚工程,如抛石护脚等)参见第七章的相关内容,墙式护岸参见第六章挡土墙的相关内容。该处重点介绍坝式护岸护滩工程的内容。

坝式护岸护滩工程主要有丁坝和顺坝两种形式。由于丁坝、顺坝是依托岸滩修建的,又都具有挑水作用,为了防止对凸岸造成影响,应对河(沟)道两岸的情况进行调查研究,并且丁坝、顺坝的修建应符合河道整治的规划和征得河道主管部门的同意。

(一)丁坝

根据丁坝与水流走向的关系,分为上挑丁坝和下挑丁坝。布设时丁坝可按河流治导线在凹岸成组布置,丁坝的坝头位置应在规划的治导线上。丁坝多为浆砌石修筑,有时也修筑土心丁坝。

(1)浆砌石丁坝。坝顶高程一般高于设计水位1 m左右,坝体长度以不影响对岸滩岸遭受侧冲为原则;坝顶宽度1~3 m,两侧坡比1.5:1.5~1.5:2.0。

(2)土心丁坝。坝深由壤土、沙壤土填筑,坝身与护坡之间设置垫层,垫层采用沙石、土工织物做成。坝高5~10 m。裹护部分的外坡坡比1.0:1.5~1.0:2.0,内坡与外坡相同或适当变陡;坝顶护砌厚度为0.5~1 m。

(二)顺坝

顺坝是顺河岸、沟岸修筑防洪建筑物,其轴线方向与水流方向接近平行。根据筑坝材料,顺坝分为土质顺坝、石质顺坝和土石顺坝三类。

(1)土质顺坝。坝顶宽2~5 m,外坡不小于1.0:2.0,内坡1.0:1.0~1.0:1.5。

(2)石质顺坝。坝顶宽1.5~3 m,外坡1.0:1.5~1.0:2.0,内坡1.0:1.0~1.0:1.5。

(3)土石顺坝。坝基为细沙河床的,应设沉排,沉排伸出坝基的宽度,外坡不小于6 m,内坡不小于3 m。

六、清淤清障的方法

清淤清障是将已建和在建项目区内河(沟)道原来已倾倒的弃土、弃石、弃渣清除,并搬运至采取防护措施的堆置场的一种措施,其目的是防止弃土、弃石、弃渣被水流冲刷下泄至下游河道河床淤塞河道,阻碍行洪,造成危害。

需要注意的是，清淤清障前应详细调查弃渣河（沟）道的地形、地质、气象及水文情况，勘察河（沟）道弃渣的位置、种类、堆积量、堆积范围、堆积面积与排放方式，基本明确清淤清障的范围。通过比选清淤清障的方法和挖槽的路线，以选定堆置场的位置、规模和型式等（对清障物需要利用时应通过科学论证）。河道清淤清障必须在每年汛期前完成。另外，清淤清障应符合河道整治线的要求，尽量与河道整治线的规划同时纳入规划设计。

（一）堆置场地的选择

堆置清淤清障物时应设置专用的土、渣、淤泥堆置场地，尽量利用附近的荒地、洼地，有条件时应将堆置清理的淤泥与弃渣填平沟洼造地相结合；堆置清淤清障物不得占用其他施工场地和妨碍其他工程施工；堆置场四周必须设置拦护工程，堆置场设置要求可参考第六章拦渣工程有关内容。

（二）清淤清障的做法

（1）一岸清淤。在河道淤积物数量不太大且淤积物偏于一岸时，可采取一岸清淤的方式，以扩充行洪河槽。

（2）挖槽清淤。在河道淤积物数量很大，顺河道淤积时间长、河面堵塞十分严重时，可采取挖槽清淤的方法。

本章小结

本章介绍了防洪排导工程布设的原则、适用条件，防洪排导工程的类型以及设计特点，通过学习使学生具有正确选用各类防护工程类型的能力，具有初步设计各类防护工程的能力和初步分析护岸护滩工程适用的条件与清淤清障条件的能力。

复习思考题

1. 何谓防洪排导工程？简述布设防洪排导工程应遵循的基本原则。
2. 应如何确定防洪渠的纵横断面？
3. 排洪涵洞可分为哪几类？其设计特点是什么？
4. 防洪堤可分为哪几类？应如何确定堤距？
5. 坝式护岸护滩工程和清淤清障使用的条件各是什么？

第九章　泥石流防护工程

【学习目标】

掌握格栅坝的类型及特点、桩林适用的条件和防护特点；熟悉在形成区、流通区和堆积区采取泥石流防治工程的主要类型及作用；了解泥石流形成过程中各分区主要侵蚀特点、排导槽、渡槽和停淤工程的适用条件与防护特点。

第一节　泥石流分区的特点

由于生产建设项目本身的特点或地理条件限制，项目区处于有可能发生泥石流的沟道或坡面下游，受泥石流影响的危险性较大；或项目的建设形成的大量弃土弃渣，有可能加剧泥石流发生的潜在危险，应通过采取泥石流防治工程以达到保护项目区安全和保障项目区下游安全的目的。泥石流防治工程的实施应紧密结合沟道上游流域综合治理措施并根据泥石流的不同分区，采取不同的防治措施。

一、泥石流防治的基本原则

（1）坚持预防为主、重点防护的原则。生产建设项目主体工程的选址（线）必须兼顾水土保持的要求，应避开泥石流易发区、崩塌滑坡危险区以及易引起严重水土流失和生态恶化的区域。因此，泥石流防治工程的规划应与生产建设项目主体工程的选址相结合，应尽量使主体工程选址避开泥石流危险区；项目区必须通过泥石流易发区的，应首先将泥石流的预测预报系统作为项目设计的重要内容；根据项目区所在沟道或坡面的状况，对泥石流易发区进行分区，判别不同区域对项目造成的危害程度，做到预防为主、重点防护。

（2）注重实施以工程为主体的防治原则。特别是对于大型建设项目的泥石流防治，应注重以工程措施为主，如采取以拦渣工程、防洪工程、排导工程等为主体的防护工程，以达到发挥工程的应急性强和骨干防护作用的目的。

（3）着眼长远、综合防治的原则。从长远目标考虑，泥石流防治应与整个流域水土资源的合理利用、流域水土流失综合防治措施体系的建设相结合，根据泥石流形成区、泥石流流通区和泥石流堆积区的特征，明确项目区所处的泥石流分区类型及侵蚀特点，分析泥石流对项目区以及下游易造成潜在危险的区域，分别采取不同的防治措施进行综合防治，做到除害兴利。

（4）经济与安全相互兼顾的原则。泥石流危害大，易造成重大的经济损失，同时泥石流防治工程的造价昂贵。因此，对大型泥石流防治工程的设计必须经过反复论证后方能确定，根据具体情况必要时可进行专题研究经充分论证后确定，应做到既经济合理，又安全可靠。

二、泥石流形成过程中各分区的主要特点

泥石流的防治应以小流域为单元，根据泥石流发生规律在不同的类型区采取不同的防治措施，做到综合防治，标本兼治。根据泥石流发生过程的地形条件可将其分为三个不同的分区，即泥石流形成区、泥石流流通区和泥石流堆积区，根据各区不同的侵蚀特点，分别采取不同的措施进行综合防治。

（一）泥石流形成区

形成区多为漏斗状或勺状地形，易在短期内集中大量的径流和固体物质。该区域是泥石流形成过程中大量地面径流和固体物质产生的策源地，其中大面积的坡面是地面径流的主要策源地，主沟道的上游和支毛沟中崩塌和滑坡严重的沟段是固体物质的主要策源地。加之暴雨的区域性特点，集水区为 0.5 ~50 km^2 的流域常是泥石流的多发区。据研究，泥石流沟床比降多在 5%~30%，尤其是 10% ~30% 时最易发生泥石流；10°以上的沟坡即可发生泥石流，尤以 30° ~70°为甚。在泥石流形成区的坡面与沟道采取的主要防治措施可参考第三章“流域综合防治”的相关内容以及第七章“斜坡防护工程”的相关内容。

（二）泥石流流通区

泥石流流通区主要分布在主沟道的中、下游地段，地形多陡直并有跌水存在，此类地形不断补充泥石流运动过程中的能量和物质，促使了泥石流的形成。其主要防治措施为修建各种类型的格栅坝和桩林等工程，拦截水流中的石砾等固体物质，减轻固体物质的搬运量，尽量将泥石流转变为灾害性较轻的山洪洪水。

（三）泥石流堆积区

该区位于沟道的下游和沟口，地形突然变得平缓开阔，多似扇形，为泥石流固体物质大量集中沉积的区域，通常泥石流流体以一定角度或辐射状散开，形成散流，流面加宽，流层变薄，阻力增大，于是形成扇状堆积，长期堆积使扇体不断增大增厚，形成堆积扇。若沟谷陡峻的地形条件，大小不同的各类固体物质在该区突然大量堆积而形成堆积锥。该区采取的主要措施为修建停淤工程与排导工程，以控制泥石流对沟道下游、沟口和下游河床、川道的危害。

第二节　泥石流主要防治技术

一、流通区的防治技术

（一）格栅坝的特点与分类

格栅坝又称格拦坝，是在沟道中用混凝土、钢筋混凝土或浆砌石修成重力坝，其过水部分做成格栅形式，利用格栅拦截泥石流中的巨石与大漂砾，以使其余泥水通过格栅下泄的一种特殊坝体。格栅坝用于拦蓄含巨石、大漂砾的水石流，也可布置在黏性泥石流与洪水相间出现的沟道中。

1. 格栅坝的特点

（1）拦排结合。格栅坝把全拦挡改变为部分拦挡，允许部分水沙下泄，可减轻对下游

的危害程度，维持下游河道输水输沙的平衡，保证河道稳定，确保下游安全。

(2)改善受力条件。穿过格栅间隙的沙石在坝体下游一定距离内堆积量较少，而堆积物又不能形成紧密结构，格栅坝前堆积的巨石孔隙大，作用在坝体上的水压力与土压力均比实体坝小。格栅坝这种穿透式结构使坝体本身所承受的泥石流龙头冲击力也小于实体坝。

(3)结构简单，材料用量少。格栅坝可通过现场组装，实现工厂化生产，缩短施工周期，提高筑坝效率。

2. 格栅坝的分类

1)按结构受力特点分类

格栅坝按结构受力特点可分为平面式和立体式两大类。

(1)平面式。平面式结构简单，格栅分布呈平面形式，整体抗弯能力较差，抗泥石流的冲击力较低，拦蓄量有限，多适用于规模不大的泥石流的沟道。坝高多在 8 m 以下，坝体多无中支墩。

(2)立体式。立体框架，受力整体性强，承载力比平面式大，同时坝体内部框格能拦截大量的泥石流石块，形成自然坝体，还可不断增强坝体的稳定性。这类坝型对大小泥石流沟道均适用，坝高与净跨也比平面式大，多修筑中支墩。目前，我国有净跨达 20 m、坝高 20 m 以上的立体格栅坝建筑物。

2)按建筑材料分类

格栅坝按建筑材料可分为以下三种。

(1)钢筋混凝土格栅坝。当沟道中泥石流挟带的大石块比较多时，多采用钢筋混凝土格栅坝(见图 9-1)。

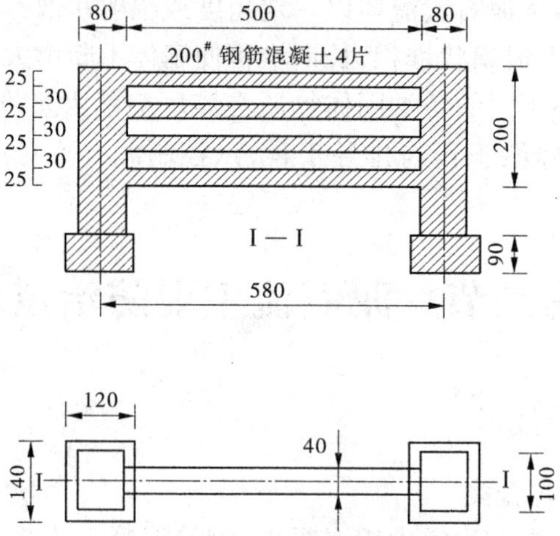

图 9-1　钢筋混凝土格栅坝　（单位:cm）

该坝为陕西华山凹子沟的钢筋混凝土格栅坝，坝高 2 m，格栅净长 5 m。自下而上分设 4 片钢筋混凝土梁，梁间净距为 30 cm。自 1973 年建坝以来，经受了多次泥石流考验，曾经发生过最大流量为 140 m^3/s、容重 2.0 t/m^3、最大石块直径为 1.5 ~ 2.0 m 的泥石流，仍然保证了该坝坝体的安全。

(2)金属格栅坝。在基岩峡谷段可修建金属格栅坝。金属格栅坝具有结构简单、经济和施工快的特点。图 9-2 为我国华山北坡的金属格栅坝示意图。这种坝的构造、格栅孔径的确定与钢筋混凝土格栅坝相同。废旧的钢轨或钢管可作为格栅材料。为了增强格栅的强度,在宽度大于 8 m 的沟谷,应增设混凝土或钢筋混凝土中支墩。

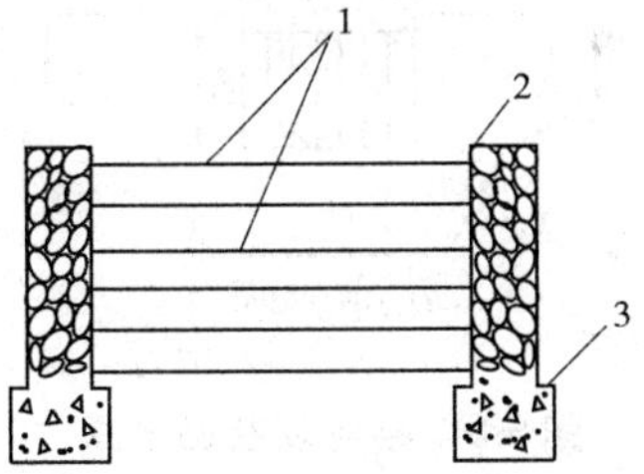

1—钢轨或钢丝轨;2—块石混凝土支墩;3—混凝土

图 9-2 金属格栅坝

(3)混合型格栅坝。混合型格栅坝是应用最多的结构形式。坝肩和支墩为砌石或混凝土实体,用来支撑钢格栅或钢筋混凝土格栅。这种格栅坝具有更好的透水性和对拦截的泥沙有更好的选择性,常用的形式有组合式格栅坝和钢拱格栅坝(见图 9-3、图 9-4)。

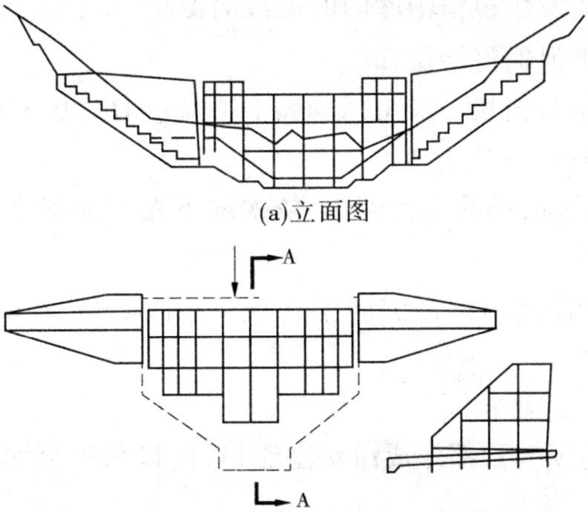

(a)立面图

(b)平面图 (c)A—A剖面图

图 9-3 组合式格栅坝

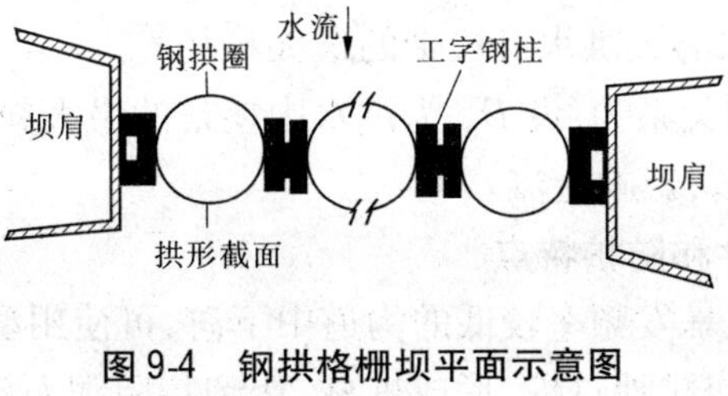

图 9-4 钢拱格栅坝平面示意图

拱形格栅坝的主体由杆件组合制成,可进行工业化生产,不仅可降低格栅坝的造价,还可在现场直接进行拼接,以加快施工进度。钢拱格栅坝有一定的柔性,具有适应坝肩和地基变形的特性。近几年在国外应用的较多。

3)按格栅的断面形式分类

格栅坝按格栅的断面形式可分为梁式、耙式和齿状等形式(见图 9-5)。

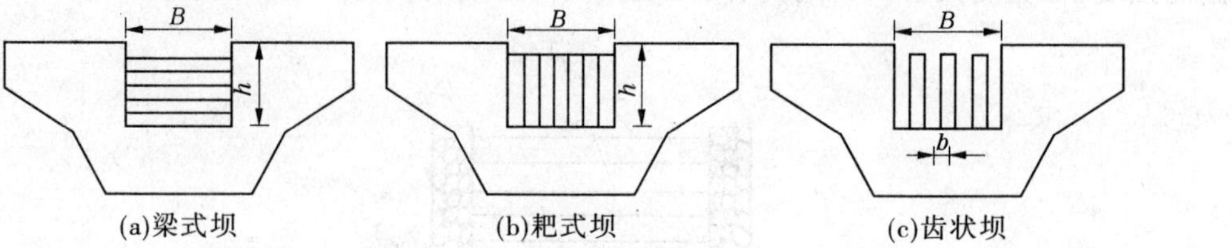

图 9-5　格栅坝断面形式

(1)梁式坝。在重力坝的中部作溢流口,溢流口上用钢材作横梁,形成格栅;梁的间隔距离可进行上下调整,以便根据坝后淤积和泥石流活动情况放大或缩小梁的间隔。

溢流口一般为矩形断面,高 h 与宽 B 的比值应为 1.5 ~2.0。

筛分率 e 可按下式计算:

$$e = V_1/V_2 \tag{9-1}$$

式中　V_1——一次泥石流发生过程中库内的泥沙滞留量,m^3;

V_2——通过坝体下泄的泥沙量,m^3。

使用正常的梁式坝筛分效果一般可达到当下泄粒径 $D_c = 0.5D_m$(D_m 为流体中的最大粒径)时,滞留库内的泥沙百分比为 20%。

同一沟段布置的梁式坝,筛孔由大到小,依次向下布置成坝系,以使整个坝系具有最高的筛分效率。

(2)耙式坝。坝体和溢流口的做法同梁式坝。不同的是,在溢流口处用钢材做成耙式竖梁,形成格栅。

筛分率 e 的计算与梁式坝相同。

(3)齿状坝。将重力坝的顶部作成齿状溢流口,齿口采用窄深式的三角形、梯形或矩形断面。

齿口的深宽比为 1∶1 ~2∶1;齿口密度的要求为:$0.2 < \sum b/B < 0.6$(B 为溢流口总宽度,b 为齿口宽度)。当 $\sum b/B = 0.4$ 时,调节量效果最佳。

齿口宽与拦截作用的关系为:当 $b/D_{m1} > 2 \sim 3$ 和 $b/D_{m2} \leq 1.5$ 时,拦截效果最佳(设 D_{m1} 与 D_{m2} 分别为中小洪水与大洪水可挟带的最大粒径)。

齿口宽与闭塞条件的关系为:设 D_m 为洪水中挟带的最大粒径,则 $b/D_m > 2.0$ 时不闭塞,$b/D_m \leq 1.5$ 时发生闭塞,影响泄流。

(二)桩林适用的条件和防护特点

在泥石流间歇发生且暴发频率较低的沟道中下游,可使用型钢、钢管桩或钢筋混凝土桩等材料,在沟道横断面成排地打桩,形成桩林,达到拦阻泥石流中粗大石砾和其间固体物质,削弱其破坏力的目的。

(1)桩林间距。桩林垂直于沟道水流流向,布设两排或多排桩,每相邻排的桩林交错成"品"字形排列。设 D_m 为洪水中挟带的最大粒径,桩间距为 b,要求 $b/D_m = 1.5 \sim 2.0$。

(2)桩基与桩高。当桩林在地面外露部分在 3 ~ 8 m 的范围时,要求桩高(h)为桩间距(b)的 2 ~ 4 倍。桩基应埋在冲刷线以下,且埋置长度不应小于总长度的 1/3 。桩林的受力分析与结构设计类同悬臂梁(请参阅相关资料)。

二、堆积区的主要防治技术

泥石流堆积区位于沟道的下游和沟口,应主要通过修建停淤工程与排导工程来控制泥石流对沟口和下游河床、河川道及建设项目区所造成的危害。停淤工程主要有拦沙坝(可参考第三章和第六章的有关内容)和停淤场两大类型,它们与格栅坝、桩林配合使用,停淤工程主要是拦蓄经筛滤后的沙砾与洪水,以巩固沟床、稳定沟坡和减轻对下游的危害。

(一)停淤工程的类型与适用条件

根据地形条件的不同,停淤工程的修建可分为侧向停淤场、正向停淤场或洼地停淤场,其作用是将泥石流拦阻于保护区之外,同时减少泥石流的下泄量,减轻排导工程的排导压力。

1. 侧向停淤场

当堆积扇和低阶地面较宽、纵坡较缓时,将堆积扇径向垄岗或宽谷一侧山麓做成侧向围堤,在泥石流前进方向构成半封闭的侧向停淤场,将泥石流控制在预定的范围内停淤。其布设特点为:

(1)入流口位置的确定。入流口宜选择在沟道或堆积扇纵坡变化转折处,并略偏向下游,使上部纵坡大于下部,以充分利用形成的较大落差来布设入流设施。

(2)入流与分流的调节要求。宜在弯道凹岸中点靠上游处布设侧向溢流堰,在沟底修建潜槛,并适当抬高,以实现侧向入流和分流。使其既能满足低水位时洪水顺沟道顺畅排泄,又有利于在超高水位时也能进行侧向分流,使泥石流的分流与停淤达到自然调节的要求。

(3)入流口沟床应具有一定的横向坡度。停淤场入流口的沟床处应设置横向坡度,使泥石流进入沟床后能迅速散开,铺满横断面并立即流走,避免在堰首发生壅塞、滞流、淤积而堵塞入流口。因此,停淤场应为开敞、渐变的平面形状,防止在泥石流流动堆积过程中出现急弯和死角而发生淤塞。

2. 正向停淤场

当泥石流出沟处前方有公路或其他需保护的建筑物时,在泥石流堆积扇的扇腰处,垂直于流向修筑正向停淤场(见图 9-6)。布设要点如下:

(1)正向停淤场由齿状拦挡坝与正向防护围堤结合形成。拦挡坝的两端留有出口,齿状拦挡坝与公路、河流之间修建防护围堤,形成高低两级的正向停淤场。

(2)第一级高阶停淤场。拦挡坝两端不封闭,两侧留排泄道,在堆积扇上形成第一级高阶停淤场,具有正面阻滞停淤、两侧泄流的功能,以加快停淤将水土(石)分离。

(3)第二级低阶停淤场。拦挡坝顶部做成疏齿状溢流口,在拦挡石砾的同时,将洪水排向下游。在齿状拦挡坝下游河岸(公路路基上游)修建围堤,构成第二级低阶停淤场,

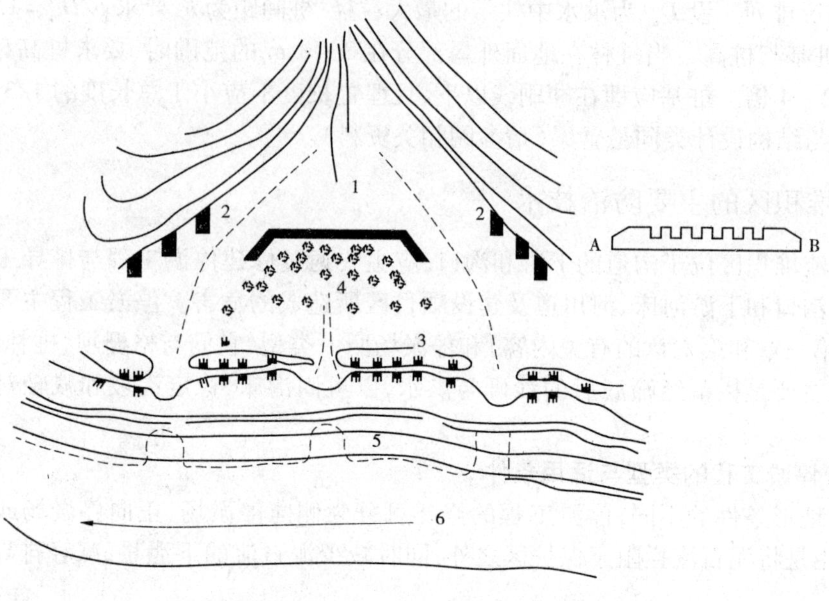

1—正向停淤场；2—导流坝；3—围堤；4—停淤场；5—公路；6—主河

图 9-6　正向停淤场示意图

经齿状拦坝排入的洪水在此处停淤。

(4)衔接排洪沟。沿堆积扇两侧开挖排洪沟，把停淤后的洪水通过排洪沟导入主河。

3. 洼地停淤场

在泥石流活跃，沿主河一侧堆积扇有扇间洼地的，可修建洼地停淤场。布设要点如下：

(1)修筑导流堤。在堆积扇上部修建导流堤，将泥石流引入扇间洼地停淤。洼地两侧受相邻两个堆积扇挟持约束，形成天然围堤。

(2)根据需要修建拦挡工程。根据洼地容积及泥石流停淤场的拦蓄总量，确定是否需要在下游出口处修建拦挡工程以及确定拦挡工程的规模。

(3)开挖排洪道。在洼地停淤场出口以下开挖排洪道，将停淤后的洪水排入下游主河。

(二)排导工程的适用条件及主要特点

在需要排泄泥石流，或控制泥石流走向和堆积的地方，应修建排导工程。根据不同的地形条件，分别采用排导槽或渡槽等形式。

1. 排导槽

排导槽主要修建在泥石流的堆积扇或堆积阶地上，使泥石流按一定的线路进行排泄。应根据排导流量，确定排导槽的断面和比降，以保证泥石流不漫槽为原则。

(1)排导槽的组成。排导槽自上而下由进口段、急流段和出口段三部分组成。进口段做成喇叭形，并有渐变段，以利于与急流段相衔接。

(2)排导槽出口段与下游的衔接要求。排导槽出口以下的排泄区要比较顺直，或通过裁弯取直使出口段下游的地形较为顺直，或者通过一定的工程措施促其形成足够的坡度，确保泥石流在排导槽内不淤不堵，顺畅排泄。

(3)排泄区与停淤场的衔接。排泄区以下应有充足的停淤场所，以保证泥石流通过排导槽导流后不带来新的危害。

2. 渡槽的适用条件及主要特点

在铁路、公路、水渠、管道或其他线形设施与泥石流的流通区或堆积区交叉口处，需修建渡槽(见图9-7)，使泥石流从渡槽通过，避免对各类建筑物造成危害。

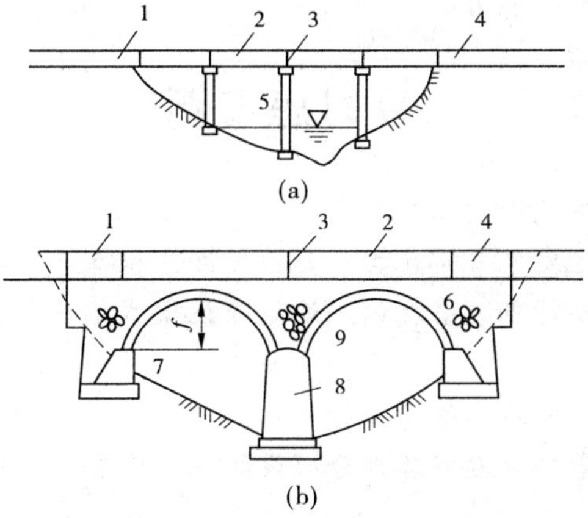

1—进口段；2—槽身；3—伸缩缝；4—出口段；
5—槽深；6—槽高；7—边墩；8—中墩；9—主拱圈

图9-7　渡槽示意图

修筑渡槽应符合以下条件：①泥石流暴发较为频繁，高含沙水流与洪水交替出现，且沟道常有冲刷；②泥石流最大流量不超过200 m^3/s，其中固体物粒径最大不超过1.5 m的中小型泥石流；③进口顺畅，基础有足够的承载力并具有较高的抗冲刷能力；④具备足够的地形落差，能满足设施立体交叉净空的要求。应特别注意在沟道迁徙无常、冲淤变化剧烈、洪水流量大且含固体物密度和粒径变化幅度很大的黏性泥石流和含巨大漂砾的水石流形成的沟道不宜修筑渡槽。

渡槽由沟道入流衔接段、进口段、槽身段、出口段和沟道出流衔接段等5个部分组成，各部分布设要求为：

(1)沟道入流衔接段。沟道入流衔接段位于渡槽进口以上，需要有15～20倍于槽宽的直线引流段，沟道顺直，能与渡槽进口平滑地连接。

(2)进口段。进口段采用梯形或弧形断面的喇叭口，从沟道入流衔接段渐变到槽身段，渐变段长度一般大于槽宽的5～10倍，且不应小于20 m，其扩散角应小于8°～15°。

(3)槽身段。槽身段做成均匀的直线形，其宽度根据槽下的跨越物而定；其长度比跨越物的净宽再增加1.0～1.5倍。

(4)出口段。出口段与沟道出流衔接段顺直相连，避开弯曲沟道，避免在槽尾附近散流停淤。

(5)沟道出流衔接段。沟道出流衔接段的断面与比降要求能顺畅通过渡槽出口排出的泥石流，不产生淤积或冲刷，保证渡槽的正常使用。

本章小结

本章重点介绍了泥石流防治的基本原则、泥石流各分区所采取各类防治工程的适用条件与防护特点，以使学生具有判断泥石流各分区的能力和项目区主体工程选址(线)合理性分析的能力，具有将流域综合防治措施、斜坡防治工程、防洪排导工程和泥石流防治工程等内容进行综合应用的能力。

复习思考题

1. 简述防治泥石流应遵循的基本原则。

2. 泥石流防治工程主要包含哪几类？其适用条件和特点各是什么？

3. 简述格栅坝的主要特点。若在同一沟道布设梁式格栅坝系，应如何确定各坝筛孔的规格？

4. 搜集案例说明正向停淤场的防护特点。

5. 简述渡槽的适用条件和渡槽各部分布设的基本要求。

第十章　降水蓄渗工程

【学习目标】

掌握雨水集蓄利用方式及各类降雨渗透工程的主要特点；熟悉集雨工程规划与设计的基本要求；了解降雨蓄渗工程的作用及设计原则。

第一节　概　述

一、降雨蓄渗工程的作用

降水蓄渗工程是针对建筑物屋顶、地面铺装、道路、广场等硬化地面导致区域内径流量增加，所采取的雨水就地收集、入渗、储存和利用的工程措施。该措施既可有效利用雨水，也可以减少地面径流的形成量，控制水土流失的形成。

由于建设项目的开发活动和生产运行期造成原地面土壤性状、土层剖面特性、植被、地形和土地利用等下垫面条件发生变化，硬化地面、开挖裸露面等使地面糙率和入渗系数降低，地面漫流大大增加，冲刷能力加剧，排洪量加剧，河流汇流量暴涨，严重加剧了防洪压力。因此，降水蓄渗工程的应用将有利于改善生产建设项目区局地水分循环的进程，在有效补充地下水、合理利用和节约降水资源以及在减免雨洪灾害等方面具有重要的作用。

二、降雨蓄渗工程布设的基本原则

降水蓄渗措施如渗水方砖、框格种草和集雨工程等与其他防护措施相结合，形成完整的防御体系，不但可防止径流损失，还可以对雨水资源加以综合利用。对降雨蓄渗工程的布设应遵循的基本原则可概括为如下几点：

(1)尽量减少硬化面积。硬化面积宜限制在项目区空闲地总面积的1/3以下，地面和人行道路的硬化结构宜采用透水形式。

(2)尽量增加植被覆盖面积。应恢复并增加项目区的林草植被覆盖率和植被恢复面积，使林草面积达到项目区空闲地总面积的2/3以上。

(3)结合工程总体布局初步确定硬化面积。通过对项目区和周边降水及来水情况进行调查，计算径流损失量及可能的集水量。

(4)进行降水蓄渗工程的总体规划。根据雨水集蓄利用有关规范要求，确定各种不同型式的降水蓄渗工程的位置和确定断面尺寸。

三、雨水集蓄利用方式及主要特点

雨水的蓄积利用方式与地面、地形条件及土地利用方式有关，如对产生径流的生产用地，应根据地形条件采取不同的水土保持农业耕作技术措施，或结合水平阶、窄条梯田、鱼鳞坑等工程整地措施,采取水土保持生物防治措施,同时在有径流汇集的局部坡面,可根据地形条件采取水窖、涝池、塘坝和沉沙池等径流拦蓄工程(参考第三章的相关内容);对于生产建设项目区的雨水积蓄利用,除在具备上述条件时采取相应的雨水积蓄利用方式外,还需重点结合项目区工程的供水排水系统,如布置专门用于植被绿化的引水蓄水和灌溉等工程,降水渗蓄利用工程总体上分为两大类型:一为就地入渗,二为贮存利用。主要分为以下各类:

(1)地面硬化利用类型主要为建筑物屋顶。此时雨水应集中引入地面透水区域(如绿地、透水路面等)形成蓄渗回灌,也可引入储水设施蓄存利用。

(2)地面硬化利用类型主要为建设工程场地。如庭院、广场、停车场、人行道、步行街和自行车道等场地,应首先根据相关的建设标准选用透水材料铺装,直接形成蓄渗回灌;也可结合运用汇流设施,将雨水引入透水区域实现蓄渗回灌,或引入储水设施蓄存利用。

(3)地面硬化利用类型为城市主干道、交通主干道等基础设施。路面雨水应结合沿线的绿化灌溉,并结合采用雨水利用蓄存设施拦蓄一定量的径流。

建设工程的附属设施应与雨水利用工程相结合,景观蓄水池应与雨水储存设施相结合使用、草坪绿地应与雨水滞留措施相结合使用等,用于滞留雨水的绿地须低于周围地面不超过 20 cm。

第二节　降雨蓄渗工程的类型及特点

一、集雨工程规划与设计

建设雨水集蓄利用工程,应首先对该项目区与雨水集蓄相关的基本情况进行调查。如应收集工程所在区的年降水量资料和多年平均年蒸发量资料,并分析确定多年平均保证率为 50%、75%及 90%的年降水量。

对拟作为集流面的屋顶、庭院、广场、公路、道路等的硬化地面的面积进行测算,在此基础上,应根据已有的蓄水设施及灌溉土地之间的相对位置和高差资料、拟建工程位置的土质或岩性资料(必要时需利用 1/500 的局部地形图),以便为确定蓄水设施的位置提供依据。

对相邻区域内已建集雨工程的集流效率,蓄水设施的种类、结构和容积,提水设备、节水灌溉设施,以及节水灌溉制度和工程运行管理情况进行调查,为该项目区集雨工程的规划与设计提供一定的依据和经验。

对工程实施范围内可利用雨水进行灌溉的绿地种类、面积、需水情况以及土壤质地等进行调查,对当地水泥、钢筋、石灰、防渗膜料及砂、石、砖、土料等建筑材料的储(产)地、储(产)量、质量和运距等进行调查。

(一)集雨工程规划

建设项目硬化地面集蓄的雨水多存在轻度或轻微污染,在利用方面只考虑将该水源作为绿地灌溉、小型加工业和工业供水的水源。

1. 集流面面积的确定

(1)供水保证率。供水保证率按表 10-1 的规定取值。

表 10-1　雨水集蓄利用工程供水保证率

供水项目	集雨灌溉	小型加工业
保证率(%)	50 ~ 70	75 ~ 90

(2)仅有 1 种用途的雨水集蓄利用工程面积的计算。集流面的面积按下式计算。

$$\sum_{i=1}^{n} S_i K_i \geqslant 1\ 000 W / P_P \tag{10-1}$$

式中　W——某种用途的年供水量,m^3;

S_i——第 i 种材料的集流面面积,m^2;

P_P——保证率为 P 时的年降水量,mm;

K_i——第 i 种材料的年集流效率(%);

n——材料种类数。

(3)几种用途的雨水集蓄利用工程的面积计算。总面积按下式计算。

$$S_i = \sum_{j}^{m} S_{ij} \tag{10-2}$$

式中　S_i——第 i 种材料的集流面总面积,m^2;

S_{ij}——第 j 种用途第 i 种材料的集流面面积,m^2。

(4)年集流效率。年集流效率应根据各种材料在不同降雨情况下试验观测资料确定。缺乏资料时,可参考表 10-2 取值。

表 10-2　不同材料集流面在降雨量 200 ~ 500 mm 地区的年集流效率

集流面材料	降雨量 200 ~ 500 mm 地区年集流效率(%)
混凝土	75 ~ 85
水泥瓦	65 ~ 80
机瓦	40 ~ 55
手工制瓦	30 ~ 40
浆砌石	70 ~ 80
良好的沥青路面	70 ~ 80
乡村常用土路、土碾场和庭院地面	15 ~ 30
水泥地面	40 ~ 55

2. 蓄水工程容积的确定

蓄水工程容积可按下式计算

$$V = \frac{KW}{1 - \alpha} \tag{10-3}$$

式中　V——蓄水容积,m^3;

W——全年供水量,m^3;

α——蓄水工程蒸发、渗漏损失系数,取0.05~0.1;

K——容积系数,半干旱地区灌溉供水工程可取0.6~0.9,湿润、半湿润地区可取0.25~0.40。

(二)集雨工程设计

1.集流工程

集流工程应由集流面、汇流沟和输水渠组成。当集流面较宽时,宜修建截流沟拦截降雨径流并引入汇流沟。

屋顶集流面可采用接水槽或在屋檐下的地面上修建汇流沟;利用道路、广场等硬化地面作为集流面时,均应修建汇流沟。汇流沟可采用混凝土现浇或预制、块(片)石、砖衬砌成矩形或修建成"U"形渠或土渠。汇流沟的纵向坡度应根据地形确定,衬砌渠(沟)一般不宜小于1/300,土渠(沟)不宜小于1/500,断面尺寸应按汇流量确定。

2.蓄水工程位置的选定

选择蓄水工程位置时应综合考虑集流、灌溉和地质三方面的条件。①蓄水工程位置要选择在有较大来水面积和径流集中的地方;②蓄水工程位置应在灌溉农田附近,引水、取水都比较方便的位置;③山区应充分利用地形高差大的特点多建自流灌溉的蓄水工程;④要有深厚坚硬的土层,以质地坚硬、均一、黏结性强的胶土最好,硬黄土次之。

3.蓄水工程容积的确定

影响蓄水工程容积的主要因素有地形、土质条件、使用要求以及当地经济水平和技术能力等。应当根据设计年降水量、集水面积、集流效率确定蓄水工程容积(参见第三章和第八章的相关内容)。

二、降雨渗透利用工程的类型及主要特点

降水渗透利用工程是近年来应用广泛的一项新技术。在我国城镇建设和各类建设项目区,由于地面硬化、地下水过度开采等,导致局地水循环破坏的情况愈加突出,由此也使降水渗透利用工程的运用得到了普遍的重视。降水渗透利用工程在补充地下水、减少泄洪径流、维护生态系统的平衡和稳定、减免水土流失的危害和减轻城市防洪压力等方面的作用也受到全社会的高度关注。目前普遍应用的降雨渗透工程主要为以下五类。

(一)渗水管

渗水管为多孔管材,雨水通过埋设于地下渗水管的管孔向四周土壤层渗透。其主要优点是占地面积少,通常管材四周通过填充粒径20~30 mm的碎石或其他多孔材料,使得渗水管有较好的调蓄能力。缺点为当管孔发生堵塞或渗透能力下降时,难以清洗恢复。由于渗水管缺乏自然土壤表层的净化作用,该方法适应于不含悬浮固体物的水质。另外,在土地严重不足的城区、表层土壤渗透性差而下层土壤渗透性较好的地区、旧排水管网改造利用地区和水质较好的地区,适合运用渗水管来达到增加降雨渗透的目的。

(二)渗水沟

渗水沟是采用多孔材料或是自然植物带的浅沟,通过底部铺设透水性好的碎石以形

成渗水沟。

屋顶花园 + 浅草沟雨水处理系统是典型的雨水渗透处理利用系统。屋面雨水先流经屋顶花园进行渗透净化，然后与道路雨水一并进入凹式绿地，流入浅草沟。浅草沟由上至下分为两层，上层为种植草类植物的浅水洼，下层为渗透渠。通常浅水洼层铺设活土，深度不超过 0.3 m，通过土壤与植物的作用达到净化雨水的目的，同时绿色植物与建筑周围的生态景观相互融和，具有美化环境、改善环境和合理利用水土资源的意义；下层的渗透渠主要填充高渗透性的棱柱状颗粒，如砾石或熔岩颗粒等，可储存大量雨水，并逐渐将雨水释放，以补充地下水，超过渗透能力的雨水将排入市政管网。

(三)渗水地面

渗水地面分为天然渗水地面和人工渗水地面。前者以绿地为主，其透水性好，能美化环境并对雨水中的污染物有较强的截留和净化作用，但其渗透流量受土壤性质的限制；人工透水地面是人工铺设的透水性地面，如多孔沥青地面、碎石地面和草坪地面砖等，多铺设在道路两侧的透水人行道、停车场等地段。其主要优点是利用了表层土壤对雨水的净化能力，技术简单，但缺点是渗透能力受土质所限，需要较大的透水面积。渗水地面在项目建设区已得到越来越广泛的应用。

(四)渗水洼塘(或池塘)

渗水洼塘即利用天然或人工修筑的池塘或洼地进行雨水渗透，补给地下水。种植草坪的洼地对雨水不仅有调蓄作用，还可以去除水中的污染物，同时具有很好的观赏价值。渗水池塘一般是人工修建的比洼地深的滞蓄雨水的入渗设施，渗水洼塘的周边区域多成片栽植林木，也具有较好的景观观赏效果。

(五)渗水浅井

渗水浅井类似于普通的检查井，但井壁井底透水，在井底和井壁四周铺设 10 ~ 30 mm 的碎石，雨水通过井壁、井底向四周渗透。渗水浅井的主要优点是占地面积和所需的空间小，便于集中管理。缺点是净化能力低，不能含有过多的悬浮固体，需要预处理。适用于地下可利用空间小、表层土壤渗透性差而下层土壤渗透性好的条件。

浅水井是雨水地下入渗，当地下入渗受到限制或表层有较浅的不透水层时，通过挖穿不透水层，在下部的透水层开挖入渗沟，沟内铺设透水管(透水管周围填装直径 16 ~ 32 mm 的砾石)将上部的浅水井与下部的透水管连接，这样浅水井收集到的屋顶或道路等不透水地面产生的大量雨水，通过管道输送到入渗沟内的透水管，透水管以及周围充填的砾石具有一定的蓄水空间，可存储一部分雨水，并使雨水通过周围的土壤逐渐下渗，以补充地下水。

总之，通过在项目区利用雨水收集系统、雨水入渗系统的分散控制和综合运用蓄水工程设施，来实现合理利用水资源、涵养水源、补充地下水、稳定水分循环系统、缓解项目建设区排水管网的排洪压力和防治水土流失的目的。

本章小结

本章重点介绍了降水渗透工程布设的基本要求、雨水积蓄利用方式和降水渗透工程的类型，剖析了不同降水渗透工程的主要应用特点，同时把降水渗透工程与前述有关蓄水工程的内容相结合综合予以说明，使学生具有结合工程建设项目区的实际分析降水蓄渗工程各类型的应用条件，初步具有确定降雨渗透工程的适宜类型和位置的能力。

复习思考题

1. 简述降水蓄渗工程的主要作用。
2. 熟悉降水蓄渗工程布设的基本原则。
3. 集雨工程设计的重点内容包括哪些方面？
4. 简要说明渗水管和渗水浅井的主要应用特点。

第十一章　植被建设工程

【学习目标】

掌握弃渣场、采石场和裸岩等植被建设技术；熟悉陡坡以及水工程绿化的主要内容；了解植被建设工程的布设原则、设计要求，项目建设区绿化的主要内容和草坪种植技术。

第一节　植被建设工程布设原则

生产建设项目水土保持植被建设工程包括工程建设造成的弃渣（土）场、取土（石）场等各类开挖破坏面、施工临时占地、项目区的裸露地以及项目管理区、道路等区域在适宜恢复植被建设的条件下进行林草植被建设的工程。林草植被建设工程主要分为以控制水土流失为主要目的的防护型植被恢复工程和在项目区以观赏为主要目的的植被绿化工程。不同区域和不同类型的生产建设项目，应按规范要求确定相应的植被建设目标。

一、植被建设工程布设的基本原则

（1）保护和避让原有植被。建设项目通过选线、选址及工程总体布置等的方案比选，在建设过程中尽量避让天然林、人工片林、自然保护区、草原保护区以及湿地等自然植被，减少征占、压埋植被覆盖的范围，并对具有特殊功能的植被采取相应的局部保护措施。

（2）植被建设工程应与土地整治工程、斜坡防护工程和项目区周边的景观特征等内容相互结合进行布设。植被建设工程应从生态学、景观生态学和园林美化等多方面统筹考虑予以规划。如在交通要道、城区和项目管理区等地以观赏型植被建设内容为主，在偏远区域则以防护型内容为主。

（3）在安全稳定（如需要采取工程措施以稳定土体）的条件下采用植被防护措施。在确保开挖破损面、堆弃面、占压破损面及各类陡峭边坡安全稳定的前提下，尽可能采取植物防护措施以恢复自然景观；在对植被生长有影响的渣场（如渣料中含有植物生长的有害物）或高陡裸露岩石边坡等特殊场地，应在采取特殊防护措施后再恢复植被。

（4）植被建设工程应与主体工程的特殊要求相适应。如埋设于地面以下的管线工程以及地上的供电通信工程对植被类型的特殊要求，要予以充分的考虑。

二、植被建设工程的设计要求

（1）在分析植被建设类型和范围的基础上进行植被建设工程的设计。根据主体工程可行性研究资料确定不同分区植被建设的类型、标准、面积和要求，同时对主体工程在建设过程中提出保护植被的相关建议。

（2）分析植被建设与恢复中可能存在的限制因子。根据项目建设特点和气候、地形、地质特点分析和预测植被恢复与建设可能出现的限制因子以及需要采取的特殊措施。

(3)植被建设工程分区与主体工程设计分区应相互结合。根据项目主体工程建设的要求,分析植被建设与项目的特殊要求,并比较论证提出可行的绿化方案,以确定植被恢复与绿化的标准,比选论证植被恢复与项目区周边绿化总体布局方案。

(4)按照植被恢复与绿化的立地类型进行各分区植被建设典型设计。如树种选择、土地整治方式、造林种草方法以及对植被的管理等,作出典型设计,并进行相应的工程量计算和投资估算。

第二节　植被建设技术

一、弃渣场植被建设技术

生产建设项目在施工期和生产运行期产生的大量弃土、弃石、弃渣、尾矿和其他废弃固体物质,将其分类集中堆放于专门布设的弃渣场。弃渣场的弃渣根据其组成成分可分为两大类:一类是以弃石(大块石、小块石或碎石)为主,另一类是以弃土或土状物(极易风化的页岩泥等形成细小风化碎屑)为主。

以弃石为主的弃渣因开挖工艺和地质条件不同而有所差异。如钻爆法施工形成的弃渣主要是较大块石,而采用TBM(Tunnel Boring Machine)全自动机械设施进行施工挖掘石质山体隧洞时,弃渣则主要为碎石;不同的岩性弃渣形式也不同,如石灰岩弃渣主要由块石组成,砂岩、页岩弃渣多为碎石。以弃石为主的弃渣场应根据其组成成分与土地整治措施相结合进行具体设计,然后再确定相应的土地利用方向以恢复植被。

弃渣场植被恢复根据弃渣表层有无表土覆盖可分为表层无覆土和表层覆土两种方式。

(一)表层无覆土方式

在弃渣场所处的区域无覆土条件但有风化的碎屑物质(如矸石场),该条件可提前一年或半年挖坑、挖穴,以促进坑内矸石的加速风化,然后在植被栽植时将坑内的未风化矸石捡出,将坑外的碎石、石粉填入坑内,以利于蓄水保墒。通常在风化壳厚度达10 cm左右,可采取无覆盖方式直接进行植树造林。

此外,在无覆土条件但有土料、河泥等资源时,可利用土料或河泥采用客土栽植法,即开穴后将土料或河泥等物质置于穴内再进行栽植(见图11-1)。另外,也可运用带土坨栽植,以利于苗木成活。

(二)表层覆土方式

对终止不再使用的弃渣场表面通过采取整治和覆土措施加以改造,使其成为可以利用的土地。根据弃渣场矸石不同的风化程度,可分别采取覆土措施后恢复植被进行绿化。

(1)薄覆土。当风化壳在5~10 cm时,其中约有60%为不超过5 mm的碎屑颗粒并且小于0.25 mm的颗粒达10%以上,可采用薄覆土(覆土厚30 cm以下)的方式种植豆科或禾本科牧草恢复植被(见图11-2(a))。

(2)厚覆土。对未风化或风化程度很低的矸石复垦场地进行植被恢复,需经过覆土30~50 cm,即采用厚覆盖(覆土厚度30 cm以上)方式进行植被恢复(见图11-2(b)、

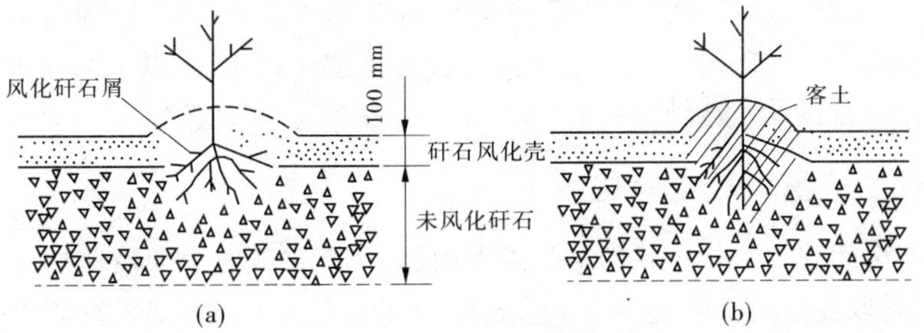

图 11-1　无覆土的造林模式

(c))。图 11-2(c)中的隔离层可以是黏土、碱性物质或其他物料。如为防止漏水,可用黏土作为隔离层,达到保水保肥的作用;若为防止酸害,可用碱性物料作为隔离层,如将石灰作为隔离层。

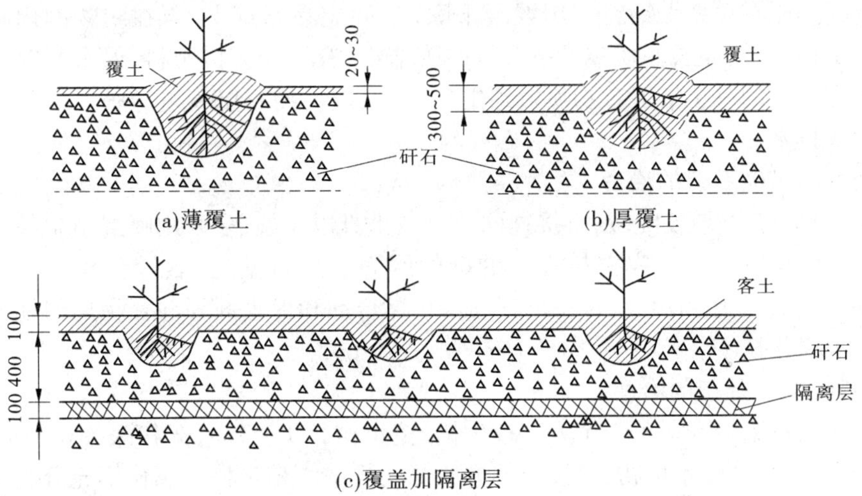

图 11-2　覆土后的造林模式　(单位:mm)

另外,当弃渣场为土层覆盖厚的黄土高原、丘陵、阶地、盆地、平原区,或下伏岩性为强风化层,以土或土状物为主时,稍作土地整治即可确定土地利用方向,进行植被恢复或有的可直接恢复为耕地。

(三)树(草)种选择

弃渣场选用的树(草)种应具有较强的适应能力,抗逆性强。如对干旱、瘠薄、盐碱、酸害、高温(特别是自燃矸石)和病虫害等不良环境因子有较强的忍耐力;对粉尘污染、冻害和风害等不良气候因子也有一定的抗御能力。同时树(草)种的栽植或播种期长、繁殖力强,地上部分枝叶茂密、覆盖率高,地下根系发达、具有固氮与改良土壤以及较强的固持土体和防治风蚀水蚀的作用,能有效地促进植被的后期生长和土地生产力的持续提高。

(四)栽植技术

(1)直播。适用于覆土后的弃石渣场植被恢复,通常用于草灌种植。可采用条播、穴播或撒播的方法。

(2)植苗。有覆土条件的可覆土后进行植苗造林。若为薄覆土(30 cm 以下),可开穴后将周边表土置入穴内,相当于客土造林;若为厚覆土(30 cm 以上),可利用机械和人工相结合的方法直接开穴栽植。

二、采石场植被恢复与绿化技术

废弃采石场的石壁绿化也是整治的重点内容,应在采取必要的稳定石壁、排除安全隐患的条件下,采取促进植被恢复的措施。石壁治理的方法主要根据采石场的石壁坡度、岩性和石壁表面粗糙程度等确定相应的防治措施,其中石壁的坡度为最关键的因素。根据石壁坡度的大小通常分为以下三类治理措施。

(一)40°以下的石壁治理

40°以下的石壁属于比较平缓的坡面类型,通常采用直接挂网喷草技术。

首先将石壁表面整修平整,然后选用不同材料的织物网(如将土工网、麻网、铁丝网等按一定的间距在石壁上锚钉或用混凝土固定)固定在石壁上,再在织物网内喷一定厚度的植物生长基质(生长基质包括可分解的胶结物、有机和无机肥料、保水剂等),最后将草籽与一定浓度的黏土液混合物喷射到生长基上,以促使石壁恢复植被。该技术即为直接挂网喷草技术。

(二)40° ~70°石壁的治理

40° ~70°的石壁坡度陡峻,直接挂网喷草技术难以实施,多采用喷混植生技术。喷混植生技术是用锚钉将有一定抗拉强度的钢丝网固定到石壁上,然后在网下喷射厚度为5 ~ 10 cm的混凝土作为填层,再将草籽、肥料、黏合剂和保水剂等混合物均匀地喷射到填层上的一种绿化技术。

(三)70°以上陡壁的治理

应首先在石壁上开凿若干个人工植生槽,植生槽长 1 ~2 m、宽和深各 0.4 m,然后在槽内加填客土,栽植藤本植物,以接力的方式绿化石壁。植生槽的制作要充分利用石壁凹凸不平的微地形,因地制宜,见缝插针。同时,注意在人工开凿时,必要时应预留排水孔。

70°以上陡壁通常选择攀缘植物分台阶进行绿化,即爬藤绿化,同时将上爬与下垂的攀缘植物品种相互搭配,形成特有的景观美化和绿化效果。

三、取土场植被建设技术

当取土场位于平原区又不能恢复成农田或鱼塘时,可通过种植耐水湿的速生树种(因地势低易积水应选择耐水湿树种)以恢复植被;在山区、丘陵区的取土场可根据取土场整治后的立地条件恢复林草植被。注意:取土场的植被恢复应与周边区域植被的类型和景观相协调。

(一)林草配置及栽植技术

(1)平(缓)地取土场。在取土前,先将犁底层以上 25 cm 的熟化表土集中堆放在取土场旁。当取土结束后进行土地整治时,将熟化表土平铺于表层,这样根据其土地质量、生产功能确定作为林牧业用地,达到恢复林草植被的目的。具体栽植技术同常规技术。

(2)坡地取土场。对于坡地取土场,通常采用种草护坡和造林护坡的形式。

种草护坡在坡比小于1.0∶1.5，土层较薄的沙质或土质坡面，选用生长快的低矮匍匐型草种恢复植被。对于土质坡面宜采用直接播种法；土体密实的土质坡面，可采用坑植法。对于风沙坡地，应先设置沙障（详见第十二章的相关内容）固定流沙后，再播种草籽。种草后的1～2年内可根据需要进行必要的封禁和抚育管理措施。

在坡度10°～20°，南方地区坡面土层厚15 cm以上、北方地区坡面土层厚40 cm以上的立地条件较好的坡面，采用造林护坡以营造形成不同的防护林种。造林护坡宜选用深根性与浅根性相结合的乔灌木树种以混交方式进行造林，同时根据土壤、水分和小地形等条件选择速生的乔木和灌木树种。对于坡度、坡向和土质较复杂的取土坡，实行乔、灌、草相结合的植物或藤本植物护坡。另外，坡面采取植苗造林时，苗木尽量带土栽植并应适当密植。

（二）综合斜坡防护工程

在取土场适宜采取综合斜坡防护工程时可参考第七章"斜坡防护工程"的有关内容。

第三节　高陡边坡的绿化技术

一般陡坡地绿化技术如水力喷播、格状框条护坡绿化和植生袋绿化等方法参考第七章植物护坡和综合护坡措施的内容。对于稳定性差的高陡边坡的植被建设主要采用以下各种方法。

一、钢筋混凝土框架内填土植被护坡

钢筋混凝土框架内填土植被护坡是在坡面上现浇钢筋混凝土框架或将预制件铺设于坡面形成框架，在框架内回填客土并使客土固定于框架内，然后再在框架内采用液压喷播植草，将混有种子、肥料、土壤改良剂等的混合料均匀喷洒，以达到护坡绿化的目的。

（一）适用范围

该法适用于各类边坡。但因造价高昂，多用在浅层稳定性差且难以绿化的高陡岩坡和贫瘠土质边坡。

（二）植被建设技术

（1）整理坡面和预制土工格栅。清除坡面危石，整平坡面。提前预制将要埋设于横向框架梁中的土工格栅。

（2）布设锚杆。根据一定的纵横间距施工时，在锚杆框架梁、竖向锚梁钢筋上预系土工绳，以备与土工格栅绑扎。选择框架梁的固定方式可根据边坡具体情况确定。

（3）浇筑混凝土和在框架内填土。将预埋用作加筋的土工格栅置于横向框架梁中，土工格栅绑扎在横梁箍筋上，然后浇筑混凝土，留在外部的用作填土加筋。按由下而上的顺序在框架内填土，根据填土厚度可设两道或三道加筋格栅，以达到加筋固土的目的。

（4）挂三维植被网。在坡面的坡比值小于1∶0.5即坡面过于陡峻的情况下，还应挂三维植被网。此时将三维网压于平台下，并用土工绳与土工格栅绑扎。三维网竖向搭接15 cm宽，横向搭接10 cm宽，搭接处用U形钉固定，网与竖梁接触处回卷5 cm，用U形钉压边，要求网与坡面紧贴，不能悬空或褶皱。

(5)液压喷播植草。将混有种子、肥料和土壤改良剂等的混合料均匀地喷洒在坡面上,厚度1 ~3 cm,喷播后根据情况覆土,覆土厚度以覆盖三维网或土工格栅为宜。最后覆盖土工膜并通过洒水养护边坡,直到植草成坪,以达到恢复植被的目的(见图11-3)。

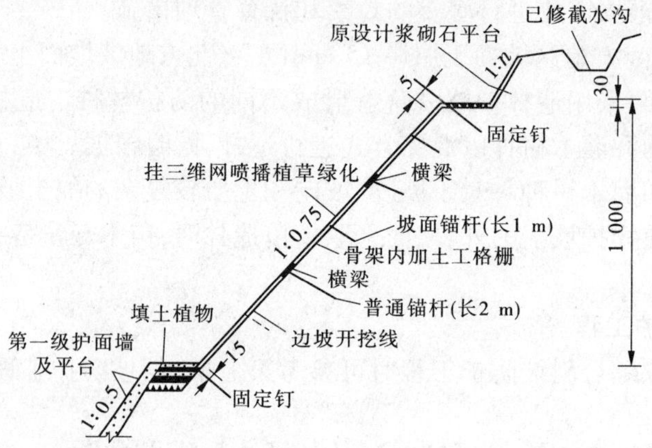

图11-3　框架内加筋固土植草护坡　(单位:cm)

二、预应力锚索框架地梁植被护坡

(一)适用条件

在坡比不小于1:0.5(高度不受限制)、稳定性极差的高陡岩石坡面,且无法用锚杆将钢筋混凝土框架地梁固定于坡面的高陡岩石边坡,可采用预应力锚索加固边坡,同时将钢筋混凝土框架地梁固定在坡面上,然后在框架内植草护坡。

(二)植被建设技术

(1)确定间距。根据坡面情况确定预应力锚索间距、锚杆间距。

(2)浇筑锚索反力座。施工锚索,浇筑锚索反力座。当反力座达到强度后,将锚索张拉到设计值。

(3)钻锚杆孔,浇筑框架地梁。锚索反力座和框架内都配有钢筋,浇筑反力座时应预留钢筋以便和框架梁相连。张拉锚杆后,将锚头埋入混凝土中。整平框架内的坡面,根据需要填入部分土质。

(4)应用厚层基材喷射植被护坡技术植草。在框架内喷射种植基和混合草种,其厚度低于格子梁高度2 cm。经过养护边坡后,使植草成坪,以达到恢复植被的目的(见图11-4)。

三、预应力锚索植被护坡

(一)适用条件

适用于浅层稳定性好而深层易失稳的高陡岩土边坡。不使用框架只用地梁即可。

(二)植被建设技术

(1)确定地梁位置和铺模板。开挖并平整坡面,在坡面上定出地梁位置并铺设模板。留出预应力锚索孔的位置,浇筑地梁。待地梁强度达到要求后钻锚索孔,清空、下锚索并

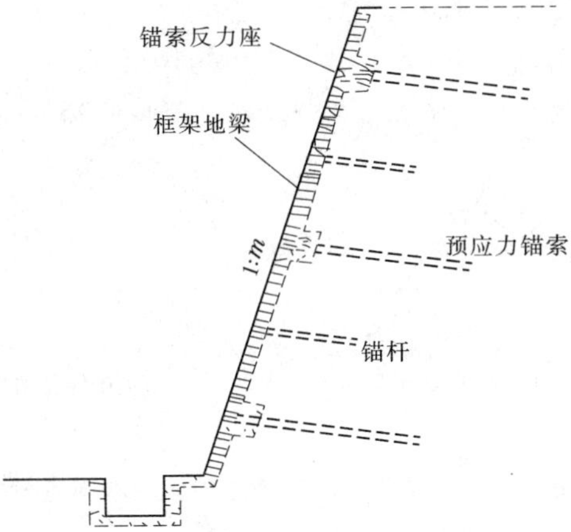

图 11-4　预应力锚索框架地梁植被护坡示意图

给锚孔注浆，当浆体强度达到要求后，按一根地梁上的锚索数量和设计的张拉工序张拉锚索到设计要求。

(2)制作框架。视情况在地梁之间采用浆砌片石等方法形成框架。

(3)喷播植草。采用液压喷播或厚层基材喷射等方法种植植被。

(4)养护。养护坡面至生长出茂密的植被(见图 11-5)。

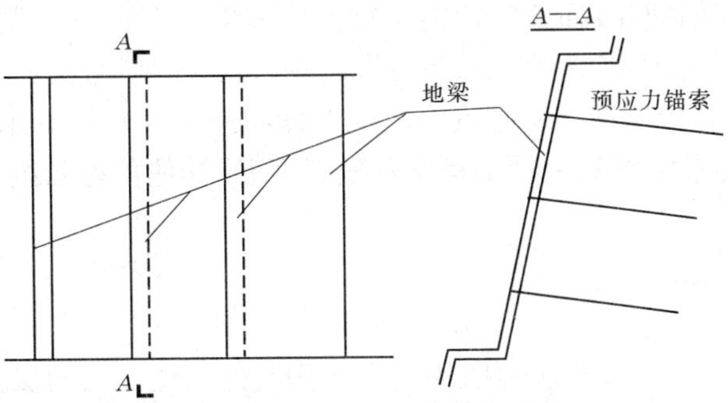

图 11-5　预应力锚索地梁植被护坡示意图

四、厚层基材喷射植被护坡技术

该技术是采用混凝土喷射机把基材与植物种子的混合物按照设计厚度均匀喷射到需防护坡面的护坡技术，其基本构造包括锚杆、网和基材混合物。

(一)适用条件

适用于无法供给植物生长所需的水分和养分的坡面条件。

(二)植被恢复技术

(1)清理平整坡面。清除坡面淤积物、浮石，打掉突出岩石，尽可能使坡面平整，用高压水枪清洗坡面，使坡面有利于基材混合物和岩石的完全结合。

(2)修筑天沟。在边坡四周、马道和边坡纵向处修筑排水沟(见图 11-6)。

(3)钻孔。按设计布置锚杆孔位，孔径 25 mm，钻孔孔眼方向与坡面垂直。

(4)安装锚杆。采用水泥药卷或水泥砂浆固定锚杆，填满钻孔并捣实。

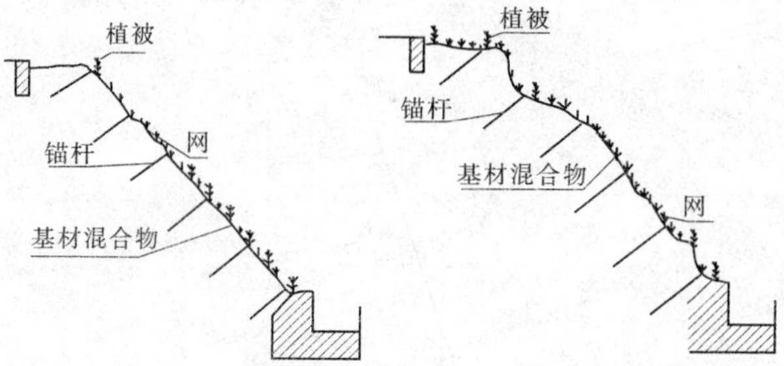

(a)规则坡体　(b)不规则坡体

图 11-6　厚层基材喷射植被护坡基本构造图

（5）铺设固定土工网。按设计要求将高强度土工网挂在锚杆上，调平拉紧，每隔 30 cm 进行绑扎，土工网的搭接宽度不小于 5 cm，网在边坡平台处采用浆砌片石压边，确保土工网稳定。

（6）拌和基材混合物。把绿化基材、纤维和种植土按配合比的计量拌和，使用搅拌机料斗进行充分搅拌。

（7）喷射基材混合物。将拌和均匀的基材混合物倒入混凝土喷射机，正面喷射至坡面，避免仰喷。喷射时对凹凸部分应特别注意充分喷射。在第一次喷射不含种子的基材混合物后，再进行第二次喷射含种子的基材混合物，含种子层厚度为 2 cm。

（8）喷水养护。养护期保持基材混合物呈湿润状态。喷水设备采用喷雾喷头移动均匀喷洒。混合植物种子中首先是冷季型草种发芽，随后其他草种陆续发芽。约 50 d 绿草成坪覆盖岩石坡面。

五、岩面垂直绿化技术

岩面垂直绿化是通过对坡度较陡、不适合采用其他绿化方式的裸岩，在岩体的坑洼部分种植攀缘植物的容器苗，实现岩体、挡墙绿化和生态修复的技术措施。该方法是常用的只在岩体或挡墙下部种植攀缘植物模式的延伸，结合工程措施可以达到在岩体的中部或上部种植攀缘植物，以达到更好的绿化美化效果。

第四节　项目建设区和水工程等绿化技术

一、项目建设区绿化技术

项目建设区的绿化主要包括各级道路绿化、特用防护林带和项目区周边绿化等内容。

（一）项目建设区道路绿化

项目建设区道路绿化是指项目区内的永久性道路的绿化，包括与项目有关的运输道路专用线的绿化和工业场地、生活区内的道路绿化。

1. 道路绿化的基本要求

(1)道路绿化应与主体工程布置紧密配合。根据不同道路的宽度、周边的条件、项目的生产工艺和防护要求等采取不同的布设形式。

(2)专用线道路绿化。专用线道路两侧行道树应选择主干通直、主干高度在2.5 m以上且抗病虫害的树种。在道路转弯处,行道树不得遮挡司机视线,以保证行车安全。周围与之相关的闲置地应与道路绿化统一布局,并考虑两侧的附属建筑物和供电通信线路的要求。

(3)工厂区内和生活区的道路绿化。应根据防护要求,统一安排,合理布局,将道路绿化作为工业场地和生活区绿化的一部分,充分考虑与周围绿化的协调,同时应考虑采光、吸尘、隔噪等防护要求及对地上、地下管线的影响,行道树一般距管线的间距应大于2.0 m,离高压线的间距大于5 m。

(4)绿化要求。道路绿化采用乔灌草和花卉等相结合配置。选择主干通直、形态美观、树冠高大、枝叶繁茂、耐修剪、病虫害少、适应性和抗污染力强以及不产生或较少产生污染环境的种毛、飞絮或异味等的树种。

2. 专用线道路绿化

1)公路绿化

公路绿化树种选择要求形态优美、抗污染(尾气)、耐修剪和抗病虫害强。同时树种选择应多样化,特别是长距离公路,每隔一定距离如2~3 km可更换主栽树种,并注重常绿与落叶、阔叶与针叶、速生与慢生、乔木灌木与花卉、绿化与美化的相互结合,以控制病虫害和使公路景观具有变化之美。

公路绿化的内容包括护路林带、中央分隔带、停车场绿化、交叉道口绿化、路旁附属建筑物绿化、路堤路堑边坡绿化及公路周围闲置地绿化,在布局上采取点、线、面结合,乔、灌、草结合的原则布设绿化工程。

当公路穿越城市区域时城区段的公路绿化与街道绿化应该相类似;当公路穿越山林、田野、河流和荒山时,应根据“因地制宜、美化环境与防护道路”的原则布置绿化工程。高速公路和一级公路路堤两侧排水沟外缘、路堑坡顶排水沟外缘(无排水沟和截水沟时为路堤或护坡坡脚外缘或坡顶外缘)、征地范围内(1~3 m或更宽)应种植一行或多行乔木或灌木林带,局部也可考虑种植草坪。路堤、路堑边坡绿化与护坡工程相结合,种植草坪植物或攀缘植物。中央隔离带一般宽1~1.5 m,种植常绿灌木、花卉或可修剪的针叶树,并与草坪相结合。公路附属建筑物间空闲地根据立地条件进行绿化。二、三、四级公路根据条件在路旁适当位置(一般不在路堤上中部种植)种植乔灌相结合的护路林,有闲置空地应考虑种植草坪、灌木和花草植被。路堤路堑边坡根据条件可结合斜坡防护工程进行绿化。

2)铁路绿化

铁路绿化是为了防止风、雪、沙以及水流对铁路造成的危害和保护路基,保证列车安全运行。铁路绿化应注意以下几点:

(1)铁路绿化多为近铁轨一侧种植灌木,外侧种植乔木。种植乔木时,与外轨的距离不得小于8 m;种植灌木时,与外轨的距离不得小于6 m。

(2)铁路路堤边坡可采用草皮、灌木护坡,不宜种植乔木。坡脚外侧根据征地范围种植灌木。

(3)路堑顶部距截水沟2 m外栽植乔木。在路堑边坡结合斜坡防护工程种植草皮或灌木。

(4)在公路与铁路交叉处,一般自交叉道口每侧40 m以内,公路线路距交叉口每侧50 m以内形成的菱形地段,不宜种植乔木,可种植高度低于1 m的灌木,以防止遮挡视线。

(5)铁路转弯处,弯道内侧至少应预留出200 m的视距,在此范围内不得种植阻挡视线的乔灌木。

(6)当铁路通过市区或居民区时,尽可能留出较宽的绿化带种植乔灌木,以达到防尘和隔除噪声的目的。

(7)在铁路站台处不妨碍车辆和人流的情况下,可适当地布置花坛、水池及庭荫树,供旅客休息。

3)工业区和生活区道路绿化

工业区和生活区道路绿化具有组织交通、联系分隔生产系统或生活小区,防尘隔噪、净化空气、降低辐射和缩小日温差的作用。其绿化应注意以下几点:

(1)工业区和生活区道路两旁常布设有密集的架空管线、地下管道及电缆等设施。绿化时应统一布局,综合考虑,尽量减少管线对植物生长的影响或绿化对管线修理及安全带来不利的影响。

(2)工业区和生活区的立地条件及环境较差,土质瘠薄,热辐射量大,尘埃和有害气体浓度高,人为对植被的损伤可能很频繁。因此,宜选择耐瘠薄、耐修剪、抗污染、吸尘、防噪作用大,并具有美化作用的树种,如悬铃木、泡桐、国槐、油松、侧柏、广玉兰、乌桕和香樟等。

(3)工业区和生活区坡地绿化应与护坡工程和周边绿化工程共同构成绿色屏障,以防止坡地水土流失和达到美化工业生产场地、改善居民生活环境的目的。

(二)项目区内特用防护林带

项目区内特用防护林带主要为防火林带和卫生防护林带。

1.防火林带

防火林带具有阻止火源扩大的作用,因此在易燃易爆的厂矿、企业及其车间、仓库周围,应结合绿化工程营造防火林带。

防火林带的树种应选择树冠浓密、枝叶含水量高、不易燃烧的阔叶树,如椴树、复叶槭、刺槐、白蜡、栓皮栎和杨属树种等;防火林带的配置应选用阴阳性树种行间混交配置的形式。防火林带一般布置2~4行。若为两行种植,靠近建筑物的一行应为耐阴树种;若为3行或4行种植,中间应为耐阴树种,两侧为阳性树种;防火林带与建筑物的距离最远不超过10 m,最近不应小于4 m。

2.卫生防护林带

厂矿企业生产区易产生大量的粉尘、烟尘及大气污染物,同时也存在着噪声、高温等环境问题。工业场地和生活区之间,应营造大型卫生隔离防护林带。工业场地内部应根据功能分区、车间本身生产的特点和防护要求等布置与绿化工程相结合的卫生防护林带。大型卫生防护林带平行布置 1 ~4 条主林带,并适当配置副林带。林网内可根据周边绿化具体情况与农田、草地和其他林地相结合进行绿化。大型卫生防护林带林带宽度通常可分为 1 000 m、500 m、300 m、100 m 和 50 m 五个级别。

(三)项目区周边绿化

项目区周边绿化应充分利用征占地范围内的闲置地或废弃地,根据项目所在地的防治水土流失的要求与周边绿化的内容合理配置绿化植被内容。如在风沙区从防护要求考虑适当外扩营造防风固沙林带;在水力侵蚀严重的水土流失地区应营造水流调节林;外围有较大的大气污染源,应建立卫生防护林带。布设上应与美化环境相统一,并与项目区内的绿化内容相互配合。

项目区周边绿化工程一般沿四周呈带状布设,若为防治水土流失和风沙危害,应按水土保持林与防风固沙林带的要求布设;林带配置多采用乔灌木树种行间或带状混交配置的形式,长江以南应以常绿树种为主。

二、水利枢纽工程绿化技术

常见的水工程有水库、水电站、引水工程、灌溉工程、改河工程和大型防洪工程等,归纳起来可分为两类:一类是以蓄水、发电为主的水库枢纽工程,另一类是以渠系为特征(引水、灌溉、改河、防洪堤)的河渠工程。其绿化的目的是防冲保土、涵养水源和保护水工建筑物,并与周边生态改善、环境美化以及旅游休闲等要求相适应。

(一)水库枢纽工程

水库枢纽工程绿化的主要目的是合理利用水土资源,保护岸坡免遭冲刷侵蚀,防止水库泥沙淤积和减少库面水分的无效蒸发,因此以防护性植被建设工程为主。植被建设包括弃土(渣)场、取土场和石料场、配料场等废弃地整治绿化;坝头、溢洪道周边绿化;水库库岸及其周边绿化坝前低湿地造林;回水线上游沟道拦泥挂淤林的营造以及水库管理区绿化等 6 方面的内容。

(1)废弃地整治绿化。各类废弃地整治绿化是水库枢纽工程的重点。通过整治,利用良好的水源条件营建有较高效益的绿色工程,如果园、经济林和用材林等,也可结合实际防护需要营造不同类型的防护林,或结合水上旅游通过园林式绿化以开发旅游产业。

(2)坝头、溢洪道周边绿化。坝头、溢洪道周边绿化宜密切结合水上旅游的规划,将点、线、面绿化相结合,防护性绿化和园林美化相结合,乔、灌、草、花、草坪等相结合配置,充分利用坝头、溢洪道周边的山形地势,建设风景观赏点和创造美丽宜人的良好环境。

(3)水库库岸及其周边绿化。水库库岸及其周边的绿化包括水库防浪灌木林和库岸高水位线以上的岸坡防风防蚀林。对库岸为疏松母质、岸坡在 30°以下的库岸类型应作为防护的重点。若库岸为陡峭基岩,不宜布置防浪林,根据具体条件可在陡岸边一定距离布设防风林或攀缘植物,以增加绿化面积。采用紧密结构或疏透结构的林带结构。

防浪灌木林一般从略低于水库正常水位线以下的岸坡位置开始布设,以耐水湿的灌木树种为主,如灌木柳和沙棘等,布设宽度应根据水面起浪高度确定。

防风防蚀林除防风防蚀和控制蒸发外,应与周边水上旅游规划相结合,构成环库绿化美化景观。林带的宽度应根据水库库岸的面积大小和岸坡的土壤侵蚀状况等确定,可分段设计形成不同的宽度,从几米到数十米不等。距水面较近的选择旱柳、垂柳等耐水湿的树种;距水面较远水分条件较差时,可根据立地条件选择较耐旱的树种。

(4)坝前低湿地造林。对于水分条件较好的坝前低湿地和低洼滩地,可营造速生丰产林。若具备坑塘蓄水的条件,可整治成养鱼塘、种藕塘等池塘工程,同时其布局应与坑塘岸边的整治内容统一协调。

(5)回水线上游沟道拦泥挂淤林的营造。在回水线上游沟道营造拦泥挂淤林,并与沟道拦泥工程如土柳谷坊、石柳谷坊等相结合。如果超出征占地范围,应结合当地流域综合治理进行造林绿化。

(6)水库管理区绿化。水库管理区绿化同生活区绿化,属于园林绿化的范畴。

(二)渠系(含防洪、改河)工程

渠系(含防洪、改河)工程绿化的主要目的是保护渠系建筑物,防止冲淘和坍塌。此类工程多属水分条件较好或为水湿条件,因此应选择耐水湿的树种。如北方的杨、柳等树种,南方的落羽松、池杉等。在布设上要考虑与农田防护林、周边道路防护林以及取土坑地的利用等绿化内容相结合。在洪水位以上的渠道边坡部分,有条件可考虑植草皮或种植灌木,渠道外坡一般种植灌木,坡脚种植乔木。

护岸林带。沿河岸、渠系两岸、防洪堤、沟岸布置护岸林带,防止洪水冲刷河(沟)岸、岸边农田、堤防、渠道边坡。根据水分和土壤等立地条件,选择布置耐洪涝、耐盐碱、喜阴湿、根系发达的乔灌木林带。主要树种有杨、柳、落叶松、池杉等乔木,芦苇等灌木。

三、典型园林绿化形式及技术

生产建设项目绿化,在考虑水土保持防护作用的前提下,有许多植被建设的内容与园林绿化的内容相互交叉或重叠。园林绿化内容中,园林化植树对于工业场地和生活区的美化功能是十分重要的,由于乔木和灌木的寿命长,并具有独特的观赏价值,其可谓园林绿化的骨架。因此,主要将园林化植树的典型配置形式如孤植、对植、丛植、群植、带植、风景林和绿篱等形式予以重点说明。在项目区不同的功能分区、不同的防护要求和美化目的,应采用不同的配置方式和选择不同的树种。

(一)孤植

孤植就是单株配置,有时也可2~3株(同一树种)紧密配置。孤植树是观赏的主景,应体现其树木的个体美,选择树种应考虑体型特别巨大、轮廓富于变化、姿态优美、花繁实累、色彩鲜明、具有浓郁的芳香味等,如雪松、罗汉松、白皮松、白玉兰、广玉兰、元宝枫、毛白杨、碧桃、紫叶李、银杏、国槐、香樟等。

孤植树要注意树形、高度、姿态等与环境空间的大小、特征相协调,并保持适当的视距,如配置在大草坪和空地中心,地势开阔的水边、高地和庭院中,山石旁或道路与小河的弯曲转折处等。孤植形式应以草坪、花卉、水面、蓝天等色彩为背景,形成丰富的层次,以增强其观赏效果。

(二)对植

对植是指两株或两丛树,按照一定的轴线关系左右对称或均衡的配置方法。用于建筑物、道路、广场的出入口或桥头，起遮阴和装饰作用，在构图上形成配景或夹景，很少做主景。对植有规则式和自然式之分。

1. 规则式对植

规则式对植一般采用同一树种、同一规格，按全体景物的中轴线成对称配置（见图 11-7）。如大门进出口两侧或桥头两侧等地多用规则式对植。对植可以是一对或多对，两边呼应，以强调主景，对植树种要求形态美观整齐、树冠大小和高度一致，通常采用常绿树种，如雪松、桧柏、云杉等。

图 11-7　规则式对植

2. 自然式对植

自然式对植是采用 2 株（或丛）不同的树木，采用非对称种植，即树木高低、大小和姿态有所差异，但左右保持均衡，如左侧为一株大树，右侧可为两棵小树。

自然式对植在体形上大小不同，种植位置不对称等距，这种形式是以主体景物的中轴线为支点取得均衡，体现树木的自然变化，使形成的景观比较生动活泼（见图 11-8）。

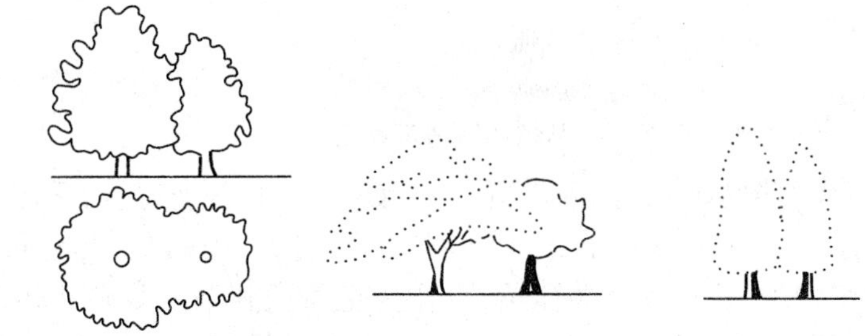

图 11-8　自然式对植

（三）丛植、群植、带植

丛植是由两株以上至十几株乔灌木树种自然结合在一起的配置形式。单一树种配置的树丛称为单纯树丛，多个树种配置的称为混交树丛。

在树种的选择和搭配上要求比较细致，以反映树木组成的群体美的综合形象为主。如以遮阴为主时，由高大的乔木树种组成，树下配置自然山石、坐椅等供人休息。以观赏为主时，乔木和灌木混交，中心多配置具有独特观赏价值的树种。丛植配置树种不宜过多，形态差异也不应过分悬殊，以便使组成的混交树丛能形成统一的整体，一般来讲，3～4 株配置的树丛可选用 1～2 个树种，随着树丛规模的扩大，选用树种相应增加，但在任何情况下，应有一个基本树丛构成的主体部分，其他树丛则成为附属部分。在大小、形态、多少、高低、色彩变化的组合过程中，始终要注意规则式树丛的对称完整性、自然式树丛的构图均衡性（见图 11-9）。

丛植可作为园林主景或作为建筑物和雕塑的配景或背景，也可起到分隔景物的功能。从树丛构成的色彩季相上看，由常绿树种组成的树丛，效果严肃，缺乏变化，称为稳定树丛；由落叶树种组成的树丛，色彩季相变化明显，但易形成偏枯偏荣的现象，称为不稳定树

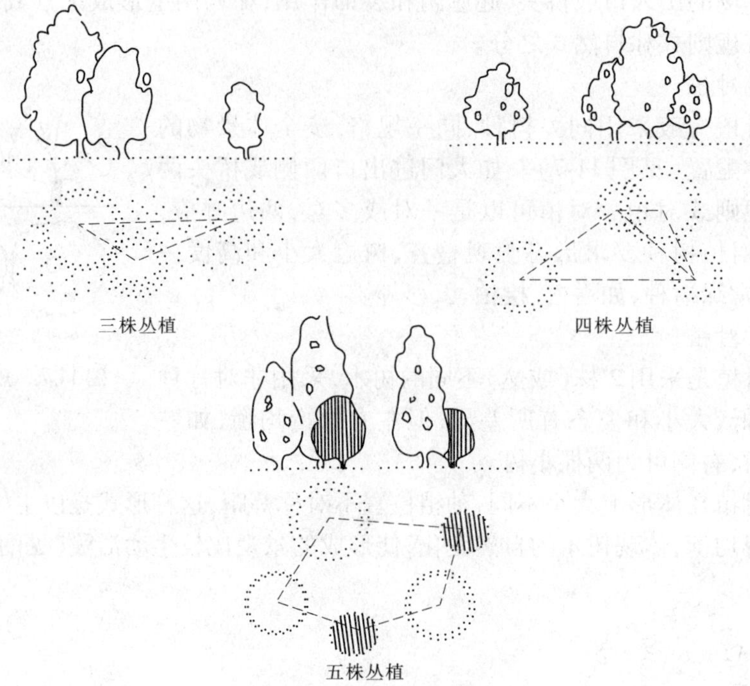

图 11-9　丛植和群植示意图

丛;常绿和落叶树种组成的树丛则介于两者之间,具有各自的优点,被广泛采用。

丛植树木的株数主要有 2 株、3 株、4 株和 5 株之分,若为 5 株以上的丛植则称为群植。群植按一定的构图配置,重点表现群体美,可作为主景或背景。如将 20 ~ 30 株或更多的乔、灌木栽植在一处,组成一种封闭式的群体,以突出群体美。再如群植中间树木树冠与林缘部分的树木,应分别表现为树冠美与林缘美。

群植主要布置在有足够视距的开阔地段,或在道路交叉角上。也可作为荫蔽、景界林进行栽植,群植的配置应具有长期的稳定性。群植配置切忌树种太多,以免造成杂乱无章之感。

带植是带状布设的树群,要求林冠有高低之分,林缘线有曲折变化。带植主要为划分园林空间和起到隔景的作用,也可作为河流与园林道路的配景。

(四)风景林

风景林也称林植或树林,是由乔灌木树种成片或大块配置的森林景观,一般可分为密林(郁闭度 0.7 以上)和疏林(郁闭度 0.4 ~ 0.6),又可分为纯林和混交林,主要用于大面积风景区。

风景林配置上应注意景物、地形、园林小品、道路等的协调配合,近景和远景呼应,色彩、季相、形态等的配合。结合游览休闲活动的风景林,其疏密配合应恰当,疏林下或林中空地,可结合布置草地或园林小品等,适当配置林间小路,使其构成幽美环境。

风景林树种的组成及其色彩、形态的配合应与四周景物、地形变化,包括近景、远景等内容综合考虑,以充分发挥森林美化风景的功能。

(五)绿篱

绿篱是由耐修剪的灌木或小乔木,以相等距离的株行距,单行或双行排列组成的规则绿带。绿篱具有保护某一景物、规范游人行走路线、分隔景区、屏障视线和形成园林图纹线的作用,亦可作为衬托花境、花坛、雕塑等的背景。由枝叶紧密的灌木栽植的围篱或围墙具有重要的隔离空间、吸尘防尘和降低噪声的重要作用。

绿篱按高度可分为绿墙(>160 cm)、高绿篱(120 ~160 cm)、中绿篱(50 ~120 cm)、矮绿篱(<50 cm);按功能和观赏价值可分为:①常绿绿篱,由常绿树种组成,如桧柏、侧柏、塔柏、大叶黄杨、小叶黄杨、女贞、月桂等;②花篱,由观花树种组成,如桂花、栀子、金丝桃、迎春、木槿等;③观果篱,由观果价值高的树种组成,如枸杞、忍冬、花椒等;④刺篱,由带刺树种组成,如黄刺玫、胡颓子、山楂、花椒等;⑤编篱,由绿篱树种编制而成,如杞柳、紫穗槐等;⑥蔓篱,由攀缘植物与木篱、木栅结合形成。

建造绿篱应选用萌蘖力和再生力强、分枝多、耐修剪、叶片小而稠密、易繁殖和生长速度较缓慢的树种。

另外,攀缘植物的配置种植(又称垂直绿化)在城镇以及生产建设项目的公路边坡、排土场石质陡坡等地也广泛应用。常见的攀缘植物有常春藤、爬山虎和络石等。

四、草坪种植技术

园林中的草坪亦称“草地”或“草皮”,是由多年生的一种或多种草本植物均匀密植,形成成片的绿地。它具有防尘吸尘、保水保土、美化环境、调节气温的功能。草坪在绿化重点区常常占有较大的面积和重要的位置。其与周边的绿化一起构成开朗的园林环境。生产建设项目中坡地草坪可利用地形起伏变化的特征建造出空间立体景观,也可与护坡工程措施结合构成绿色坡面(坡度一般小于30°)。平地草坪也应具有一定的排水坡度,不能产生积水,如运动场草坪排水坡度在0.01 左右,游憩草坪排水坡度为0.02 ~0.05。

(一)草坪植物选择

草坪植物大部分为多年生禾本科植物(也有少量莎草科植物),具有耐践踏、植株矮小、枝叶紧密、抗旱抗病虫害性强、观赏期长和具有发达的水平根茎或匍匐茎等特点。常选用的草坪植物有细叶早熟禾、野牛草、硬羊茅、绵羊茅、细叶剪股颖、狗芽根、白颖苔草、偃麦草等。

(二)草坪种植技术

根据不同草种的特点,分别采取展草皮、种草鞭和播草籽等不同的种植方式。

(三)草坪的应用类型

(1)按草坪的面积、形状可分为自然式草坪和规则式草坪。①自然式草坪在绿地中没有固定的形状,一般面积较大,管理粗放,这类草坪允许游人进入内部活动,草地内可以配植花卉、灌木和乔木。自然式草坪一般随地形起伏,形成独特的景色,易于和周围环境协调。②规则式草坪在园林绿地中一般有规则的几何图案,作为欣赏景物和建筑物的开阔前景,或作为道路、花坛、丛林、水体的装饰和填充。规则式草坪用地需平坦,管理要求也比较精细,一般多为细叶草种。

(2)按草坪植物的组合可分为三种。①单纯草坪。由一种草坪植物组成,如早熟禾、野牛草等，多用于小面积草坪种植，如花坛周围、道路边缘、喷泉雕塑周边等。②混合草坪，由多种类型的草坪植物混合播种组成，如紫羊茅、欧剪股颖和黑麦草混合。③缀花草坪。由禾本科植物与少量低矮但开花鲜艳的草花植物组成，如草坪上点缀秋水仙、石蒜、韭兰等，此类草坪多用于自然式草坪。

本章小结

结合本章与其他各章水土保持措施如土地整治工程、斜坡防护工程等相关内容联系非常密切的特点，重点介绍了由于项目建设所形成的弃渣场、陡坡裸岩、项目区和水工程等特殊区域的植被恢复技术，说明了防护型和观赏型植被建设工程在实践应用中的主要类型和联系，通过学习使学生掌握植被建设的技术和具有灵活运用该技术的能力。

复习思考题

1. 简述植被建设工程布设的基本原则。

2. 结合实例说明弃渣场植被恢复的基本方法。

3. 高陡边坡的植被绿化技术主要有几类？试搜集案例说明其中某一类型植被恢复的技术要点。

4. 熟悉园林化植树配置的典型形式和草坪种植的技术要点。

第十二章　防风固沙工程

【学习目标】

掌握沙障固沙技术、防风固沙林(带)营造技术、沙障与固沙林、固沙种草、引水拉沙造田工程以及防止风蚀的农业技术措施等结合形成的防风固沙体系的技术要点;熟悉选择固沙树种、草种的基本要求,种草固沙技术、平整沙丘造林技术以及水源区引水拉沙造林等技术;了解各风沙类型区防风固沙工程的主要形式及技术要求。

第一节　机械沙障固沙

一、我国风沙危害区的类型及防风固沙工程的形式

当生产建设项目区位于北方沙化地区或遭受风沙危害的地区,如黄泛区古河道沙地或东南沿海风沙区,因工程建设(或生产)开挖地面、破坏植被,必然加剧风蚀和风沙危害或因工程建设引发土地沙化而导致风沙危害的形成,因此必须采取防风固沙工程措施来控制风沙危害。

防风固沙工程的总体方案应在项目总体可行性研究的基础上,预测项目破坏地表植被的面积及可能引起的风沙危害,预测周边风沙对项目构成的威胁,从保障生产建设安全和防风固沙、改善环境的角度,进行多方案比较后确定防风固沙工程的总方案。

我国遭受风沙危害的地区可分为三类,不同地区的风蚀和风沙危害特点不同,防风固沙所采取的措施也不相同。生产建设项目的防风固沙工程应与该地区的各类保护工程的建设密切结合起来予以实施。

(1)北方风沙区。主要分布于"三北"地区的沙漠、沙化土地和风蚀严重(极易沙化)的地区。该区存在着流动沙丘、半固定沙丘、固定沙丘和易风蚀的沙化土地。防风固沙应在人工沙障措施实施的基础上以植被防风固沙措施为主;特别重要的地段又无条件恢复植被时,可采取化学固沙的措施;有条件时还可通过平整沙丘或引水拉沙造地的方式改善生态,为采取其他固沙工程措施创造条件并不断提高土地的生产力。

(2)黄泛区。黄泛区古河道沙地及河流沿岸沙地或次生沙地,应根据沙地的成因,在害风方向设置防风林带,堵住风源,同时采取翻淤压沙以及植物固沙等措施,有条件时还可将沙地改造成果园或农田。

(3)东南沿海风沙区。主要发生在海水潮涨的海岸线,风源是沿海大风,因此应顺海岸线选择抗风性强的树种,采用客土植树方法营造海岸防风林带。

综上所述,我国防风固沙工程的主要形式有机械沙障固沙、造林种草固沙、化学固沙、引水拉沙以及防止风蚀的农业技术等综合措施。

二、沙障类型及固沙原理

沙障是采用柴、草、树枝、黏土、卵石和板条等材料，在沙面上设置各种形式的障碍物。其目的在于控制风沙运动的方向、速度和结构，削减风速，防风阻沙固沙，改变蚀积物状况及微地貌状况。沙障主要应用于固定流动沙丘和半流动沙丘，它是工程治沙的主要措施之一。

机械沙障的治沙地位和作用是植物措施无法代替的。在项目区位于自然条件恶劣的流沙区，机械沙障是治沙的主要措施。如干旱地区年降水量很少，甚至极度缺水，植物固沙受到限制，防治沙害，控制沙丘移动，保护好该区域的交通干线、厂矿企业和城镇等重要设施，只有通过机械沙障这类工程措施才能实现。即使在自然条件较好的地区，机械沙障也是植物治沙的前提和必要条件。多年来我国治沙生产实践的经验表明，机械沙障和植物治沙相辅相成、缺一不可，两者发挥着同等重要的作用。

（一）沙障类型

机械沙障根据其所用材料的不同，可分为柴草沙障、黏土沙障、砾石沙障或其他材料的沙障。

沙障按其在地面上分布的形状可分为带状沙障（或称行列式沙障）和方格状沙障。

按铺设沙障的方式可分为平铺式沙障和直立式沙障。平铺式沙障按设置方法不同又分为带状铺设式和全面铺设式（全面铺设式适于在铁路和公路两侧或项目区周围的地段）；直立式沙障按高矮不同又分为高立式沙障、低立式沙障和隐蔽式沙障三类。高立式沙障高出沙面 50 ~100 cm；低立式沙障高出沙面 20 ~ 50 cm（也称半隐蔽式沙障）；隐蔽式沙障几乎全部埋入沙面以下与沙面齐平，或稍露障顶。

直立式沙障还可按透风度不同分为透风式、紧密式和不透风式三种结构类型。直立式沙障在降低风速的同时，还能有效地滞留跃移沙粒，从而减少输沙率。

（二）沙障固沙原理

（1）平铺式沙障的固沙原理。平铺式沙障是固沙型的沙障，利用柴、草、卵石、黏土或沥青乳剂、聚丙烯酰胺等高分子聚合物等物质铺盖或喷洒在沙面上，以此隔绝风与松散沙层的接触，使风沙流经过沙面时，达到风过而沙不起，不增加风沙流中的含沙量，以就地固定流沙。

（2）直立式沙障的固沙原理。直立式沙障大多属于积沙型沙障。其防沙原理主要为：风沙流所通过的线路上，无论碰到任何障碍物的阻挡，风速受到影响而降低，所携带的一部分沙粒沉积在障碍物的周围，以此来减少风沙流的输沙量，从而起到防治风沙危害的作用。同时，直立式沙障的多行配置，又可起到降低沙障之间风速的作用，使携带的流沙大量沉积于沙障分布的区域。

（3）直立式沙障中透风结构沙障的固沙原理 。当风沙流经过沙障时，一部分害风分散为许多紊流穿过沙障间隙，摩擦阻力加大，产生许多涡旋，互相碰撞，消耗了动能，使风速减弱，风沙流的挟沙能力降低，因此沙障前后即形成积沙。在沙障前的堆积量小，沙障不易被沙埋，而在沙障后随着积沙量的不断增加，沙堆平缓地在纵向方向伸展，积沙范围延伸得较远，形成大量的积沙。

(4)直立沙障中不透风或紧密结构沙障的固沙原理。当风沙流经过沙障时,在沙障前被迫抬升,而越过沙障后又急剧下降,因此在沙障前后产生强烈的涡流,涡流的相互阻碰和涡动的影响,消耗了风速动能,减弱了气流的挟沙能力,为此沙障前后成为沙粒堆积的集中区域。

(5)直立式沙障中隐蔽式沙障的固沙原理。该沙障是埋在沙层中的立式沙障,障顶与沙面平或稍露出沙面,因此对地上部分的风沙流影响不大,而它的主要作用造成地表沙粒的沙纹式移动。隐蔽式沙障起到控制风蚀基准面的作用,设置沙障后沙粒仍在移动,但总的地形并不发生变化。因此,隐蔽式沙障的设置,地面虽有一定量的风蚀,但风蚀到一定程度后流沙搬运不再继续发展,保持着一定的地形条件,故而不会使地形发生变化。

三、沙障固沙技术

(一)沙障的设置方法

(1)高立式沙障。地上高度在50~100 cm;材料为芨芨草、芦苇、板条和高秆作物等。设置方法为:把秆高质韧的草类截成70~130 cm长,按沙丘上规划好的线道(走向垂直与害风方向),随挖沟随把这些材料均匀地插放沟中,沟深20~30 cm,梢端朝上,基部插入沟内,使之密接排紧,下部适当加些较短的梢头,使密度稍大些,两侧培沙,扶正踏实,培沙要高出沙面10 cm左右,以使沙障稳固。设置沙障以秋末冬初时在降雨后进行,效果较好。

(2)活动的高立式沙障。制作材料:木板和铁钉。设置方法:将木板钉成不透风的沙障,如形成带状沙障的形式,高度与高立式沙障近似。在使用时可随风向的变化而随时移动位置。

(3)半隐蔽式沙障。材料:麦秆、稻草、芦苇及软干杂草等。设置方法:将沙障材料按沙障规格所划好的线道,均匀地横铺在线道上(线道与害风风向垂直),然后用平头锹压在平铺的草带的中段用力下踩,直压达沙层10~15 cm,使草两端翘起,再从两侧培沙踩实,地上保留20 cm高左右。

(4)平铺沙障。材料:枯枝、秸秆、黏土或卵石。设置方法:将枯枝或秸秆全面或带状平铺在沙面上,带的走向应与主害风方向垂直,同时应考虑与建设项目及周边地区的综合整治措施相结合,通常带宽0.6~1 m,带的间距4~5 m,带的铺设厚度5~10 cm。覆盖物为柴草或枝条时,铺后在带的中间用湿沙压住,使秸秆和湿沙混在一起不易被风吹走。此种沙障对改良沙地、提高沙地肥力也具有一定的作用。

从各类沙障的防沙效果看,不同设置方法的防护效果不同。其中高立式沙障的防沙效果较好,适合于沙源距保护区较远、沙丘高大和沙量较多的地段使用。

(二)沙障固沙的技术指标

沙障设计的技术指标主要是解决设置沙障时,每项技术指标在治沙中所发挥的作用,以使设计的各种沙障符合当地自然条件的客观规律,有效发挥沙障在防沙治沙中的作用。

沙障设计的技术指标主要包括沙障的孔隙度、沙障的高度、沙障的方向、沙障的间距以及沙障类型和材料的选用等内容。

1. 沙障的孔隙度

沙障空隙面积与沙障总面积之比，称做沙障孔隙度。沙障孔隙度是衡量沙障透风性能的指标。直立式沙障，由于所用材料和排列的疏密不同，空隙的大小也就出现差异，透风度和积沙现象也发生不同的变化。当孔隙度在25%时，障前积沙范围约为障高的2倍，障后积沙范围为障高的7～8倍；而当孔隙度达50%时，障前基本上没有积沙，障后的积沙范围为障高的12～13倍。

孔隙度越小，沙障越紧密，积沙范围越窄，即积沙延伸的距离越短。所以，沙障很快会被积沙所埋没，失去继续拦沙的作用；孔隙度大的沙障，积沙范围延伸得远，积沙量少，积沙作用也大，防护的时间也长。为了发挥沙障较大的防护效能，在沙障高度与障间距离一定的情况下，沙障孔隙度的大小应根据各地风力及沙源情况具体确定。一般多采用25%～50%的透风孔隙度。风力大的地区，沙源充足时孔隙度可较大；而在沙源少的情况下，孔隙度应较小。据陕西榆林农科所在榆林沙区的观测资料，当地以孔隙度40%较为适合，此时障间仅有轻度风蚀；当孔隙度为60%时，障间会有中度风蚀的出现。

2. 沙障的高度

在沙地部位和沙障孔隙度一定的情况下，积沙量与沙障高度的平方成正比。根据风沙流的运动规律及特点，风沙流中的沙子，有80%～90%是在近地表30 cm的气流以内，且大半又集中在贴近地表10 cm的高度范围内。据此沙障的高度有的仅为15～20 cm，但沙障过低易受沙埋，所以达到30～40 cm的高度即可收到显著效果。因此，沙障不需设置过高即可以使流沙得到控制。

3. 沙障的方向

在单向起沙风为主的地区，沙障的方向应与主害风方向垂直。在新月形沙丘迎风坡设置时，丘顶应空一段，并先在沙丘上部按新月形划出一道设置沙障的最上范围线，然后在迎风坡正面的中部自最上设置范围线起，按所需的间距向两翼划出设置沙障的弧线，使沙障与主要害风的夹角稍大于90°而不超过100°，这样可使沙丘中部的风稍向两侧顺势吹出去。若沙障与主风方向的夹角小于90°，气流易集中于中部而使沙障被淘蚀或出现沙埋（见图12-1）。

此外，在风向不稳定，除主风外尚有侧向风较强的沙区或地段（多风向地区），根据多风向风速大小的差异，可采用正方形格或长方形格配置的形式，配置后类似农田防护林网。

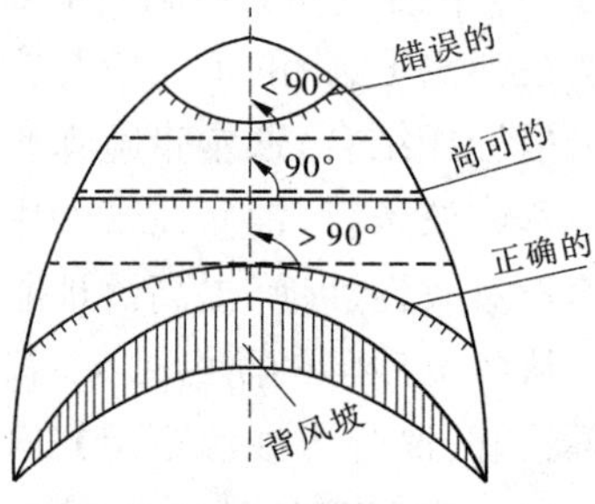

图12-1　迎风坡沙障设置方向示意图

4. 沙障的间距

沙障间距即相邻两条沙障之间的距离。该距离过大，沙障容易被风淘蚀损坏，距离过小则浪费工料。因此，在设置沙障前应确定合理的沙障间距。

障间距离与沙障高度及沙面坡度有关，同时还要考虑风力强弱。如沙障高度大，障间距离应大；反之亦然。沙面坡度大则间距应大；反之，坡度缓时则间距应小。风力弱处间距可大，风力强处间距就要缩小。一般在坡度小于4°的平缓沙地上设置沙障时，障间距离应为障高的15～20

倍。而在地势不平坦的沙丘坡面上确定间距时,应根据沙障高度和坡度计算确定。

$$D = H\cot\alpha$$

式中 D——障间距离,m;

H——障高,m;

α——沙面坡度。

同时要求下一列沙障的顶端比上一列沙障的基部高出 5 ~8 cm。

黏土沙障或半隐蔽式沙障的间距多为 2 ~4 m,埂高 15 ~20 cm。在风沙危害严重地区最好设置成 1 m×1 m 或 1 m×2 m 的黏土方格沙障。

5. 沙障类型及沙障材料的选用

生产建设项目区地处流动沙丘区或半流动沙丘区,若有较好的水源条件,区内一般结合建筑工程硬化地面或造林种草(需浇水),不必使用沙障。

对于项目外围则需根据具体情况设置沙障。在单风向地区采用条带式沙障,多风向地区采用网格式沙障;在以防风蚀为主时,选用半隐蔽式沙障;以阻挡风沙流为主则宜选用透风结构的高立式沙障;改变地形可选用紧密结构的高立式沙障。无论哪类沙障,沙障间尽可能考虑恢复植被。对于某些项目周围水源十分缺乏,无条件恢复植被而防护要求又很高时,则可全面平铺黏土、卵石等沙障,或选用木板条、树枝等较为结实的物料沙障形成紧密结构的高立式沙障。在特别重要的防护地段,为了保障项目的安全生产与运行,可选用化学固沙措施,如沥青喷涂,以使固沙时间长、效果好。

沙障材料的选用,应主要考虑方便取材,价格低廉,固沙效果良好,副作用小为宜。一般多采用麦草、板条、秸秆、砾石和黏土等较易获得的材料。不同沙障材料和配置形式,对沙地水分条件有不同的影响(见表 12-1)。

表 12-1 不同类型沙障沙地浸湿深度比较表

降水量(mm)	浸湿深度(cm)			
	全面平铺卵石	半隐蔽格状麦草沙障	草障下面	平铺草
4.7	10.0	9.8	6.1	7.1
9.7	与湿沙相近	15.5	7.8	10.0

由表 12-1 可以看出,卵石沙障保水条件好,既能减弱蒸发又能截流降水;草障基部由于草障的存在孔隙加大,不但促进沙层水分的蒸发,而且草障本身截留水量也较大,因此浸湿深度较小。

第二节 造林种草固沙

造林种草固沙,又称生物固沙或植物固沙。生物固沙是提高植被覆盖率,防治风沙危害,促进流沙固定和改善沙区环境的根本措施。在生产建设项目位于风沙区时,在项目区的周围营造防风固沙林带、风口地带进行风口造林、林带间和风口内的沙地应成片造林,以及当风沙区的流沙得到基本控制后,通过选用适宜的固沙草种进行带状或成片的种草固沙,以改造和利用沙地。只有这样,才能逐渐改变风沙区的生态环境和保护生产建设项目免遭风沙的危害。

一、造林固沙方式

(一)防风固沙林带

防风固沙林带的营造包括林带走向、林带间距、林带宽度、林带结构等内容。

(1)林带走向。防风林带的走向一般应与主要害风方向垂直。但通常由于受到自然地形、道路和渠道等的限制,允许主林带与主风向有小于30°的偏角,最大偏角不超过45°。

(2)林带间距。林带间距与项目区风沙危害程度及防护安全程度有关。若灾害严重、防护要求较高,林带间距应小,反之可加宽。一般主林带间距为乔木壮龄期树高的15~20倍,多为100~400 m。

(3)林带宽度。林带宽度应根据林带的防护目的、透风程度及造林地的土壤、气候条件确定。一般防沙基干林带宽20~50 m,主林带宽8~12 m,副林带宽4~6 m。

(4)林带结构。林带结构分为透风结构、紧密结构和疏透结构三类。林带结构取决于林带宽度、栽植密度、混交树种和林带横断面形式等因素。紧密结构的林带林缘附近降低风速明显,防护效果好,但有效防护距离短,林带前缘及附近的积沙量集中,适于灾害严重风蚀区的公路、铁路防护;透风结构的林带,有效防护距离长,但林带内和林缘附近风速较大,多适用于风蚀危害较轻微的地区;疏透结构的林带则介于两者之间。

(5)沿海岸线防风林带。应根据海风风速和海滩的情况确定。宽多为10~20 m,最宽可达100~200 m,也可每隔100~300 m布设若干条林带。

(二)风口造林

沙区风口造林,首先应在垂直主害风方向布设带状沙障,带宽1~2 m,间距20~30 m,并在沙障内营造紧密结构的乔灌混交林,迎风面栽植抗风和耐沙埋的灌木,背风面栽植乔木。

(三)片状造林

风蚀较轻的沙地、稳定沙丘、半固定沙丘,可成片造林。对流动沙丘应通过沙障固沙,待沙丘固定后再成片造林。如采用前挡后拉、满天星和环丘造林等方式进行造林。

1.前挡后拉

在新月形沙丘链丘间低地比较大的情况下,可首先在迎风坡下部和风蚀较弱的丘间低地造林。在迎风坡面通过沙障固沙,使流沙固定后进行成片造林,形成沙丘的后拉林带,丘间低地的林木形成沙丘的前挡林带。这样待沙丘地形逐渐变缓后,可逐步加大造林面积,最终全部造林固定(见图12-2)。为避免背风坡前面的林木被沙埋压,在营造前挡林带时,应在背风坡前面留出一定空距。

格状沙丘丘间低地很小,使前挡林和后拉林可结合为一体,称为满天星造林法(见图12-3)。

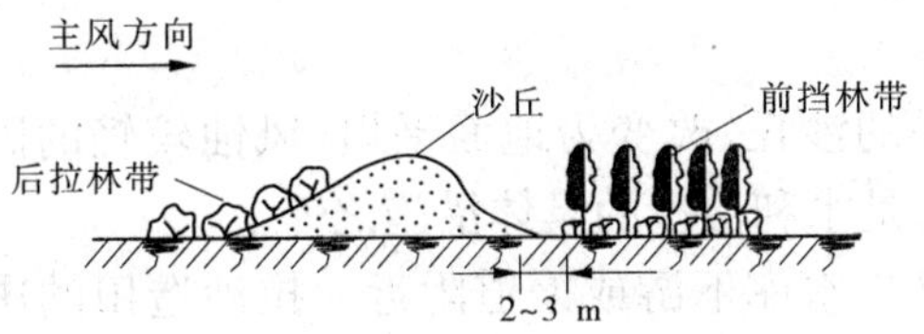

图 12-2　前挡后拉林带

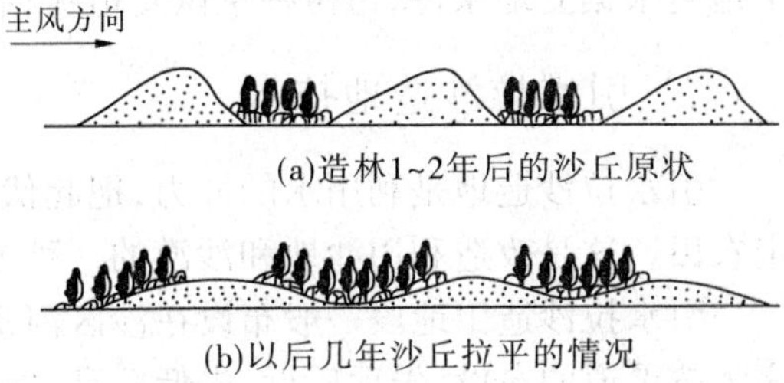

图 12-3　满天星固沙造林

2. 环丘造林

在年降水量仅数十毫米的干旱风沙区，在流动沙丘造林时很困难，可通过设置沙障和造林相结合的办法进行固沙。对零星散布的流动沙丘，先采用全面铺设黏土沙障的方法使沙丘流沙完全固持，然后在丘脚周围密植 1 ~ 2 圈沙拐枣、骆驼刺等灌木，外围采用生长迅速的沙枣、杨树等乔木（或采用柽柳、沙柳、花棒等灌木与沙枣、杨树等乔木营造混交林），将沙丘包围在树林里，即使沙障失效后，流沙也只能散布积聚分布于林地内，这样可避免继续搬运带来的危害。

（四）造林树种选择

沙区造林树种的选择以乡土树种优先。选择抗风、抗旱、抗寒、耐瘠薄、耐沙埋、耐沙割和生长快、根蘖能力强、枝繁叶茂的树种。

北方沙区主要造林树种有胡杨、新疆杨、小叶杨、河北杨、合作杨、旱柳、樟子松、沙柳、柽柳、沙棘、踏郎、花棒、柠条、沙拐枣、梭梭和枸杞等。

黄泛区古河道沙地的适宜树种有兰考泡桐、毛泡桐、楸桐、沙兰杨、刺槐、旱柳、侧柏、紫穗槐、杞柳和荆条等，东南沿海岸线防沙固沙主要树种有黑松、偃柏、蔓荆子和牛奶子等抗潮力强的树种。

二、种草固沙

种草固沙在防风固沙中经常应用。一般主要布设在风蚀较轻地区或固定沙丘地上。如通过布设沙障使流沙得到固持控制后再结合种草来改造和利用沙地。固沙草种应选择耐旱、耐寒、耐瘠薄、抗逆性强、耐沙埋沙压和侧根发达、萌芽力强、繁殖容易、固沙能力强和有较高经济价值的草种。如北方沙区的沙蒿、沙打旺、无芒雀麦，南方的葛藤等。

第三节　工程固沙

一、平整沙丘造地与固沙技术

平整沙丘造地具有防沙固沙和提高土地生产力的作用，还可为项目区服务。在无水源的地区通过使用推土机平整沙丘后，在已平整的沙丘四周采取沙障、造林和种草等固沙方法，以达到保护已平整的沙地、合理利用已平整沙地或保护项目区的目的。有水源的条件下还可采用引水拉沙的办法平整沙丘，平整后的沙地如有条件可引洪淤地。整治好的土地应根据立地条件,植树种草恢复植被;有条件时还可考虑耕种。

二、引水拉沙造地技术

引水拉沙造地是利用水的冲力,把起伏不平的沙丘,改变为地面平坦、风蚀较轻的固定农田。这是改造利用沙地和沙漠的一种方法,是水利治沙的具体措施之一。

引水拉沙造田地段一般布设在沙区河流两岸、水库下游或渠道附近。拉沙造田的次序为按渠道的布设,先远后近、先低后高,保证水沙有出路,以便平高淤低。周围沙荒地带可以利用余水和退水,引水润沙,造林种草,以防治风沙危害和保护农田。

引水拉沙造地的工程包括引水渠、蓄水池、冲沙壕、围埂和排水口等(见图12-4)。田间工程的布设,既要便于造田施工,又要使造出的农田布局合理。

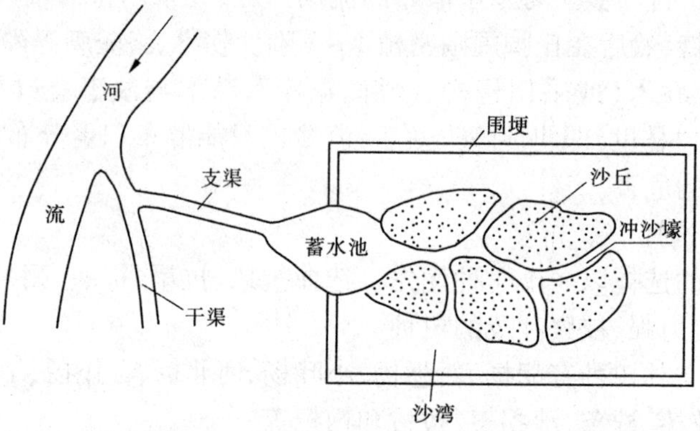

图12-4　拉沙造地田间工程布设示意图

(1)引水渠。引水渠上接水源,下接蓄水池。引水渠由干渠和支渠组成。小面积造地也可直接从河流、湖泊、水库或海子开挖引水。有条件时还可利用机械设备从水源直接提水冲沙造田,引水渠是否布设或布设多长,可根据实际情况确定。

(2)蓄水池。蓄水池属于临时性的蓄水设施,可利用沙湾蓄水或人工筑埂蓄水,具有抬高水位的作用。蓄水池下连冲沙壕,凭借水的压力和冲力,冲移沙丘平地造田。若机械抽水加压,可不必围筑蓄水池。

(3)冲沙壕。开挖在要拉平的沙丘上,水流通过冲沙壕拉平沙丘,填淤低洼地造田。冲沙壕比降要大,可从沙丘顶部、腰部和四周不同部位开挖。采用哪种方式应根据引水渠道高程确定。引水渠与冲沙壕的高差越大,冲力越强,拉沙效果越好。冲沙壕的底宽0.3~0.6 m,放水后越冲越大,沙丘逐渐冲刷滑流入壕,沙子被流水挟带到低洼的沙湾,削高填低,直至沙丘被拉平。

(4)围埂。围埂的作用是拦截冲沙壕拉下来的泥沙和排下的水流,使沙湾洼地淤填抬高,与被冲拉的沙地持平。围埂用沙或土培筑而成,造地后可将其改造为田埂,所以设计时最好按田块规划修筑成方形或长方形。

(5)排水口。要高于田面,低于田埂,起控制高差、拦蓄洪水、沉淀泥沙、排除清水的作用。排水口应铺垫柴草或砖石等防冲物,以防冲刷。

三、化学固沙技术

化学固沙属于工程治沙措施之一。化学固沙是在流动沙地上喷洒化学胶结物质，使其在沙地表面形成一层有一定强度的防护壳，避免气流对沙表的直接冲击，达到固定流沙的目的。此种措施收效快，便于机械化操作，成本也高。化学固沙多用于风沙危害严重地区建设项目的防护，如对铁路、公路、机场、国防设施和油田等项目的保护。

化学固沙其胶结物的选用应尽可能考虑沙地的透气性，并尽可能与植物措施相结合运用。目前，我国常用的化学胶结物有沥青乳液、沥青化合物、油页岩矿液、合成树脂以及合成橡胶等，也可使用一些天然有机物如褐煤、泥炭、城市垃圾废物以及树脂等。此外，近年兴起的高分子吸水剂，可以吸收土壤和空气中的水分，供植物吸收，也有助于固沙，还可以使用土工织物并在其中种植植物，以达到固沙的目的。

本章小结

本章主要针对项目区位于风沙危害区或由于项目建设容易引发沙化土地的状况下，为防治风沙危害、改善生态以及保障项目的安全运行所采取的防风固沙工程措施。重点从沙障固沙、生物固沙和工程固沙等方面分析了不同防风固沙措施的基本原理、主要作用，各项措施的防沙固沙技术、措施间的相互联系以及综合应用特点，通过学习使学生具有防治沙漠化方面的基础知识以及灵活应用防沙固沙工程措施的基本技能。

复习思考题

1. 沙障可分为哪几类？其防风固沙的原理各是什么？
2. 简述沙障的孔隙度、高度、方向和间距等技术指标确定的方法。
3. 试说明防风固沙林带的设计要求。
4. 应如何选择植物固沙的树种和草种？
5. 何谓引水拉沙造田和化学固沙？并说明各自的特点。

第十三章　土地整治工程与临时防护工程

【学习目标】

掌握土地整治工程的主要形式、整治后的土地利用方式以及临时防护工程的类型和防护要求；熟悉土地整治后土地生产力恢复的主要措施；了解土地整治工程和临时防护工程的适用条件及临时防护工程的实施原则。

第一节　土地整治工程

土地整治是指对被破坏或占压的土地采取相应措施，使之恢复到所期望的可利用状态的活动或过程。生产建设项目水土保持中的土地整治工程，是指对生产和建设损毁的土地进行平整、改造与修复，使之达到可开发利用状态的水土保持措施。土地整治工程的重点是控制水土流失，恢复和改善土地生产力，充分利用土地资源。

一、土地整治工程的适用条件和布局原则

（一）适用条件

（1）表土剥离和土地整治。工程建设项目水土流失防治区域内具有表层土，而后期进行植被恢复需要进行表土剥离与回铺的情况，可以采取表土剥离及土地整治措施。

（2）扰动占压土地的整治。在工程建设过程中，由于采、挖、回填、取土（料）、排放废弃物及清淤等扰动或占压地表形成的裸露土地（包括平面和坡面），在恢复植被前根据植物种植要求采取土地整治措施。

（3）临时征占地的土地整治。工程建设结束，施工临时征占区（如施工作业区、施工道路区、施工生产生活区及加工场等）以及终止使用的弃土（砂、石、渣）场表面需要恢复植被的，应采取土地整治措施。

（4）工程永久占地范围内的土地整治。工程永久占地范围内需恢复植被的其他裸露土地，以及工程永久占地范围内工程建设未扰动但根据美化环境和水土流失防治要求需要种植林草的土地，应根据情况采取土地整治措施。

（二）布局原则

1. 土地整治工程与地形、土壤条件相结合

土地整治工程应根据坑洼和弃土（砂、石、渣）场的地形、土壤、降水等条件，按照“坡度越小，地块越大”的原则划分土地整治单元。对条件好的土地单元，应尽量整治成地块大小不等的平地或平缓坡地；对条件较好的土地单元，应整治成水平梯田；对条件较差的土地单元，也应尽可能整治成窄条梯田或台田。同时，搞好覆土、田块平整和打畦围堰等蓄水保土工作，将土地整治与蓄水保土措施紧密结合起来，以恢复和提高整治土地的生产力。

2. 土地整治与生态环境建设相协调

土地整治须确定合理的农、林、草用地比例,注重改善生态环境,尽可能扩大林草面积。在有条件的地方布置农、林、草各种生态景点,改善并美化项目区的生态环境。也可以根据立地条件差异和土地利用规划,将整治的土地改造成农业用地、生态用地、公共用地和居民生活用地等,并使项目区环境与周边生态环境相协调。

3. 土地整治与防洪排水工程相结合

坑洼回填物及弃土(砂、石、渣)场都是人工开挖形成的松散堆积体,遇降水或地下水渗透后很容易产生沉陷,并间接增大产流汇流面积,遭遇暴雨时则可能造成剧烈水土流失、滑坡、泥石流等灾害,因此必须把土地整治工程与坑洼回填物、弃渣场周边或渣体底部的防洪排水工程结合起来,同时应对场地上游实施水土流失治理措施,确保整治土地的安全使用。

4. 土地整治与防治水土资源的污染相结合

工程建设项目特别是矿山开采选矿和冶炼,对水土资源的污染非常严重。应将土地整治与防治水土资源污染的措施相结合实施。首先按照国家有关排污的标准,对项目排放的流体污染物和固体污染物采取净化处理措施,达到排放标准后,再采取包埋、填压等土地整治措施,从源头上防止有毒物质毒化污染土壤、地表水和地下水,以防止对环境和农作物的生长带来影响。

二、土地整治工程的形式及土地利用方式

(一)土地整治工程的形式

土地整治工程主要包括三个方面:一是坑洼回填,按照挖填平衡的原则,充分利用废弃土石回填整平,再进行覆土后加以利用;二是渣场改造,即对固体废弃物存放地终止使用以后,进行整治利用;三是整治后的土地根据其土地质量、生产功能和防护要求,确定利用方向并改造使用。

1. 坑洼回填

坑洼是基建和生产过程中挖掘形成的,可分为两种情况:一是剥离坑洼,如取土场、取石场、采砂场、路基两侧取土后未回填的基坑、小型浅层露天采矿场和大型深层露天采矿场等。二是塌陷洼地,如井巷开采产生塌陷地等。

1)剥离坑洼

剥离坑洼的土地整治主要是采取回填(填埋)、推平或垫高等措施,以适应新地形,形成新的稳定坡度,并尽可能覆土。实施程序为:回填—整平—覆土。

(1)坑洼回填的工程布局。坑洼回填要充分利用废弃土、石料或矿渣,力求回填后坑平渣尽;坑洼回填应根据坑洼容积与废土、弃石体积,合理安排废土、弃石的运输路线与倾倒方式,提高回填工效;坑洼回填后,及时平整土地并表层覆土,同时修建四周的防洪排水设施,为合理利用创造条件;有条件的地方也可将坑洼改建为蓄水池或水面养殖塘,以蓄积降水,合理开发利用水资源。如流域中下游地区坑洼地多改造为水塘,流域上游地区坑洼地多改造成台地(或梯地),按台地建设的应该进行整治。

若属于矿坑坑洼地应采取回填、整平和覆土措施,以复垦作为生产用地。

(2)填埋方式。①浅坑浅洼。多采用条带式分条填埋,或任意工作线(面)回填,回填方式根据坑洼地形的地质、地层岩性、施工条件及其面积确定。在降水量大的地方,浅坑浅洼地应配套排水工程。②深坑回填。如大型露天采坑,设计上采用挖填结合即采排结合的方式,闭矿采坑(即采矿结束时的最后采坑)回填后成为内排土场。此类项目的回填工艺设计要纳入主体工程设计之中,但水土保持方案应论证其是否符合水土保持要求,并提出修正意见。

(3)平整工程。回填后的整平工程,分为粗平整和细平整两个阶段。由于坑洼分布的位置、地形不同,平整方式也不同。平地和宽缓平地上的坑洼回填后,堆垫高度基本接近原地面,可全面进行粗平整,在沉降稳定之前,补填沉陷穴、沉陷裂缝,并进行细平整,以待覆土;坡地上的坑洼回填之前,可在坑洼下坡部位修筑必要的拦挡建筑物,采用分阶后退的方法,然后通过粗平整,形成平行于等高线的台阶式梯田,之后进一步细平整,并考虑配置防排水等设施。

(4)覆盖物料和整治。土地平整后即可进行覆盖物料及整治。黄土区有取土条件的地方表层应覆土,依据土地利用方向,农业用地 80 ~ 100 cm,林业用地 50 ~ 80 cm,牧业用地 30 ~ 50 cm。在取土困难的地方,可覆盖易风化物(如页岩、泥岩、泥页岩、污泥等物料),将覆盖物顺序倾倒后形成“堆状地面”,若作为农业用地,必须进一步平整;若为林牧业用地,可直接采用“堆状地面”种植,在利用过程中达到自动填补沉陷裂缝、分散贮存地面径流的功能。

对凹形采石(挖砂)场整治,在干旱、半干旱地区,可首先利用岩石碎屑平整采石(挖砂)场坑洼,然后铺覆 0.3 m 厚的黏土防渗层;在黄土区或有取土条件的地方,在平整土地表面覆土;在土料缺乏的地区,可先铺一层易风化岩石碎屑,改造为林草用地。在降水量丰沛、地下水出露地区,当凹形采石(挖砂)场周边有充足土料时,采用岩屑、废砂填平坑洼,表层铺土,将取石(挖砂)场改造为农林用地,种植耐湿耐涝农作物或乔灌木,铺土厚度根据用地需求确定;若缺乏土料,则采取坑洼平整和边坡修整加固工程,将其改造成蓄水塘(池)作为水产养殖用地。

对凹形取土场整治,可结合地形、地质、地貌条件,周边地表径流量大小等情况,采用边坡防护工程、截排水工程、坡面水系工程和土地整治工程。对干旱、半干旱地区且无地下水出露的凹形取土场,采用生土填平坑洼,表层按农、林、草用地要求铺覆熟化土。若取土场周边无熟化土,则可采取深耕、深松、增施有机肥、种植有机物含量高的农作物或草类等耕作措施改良土壤。对降水量丰沛、地下水出露地区,当土壤和水分等符合农林草类植物种植要求时,采取土地平整、覆土措施将取土场改造成为农地或林地,并种植适宜的农作物或乔灌木,同时在周边布置截(引、排)水工程和边坡防护工程;当取土场内外水量丰富、水质较好,适合养殖水产品或种植水生植物时,可用黏土、砌石、混凝土等防渗处理工程,并修筑引水排水工程,将其改造成为养殖场或水生植物种植场;当土质较差时,采取边坡防护、场地粗平整和植被自然恢复工程。

2)塌陷洼地

采空塌陷区因采矿使地面下沉,形成塌陷洼地,具有再塑地貌的作用。塌陷洼地与矿产地质、开采工艺和地下水等条件有着密切的关系,对已形成的塌陷洼地,根据其深度,分别采取整治利用措施,塌陷深度小于1 m的,可推土回填平整,然后作为农业用地;深度1~3 m的,可采取挖深垫高的办法,挖深段可蓄水养鱼、种藕,垫高段可作为农业用地。由于塌陷洼地在我国南北方差异很大,应注意因地制宜地采取不同的整治措施。

采空塌陷区的土地整治应在收集采空塌陷区的基础资料,如土壤(土壤类型及其分布、土壤物理性质等)、气象、水土保持林草植被和水文地质等资料的基础上,通过分析基本资料和实地调查对采空塌陷区的土地进行适宜性评价,在评价确定土地利用方向后结合土地利用方式落实具体的治理措施。

采空塌陷区的土地整治措施与挖损地貌的剥离坑洼基本相同,但采空塌陷区会出现地表裂缝;同时,采空塌陷区的浅层地下水一般都会受到破坏。根据这一特点,采空塌陷区的具体整治措施可分为两大类型。

(1)采空塌陷区裂缝(漏斗)治理措施。采空塌陷区裂缝宽度与煤层深度、煤层厚度、煤层上覆地层地质特性等有关,最宽可达到1.5 m左右。目前一般采取填充措施,就近取土填平恢复植被或种植农作物。较宽的裂缝可直接填充,裂缝很窄时需要在表层适当扩口后再填充,扩口的目的一是探明裂缝是否上窄下宽,二是容易将裂缝下部填实。扩口开挖深度一般不超过3 m为好。裂缝填充物也可以使用不污染水源和土壤的其他固体废弃物(如煤矸石)。

(2)塌陷盆地治理措施。再塑塌陷盆地地貌一般有两种:一种是积水塌陷盆地,该种盆地可有计划地改造为水域,供养殖或其他用途;另一种为漏水盆地,该种盆地应因地制宜地进行整治,分别恢复为林地、草地和梯田等。改造为林地、草地和梯田的塌陷盆地应注意表土利用和土壤培肥。对于黄土高原的塌陷盆地,因土层深厚,应重点进行土壤的培肥改良。

2. 渣场整治

渣场是无回填的外排固体物的存放场地。因此,对于如排土场、矸石山、贮灰场、尾矿库、拦渣坝及各类弃土弃渣堆放的场地应采取拦渣工程。对于终止使用的弃渣场表面,应采取整治和覆土措施,以改造成为可利用的土地。

1)平(缓)地渣场整治

以平地作为渣场且堆渣高度在3 m左右时,周围修建的挡渣墙应高出渣面约1 m。堆渣场应先修筑挡渣墙,然后从墙脚开始逐层向后延伸(每层厚0.5~0.6 m),堆渣至最终高度时,渣面应大致平整,以方便进行覆土利用。

渣场表面平整后,先均匀平铺一层黏土并将土体碾压密实后作为防渗层,之后再覆盖表土。铺土厚度:农地0.5~0.8 m,林地≥0.5 m,草地≥0.3 m。在土料缺乏的地区,可先铺一层风化岩石碎屑,将其改造为林草用地。也可选择土层深厚处作为渣场改造土料的取土场,取土后及时平整处理,减小新的破坏。

对于拦渣坝和拦渣堤内的弃土(砂、石、渣)填满后,同样按上述方法改造后利用。

2)坡地渣场整治

以坡地作为弃土(砂、石、渣)场时,除对排弃物自然边坡及坡脚采取斜坡防护工程外,渣场顶部应平整,外沿修筑截排水工程,内侧修建排水系统,中间改造成林草用地,以起到改善环境的作用。

根据坡地渣场的地形、堆渣的面积及用地需要,也可将渣面平整成为水平梯田、窄条梯田、反坡梯田等,再用熟化表土逐台铺垫加以利用。

3)尾矿(沙)库、粉煤灰场、赤泥库等场地整治

对尾矿(沙)库中有毒有害物质必须采取净化处理措施,防止库内污水下泄给下游河流及环境造成污染(洪水处理应符合防洪标准的规定)。

尾矿(沙)库、粉煤灰场、赤泥库排废期满后,先铺设黏土防渗层(厚度≥0.3 m)或其他类型的防渗层,然后铺设熟化表土,改造成为生产用地或其他用地,防止有毒有害物质对种植物的污染危害。

4)开挖破损面整治

对开挖破损坡面采取斜坡防护工程,并在距开挖边缘线 10 m 以外布置截排水工程,避免取土场上方地表径流对边坡坡面的冲刷,确保边坡稳定。斜坡防护工程的形式宜采用植物护坡。对取土场平面采取平整、覆土等土地整治工程以及农业技术措施,尽快恢复和提高土地生产力。

(1)坡地取土场。施工前应将表土集中堆放,施工与生产取土后及时对取土场平面进行平整,并覆盖熟化土层,改造成农、林、草用地或其他用地。

(2)山坡取石场。利用取石过程中废弃的细颗粒碎石、岩屑平整取石场坡面,其上铺设不小于 0.25 m 的黏土防渗层,然后根据用地需要铺覆熟化表土,改造成农、林、草用地或其他用地。在缺乏土料的地区铺垫一层风化岩石碎屑之后,将取石场坡面作为林草用地或其他用地。

(二)整治后的土地利用方式

经整治后的土地应恢复其生产力,根据整治后土地的位置、坡度、质量等特点确定用途。土质较好,有一定水利条件的,可恢复为农地、林地、草地、水面和其他用地,但需作进一步的加工处理。整治后的土地利用方式主要有以下几种。

1. 农业利用

经整治形成的平地和缓坡地(<15°),土质较好,有一定水利条件的,可作为农业用地。

2. 林业和草业利用

整治后地面坡度≥15°或土质较差的,可作为林业和草业用地;乔、灌、草合理配置,以尽快恢复植被,保持水土。

3. 水面利用

有水源的坑洼地和常年积水较深、能稳定蓄水的沉陷地,可修成鱼塘、蓄水池等,进行水面利用和发展蓄水灌溉。若作为蓄水池利用,注意其位置应与地下采矿点保持较远的距离,以免对地下开采作业造成危害。

4. 其他利用

根据项目区的实际需要,土地经过专门处理后,可作为公共用地或居民生活用地等其他用地。

三、土地整治后的土地生产力恢复措施

由于整治后的土地贫瘠,覆盖表土量有限,土地生产力低下,故必须采取有效措施,恢

复和提高土地生产力。通常主要采取以下土地改良措施。

(1)种植绿肥植物。种植具有根瘤菌或其他固氮菌的植物(主要是豆科植物),改良土壤。

(2)加速风化措施。土地表面为风化物时,采取加速土壤风化的措施,如城市污泥、河泥、湖泥、锯末等改良物质,接种苔藓、地衣促进其风化速度。

(3)增施有机肥。对于贫瘠土地,通过理化分析,确定氮、磷、钾比例,增施有机肥,改良土壤理化性质。

(4)增施化学物料。对于 pH 值过低或过高的土地,施加化学物料如黑矾、石膏、石灰等改良土壤。

土地改良措施可参考《水土保持综合治理技术规范》(GB 16453—1996)。

第二节　临时防护工程

建设项目从动工兴建到建成投产运行,往往历时较长,必须通过采取有效措施,防治可能造成的水土流失。临时防护工程主要适用于工程项目的施工准备期和基建施工期,是为防止项目在建设过程中造成的水土流失而采取的临时性防护措施。

临时防护工程是工程建设项目水土保持措施体系中不可缺少的重要组成部分,对防治施工准备期和基建施工期水土流失的形成具有重要的作用。

一、临时防护工程的适用范围

临时防护工程一般布设在项目工程的施工场地及其周边、工程的直接影响区等区域;临时防护工程的防护对象主要是各类施工场地的扰动面、占压区等。

二、临时防护工程的实施原则

(1)堆放物的覆盖。施工建设中,临时堆土(石、渣)必须设置专门堆放地,集中堆放,并应采取拦挡、覆盖等措施。

(2)表土保护。对施工开挖、剥离的地表熟土,应安排场地集中堆放,用于工程施工结束后场地的覆土利用。

(3)裸露地的保护。施工中的裸露地,在遇暴雨、大风时应布设防护措施。如裸露时间超过一个生长季节的,应进行临时种草加以防护。

(4)施工建设场地及周边的保护。施工建设场地、临时施工道路应统一规划,并采取相应的临时性防护措施,如布设临时拦挡、排水、沉沙等设施,防止施工期间的水土流失。在施工中对下游及周边造成影响的,必须采取相应的临时性防护措施。

三、临时防护工程类型与防护目的

(一)临时工程防护措施

临时工程防护措施主要有拦挡、护坡、截(排)水沟等几种。临时工程防护措施不仅工程坚固、配置迅速、起效快,而且防护效果好,在一些安全性要求较高和其他临时防护措施不能尽快发挥效果时，则必须采取这种防护措施。

（二）临时植物防护措施

临时植物防护措施主要有种树种草和种植农作物等。临时植物防护措施不仅成本低廉、配置简便，宜农则农、宜林则林、宜草则草，时间可长可短，而且防护效果好、经济效益高、使用范围广。

（三）其他临时防护措施

由于工程性质、建设方式及工程特点的不同，在难以配置临时植物或工程防护措施的条件下，需要因地制宜地采取其他有效的防护措施，如开挖土方的及时清运、集中堆放，平整、碾压、削坡开级，土工布、抑尘网和薄膜覆盖等。

四、根据施工组织选择临时防护工程类型

（一）施工准备期临时防护工程

（1）应合理确定工程建设项目的施工期，避免在大风季节或暴雨季节进行施工。

（2）临时道路宜采用砾石、卵石及碎石铺压路面，防止暴雨、大风造成的危害。

（3）对植被稀少、生长缓慢的工程建设区域林草、草皮等，应将地表植被连同其下熟土层一起移栽至其他地方，待工程结束后回植于施工场地。

（4）对施工场地的地表熟土层，剥离后应集中存放于专门堆放场地，并采取措施防止其流失。

（二）施工期的临时防护工程

1. 临时工程防护措施

1）临时拦土（石）工程

一般修建在施工边坡下侧、其他临时堆土（石、渣）及剥离表土临时堆放场的周边等地段。临时拦挡工程的形式包括填土草袋（编织袋）、土埂、干砌石挡墙、钢（竹栅）围栏等。选择时应结合工程具体情况，遵循就地取材、经济合理、施工便捷、实用有效等原则选定防护形式。

施工完毕后临时拦挡工程需及时拆除，临时拦挡工程大多数情况下为等外工程，不设建筑物级别。若有特殊要求，其设计标准需根据防护对象的规模、地形坡度、洪水及降雨等情况分析确定。临时拦挡工程防洪标准可根据确定的工程规模，参考相应的弃渣防治工程的防洪标准确定。

2）临时排水设施

临时排水设施可以采用排水沟（渠）、暗涵（洞）、（抽）排水管及临时土（石）方挖沟等，一般布设在施工场地的周边。临时排水设施是为减轻施工期间降雨和地表径流对临时堆土（石、渣）、施工道路、施工场地及周边区域的影响，将汇集的地表径流安全导引，以达到控制水土流失的目的。

临时排水设施的规模和标准应根据工程建设项目规模、施工场地、集水面积、气象等情况分析确定；防洪标准应根据确定的工程规模，参考相应的弃渣防治工程的防洪标准确定。

3）沉沙池

沉沙池主要是对施工场地产生的泥沙进行沉积，一般布置在挖泥和运输方便的地方，

以利于清淤。

沉沙池的容量应根据流域地形地质和降雨时可能产生的径流、泥沙量，计算一次暴雨搬运堆积泥沙的数量来确定。沉沙池的设计施工遵循国家行业标准《水利水电工程沉沙池设计规范》(SL 269—2001)。

2. 临时植物防护措施

对裸露时间超过一个生长季节的地段，应采取临时植物防护措施。应用时要充分考虑地形条件、生产工艺、防护要求等，要在满足防护需要的同时，尽可能降低防护成本。

(1)种植农作物。对于需要临时防护的地段，能种植农作物的尽量种植农作物，不仅可以降低防护成本，同时也可增加一定收益。种植农作物前需采取必要的土地整治措施。

(2)临时种草。临时种草是最常见的配置方式。临时种草主要采取土地整治、播撒草籽的方式进行。

(3)临时植树。临时植树主要针对裸露时间较长的地段，临时植树前应采取必要的土地整治措施，植树方式需根据树种特性和立地条件具体确定，如植苗或播种。可参考相关的标准执行。

3. 其他临时防护措施

(1)表面覆盖。表面覆盖是一种应用最为广泛的临时防护措施，其作用也最为明显。施工中的各类裸露地、开挖的弃土(石)以及建筑用料(沙、石)的运输过程中，应采用土工布、塑料布、抑尘网等覆盖，避免水土流失。风沙区部分场地也可用草、树枝等临时覆盖，避免大风或强降雨天气产生水土流失。

(2)平整碾压。平整碾压主要针对临时堆放的弃土弃渣，应对其采取平整碾压措施，改变弃土弃渣局部地貌，增加其紧实度，避免大风或强降雨天气产生水土流失。

(3)其他。工程建设项目在施工期和运行期，应明确标识场内交通道路的边界，各种车辆、运输设备应固定行驶路线，不得任意开辟道路，以减少对地面的扰动。

本章小结

本章重点介绍了土地整治工程的形式、整治方法和土地利用方式，临时防护工程的适用范围、类型及如何根据施工组织选择临时防护工程的类型等内容，揭示了根据工程建设的特点，灵活运用和选择不同防治措施的要求，使学生正确理解水土保持和工程建设之间的密切联系，增强学生对工程建设中的生态保护和防治水土流失的意识，同时具有在实践中运用土地整治工程和临时防护工程的基本能力。

复习思考题

1. 土地整治工程可分为哪几种形式？简述各形式的主要特点。
2. 搜集案例说明土地整治所采取的恢复土地生产力的措施类型？
3. 在工程建设的哪个时期应用临时防护工程？各类临时防护工程各有何特点？
4. 如何选择与工程实际相符合的临时防护工程类型？

第十四章 水土保持方案编制要点

【学习目标】

掌握水土保持方案报告书各部分内容的编写要点；熟悉水土保持方案报告书的内容；了解水土保持方案的类型。

第一节 水土保持方案报告书内容

一、水土保持方案的类型

《开发建设项目水土保持方案编报审批管理规定》(水利部令第5号,1995年5月30日发布,2005年7月8日以水利部令第24号修订)规定,凡从事有可能造成水土流失的开发建设单位和个人,必须编报水土保持方案。其中,审批制项目,在报送可行性研究报告前完成水土保持方案报批手续;核准制项目,在提交项目申请报告前完成水土保持方案报批手续;备案制项目,在办理备案手续后、项目开工前完成水土保持方案报批手续。经批准的水土保持方案应当纳入下阶段设计文件中。

水土保持方案分为水土保持方案报告书和水土保持方案报告表两大类型。根据《开发建设项目水土保持技术规范》(GB 50433—2008)的要求,凡征占地面积在1 hm^2 以上或者挖填土石方总量在1万 m^3 以上的开发建设项目,应当编报水土保持方案报告书;其他开发建设项目应当编报水土保持方案报告表。编制水土保持方案报告书的单位应当具有水土保持方案编制资质,编写人员应当通过培训后取得上岗证书。水土保持方案报告书及水土保持方案报告表的内容和格式应当符合《开发建设项目水土保持技术规范》(GB 50433—2008)及水利部水土保持司关于印发《规范水土保持方案编报程序、编写格式和内容的补充规定》(保监[2001]15号)等有关规定。

二、水土保持方案报告书的内容

水土保持方案属于具有法律强制效力的文件,也属于基本建设程序的一个有机组成部分。《开发建设项目水土保持技术规范》(GB 50433—2008)中对水土保持方案报告书的内容作了明确的规定,现简要分述如下。

(一)综合说明

综合说明应简要说明下列内容:

(1)主体工程的概况、方案设计深度及方案设计水平年。

(2)项目所在地的水土流失重点防治区划分情况,防治标准执行等级。

(3)主体工程水土保持分析评价结论。

(4)水土流失防治责任范围及面积。

(5)水土流失预测结果。主要包括损坏水土保持设施数量、建设期水土流失总量和新增量、水土流失重点区段及时段。

(6)水土保持措施总体布局、主要工程量。

(7)水土保持投资估算及效益分析。

(8)结论与建议。

(9)水土保持方案特性表(见表14-1)。

表14-1　开发建设项目水土保持方案特性表样式

<table>
<tr><td>项目名称</td><td colspan="2"></td><td colspan="2">流域管理机构</td><td></td></tr>
<tr><td>涉及省
(市、区)</td><td></td><td>涉及地市
或个数</td><td></td><td>涉及县
或个数</td><td></td></tr>
<tr><td>项目规模</td><td></td><td>总投资(万元)</td><td></td><td>土建投资(万元)</td><td></td></tr>
<tr><td>动工时间</td><td></td><td>完工时间</td><td></td><td>设计水平年</td><td></td></tr>
<tr><td>项目组成</td><td>建设区域</td><td>长度/面积
(m/hm^2)</td><td colspan="2">挖方量(万 m^3)</td><td>填方量(万 m^3)</td></tr>
<tr><td></td><td></td><td></td><td colspan="2"></td><td></td></tr>
<tr><td></td><td></td><td></td><td colspan="2"></td><td></td></tr>
<tr><td></td><td></td><td></td><td colspan="2"></td><td></td></tr>
<tr><td></td><td></td><td></td><td colspan="2"></td><td></td></tr>
<tr><td></td><td></td><td></td><td colspan="2"></td><td></td></tr>
<tr><td colspan="2">国家或省级重点防治区名称</td><td></td><td colspan="2">地貌类型</td><td></td></tr>
<tr><td colspan="2">土壤类型</td><td></td><td colspan="2">气候类型</td><td></td></tr>
<tr><td colspan="2">植被类型</td><td></td><td colspan="2">原地貌土壤侵蚀模数($t/(km^2 \cdot a)$)</td><td></td></tr>
<tr><td colspan="2">防治责任范围面积(hm^2)</td><td></td><td colspan="2">土壤容许流失量($t/(km^2 \cdot a)$)</td><td></td></tr>
<tr><td colspan="2">项目建设区(hm^2)</td><td></td><td colspan="2">扰动地表面积(hm^2)</td><td></td></tr>
<tr><td colspan="2">直接影响区(hm^2)</td><td></td><td colspan="2">损坏水土保持设施面积(hm^2)</td><td></td></tr>
<tr><td colspan="2">建设期土壤流失预测总量(t)</td><td></td><td colspan="2">新增土壤流失量(t)</td><td></td></tr>
<tr><td colspan="2">新增水土流失主要区域</td><td colspan="4"></td></tr>
<tr><td rowspan="3">防治
目标</td><td>扰动土地整治率(%)</td><td></td><td colspan="2">水土流失总治理度(%)</td><td></td></tr>
<tr><td>土壤流失控制比</td><td></td><td colspan="2">拦渣率(%)</td><td></td></tr>
<tr><td>林草植被恢复率(%)</td><td></td><td colspan="2">林草覆盖率(%)</td><td></td></tr>
</table>

续表 14-1

<table>
<tr><td rowspan="7">防治措施</td><td>分区</td><td>工程措施</td><td colspan="3">植物措施</td><td>临时措施</td></tr>
<tr><td></td><td></td><td colspan="3"></td><td></td></tr>
<tr><td></td><td></td><td colspan="3"></td><td></td></tr>
<tr><td></td><td></td><td colspan="3"></td><td></td></tr>
<tr><td></td><td></td><td colspan="3"></td><td></td></tr>
<tr><td></td><td></td><td colspan="3"></td><td></td></tr>
<tr><td>投资(万元)</td><td></td><td colspan="3"></td><td></td></tr>
<tr><td colspan="2">水土保持总投资(万元)</td><td></td><td colspan="3">独立费用(万元)</td><td></td></tr>
<tr><td colspan="2">监理费(万元)</td><td></td><td>监测费(万元)</td><td></td><td>补偿费(万元)</td><td></td></tr>
<tr><td colspan="2">方案编制单位</td><td></td><td colspan="3">建设单位</td><td></td></tr>
<tr><td colspan="2">法定代表人及电话</td><td></td><td colspan="3">法定代表人及电话</td><td></td></tr>
<tr><td colspan="2">地址</td><td></td><td colspan="3">地址</td><td></td></tr>
<tr><td colspan="2">邮编</td><td></td><td colspan="3">邮编</td><td></td></tr>
<tr><td colspan="2">联系人及电话</td><td></td><td colspan="3">联系人及电话</td><td></td></tr>
<tr><td colspan="2">传真</td><td></td><td colspan="3">传真</td><td></td></tr>
<tr><td colspan="2">电子信箱</td><td></td><td colspan="3">电子信箱</td><td></td></tr>
</table>

(二)水土保持方案编制总则

方案编制总则应包括下列内容:

(1)方案编制的目的与意义。

(2)编制依据。包括法律、法规、规章、规范性文件、技术规范与标准、相关资料等。

(3)水土流失防治的执行标准。按《开发建设项目水土流失防治标准》(GB 50434—2008)的规定,说明本项目水土流失防治的执行标准。

(4)指导思想。

(5)编制原则。

(6)设计深度和方案设计水平年。

(三)项目概况

说明项目基本情况、项目组成及总体布置、施工组织、工程征占地、土石方量、工程投资、进度安排、拆迁与移民安置等情况。若有与其他项目的依托关系应予说明。

(四)项目区概况

项目区概况应简要说明项目所在区域自然条件、社会经济、土地利用情况,水土流失现状及防治情况,项目区所在地的国家级、省级和县级水土流失重点防治区划分情况,区域内生态建设与开发建设项目水土保持可借鉴的经验。

(五)主体工程水土保持分析与评价

主体工程的分析与评价应包括下列内容：

(1)工程选址(线)的制约性因素分析与评价。

(2)主体工程方案比选及评价。

(3)主体工程占地类型、面积和占地性质的分析与评价。

(4)主体工程土石方平衡，弃土(石、渣)场、取料场的布置，施工组织、施工方法与工艺等评价。

(5)主体工程设计的水土保持分析与评价。

(6)工程建设与生产对水土流失的影响因素分析。

(7)结论性意见、要求与建议。

(六)防治责任范围及防治分区

水土流失防治责任范围和防治分区部分应包括下列内容：

(1)工程占地。按行政区划(如以县为单位或线型项目以地、市为单位)列表说明占地类型、面积和占地性质等。

(2)水土流失防治责任范围确定的依据及确定的结果。用文字、表格和图件说明项目建设区、直接影响区的范围、面积等情况。

(3)说明水土流失防治分区划分原则及分区结果。

(七)水土流失预测

水土流失预测部分应包括下列内容：

(1)预测范围和预测时段。

(2)说明预测方法及土壤侵蚀背景值、扰动后的模数值的取值依据。

(3)水土流失预测成果。应说明项目建设扰动地表面积、产生的弃土(石、渣、矸)量和可能产生的水土流失量、损坏水土保持设施的面积与数量等。

(4)可能产生的水土流失危害分析与评价。

(5)预测结论、综合分析及防治措施布设的指导性意见。

(八)防治目标及防治措施布设

防治目标及防治措施布设部分应包括下列内容：

(1)防治目标，提出定性与定量的防治目标。

(2)水土流失防治措施布设原则。

(3)水土流失防治措施体系和总体布局，并附防治措施体系框图。

(4)不同类型防治工程的典型设计。

(5)防治措施及工程量。应按分区类型对工程措施、植物措施和临时防护措施列表说明其工程量。

(6)水土保持工程施工组织设计。

(7)水土保持措施实施进度安排。

(九)水土保持监测

水土保持监测部分应包括下列内容：

(1)监测时段。

(2)监测区域(段)、监测点位。

(3)监测内容、方法及监测频次。

(4)监测工作量。说明监测所需的土建设施、消耗性材料、监测设备以及监测所需人工等。

(5)水土保持监测成果要求。

(十)投资估算及效益分析

投资估算及效益分析部分应包括下列内容:

(1)投资估算的编制原则、依据和方法。

(2)水土保持投资概述。应附投资估算汇总表、分年度投资表、工程单价汇总表和材料用量汇总表。

(3)防治效果预测。对照制定的目标,验算达到6项定量防治目标的情况。

(4)水土保持损益分析。从水土资源和生态与环境等方面进行损益分析及评价。

(十一)实施保障措施

实施保障措施部分应包括下列内容:

(1)组织领导与管理。

(2)后续设计的安排。

(3)水土保持工程招标、投标的计划与承诺。

(4)水土保持工程建设监理的委托与承诺。

(5)水土保持监测的计划与承诺。

(6)施工管理的计划。

(7)企业内部的水土保持检查与验收计划等。

(8)资金来源及使用管理。

(十二)结论及建议

结论及建议部分应包括下列内容:

(1)水土保持方案总体结论。

(2)下阶段水土保持的具体要求。

(十三)附件、附图和附表

附件应包括下列内容:

(1)项目立项的有关申报文件、批复文件、相关规划和工程可行性研究的初步意见等文件。

(2)水土保持方案编制委托书。

(3)方案(送审稿)技术评审意见。

(4)说明防治责任范围确认的函件和说明防治责任范围转移的函件。

(5)水土保持投资估(概)算附件。

(6)其他与工程相关的资料。

附图应包括下列内容:

(1)项目所在地的地理位置图。

(2)项目区地貌及水系图。

(3)项目总平面布置图及施工总布置图。

(4)项目区土壤侵蚀强度分布图、土地利用现状图、水土流失防治区划分图。

(5)水土流失防治责任范围图。

(6)水土流失防治分区及水土保持措施总体布局图。

(7)水土保持措施典型设计图。

(8)水土保持监测点位布局图。

(9)其他图件。

附表主要包括水土保持投资估算附表、方案特性表等。

第二节　水土保持方案报告书编写要点

一、水土保持方案报告书的结构安排

水土保持方案报告书共由13部分组成,各部分内容的结构安排特点概括如下。

(1)综合说明。第1部分综合说明作为水土保持方案总体内容的高度概括,放在报告书的最前面,主要意义为方便各相关部门了解水土保持方案的核心内容,适应各相关部门技术评审、审批、落实和检查验收的需要。从编写程序上看,综合说明是在整个方案各部分内容编写完成后,最后编写。

(2)第2部分水土保持方案编制总则和第11部分方案实施保证措施在各类开发建设项目的编写内容中有许多相似部分。主要从符合国家的有关政策、法律法规、规范标准、技术文件以及保证方案实施的组织与领导、方案内容的落实,应按有关规范的程序、规程和制度等来确保方案中的内容按照相应标准与要求予以实施。这两部分主要是从宏观上指导方案的编制和保证方案内容在实际工程建设中的实施。

(3)第3部分项目概况是与主体工程结合最紧密的部分,也是方案编制的重点内容之一,同时该部分与第6部分防治责任范围和防治分区的划分联系密切。该部分是在全面了解工程项目的特性、组成、布局和主体工程设计等内容后,同时通过现场考察与收集相关资料,熟悉工程现场情况,从水土保持方案的角度分析主体工程建设与运行造成水土流失的重点环节,在掌握与水土保持有关内容的基础上再进行编写。根据第3部分和第6部分内容的关系,这两部分内容可相互结合进行编写,或在第3部分内容中提出第6部分的相关内容。

(4)第5部分水土保持分析与评价是第8部分水土保持防治措施布局的基础部分。在第5部分主体工程中属于水土保持措施的要列入水土保持措施中并进行评价,在主体工程建设与运行中需要采取水土保持措施而未采取措施情况下,应在第8章中单独列出,并汇总水土保持防治分区采取水土保持防治措施的主要类型,绘制出水土保持防治措施布局图。

在分析和编写第5部分内容后编制第7部分水土流失预测的内容和第8部分水土流失防治措施布局的内容。

(5)第9部分水土流失监测主要是掌握原生水土流失和建设、生产过程中水土流失类型以及变化情况。达到监督方案落实和检验方案中防治措施落实后其防治效果及是否达到防治目标,以便为以后类似项目的建设提供有效的防治措施。

(6)第10部分投资估算与效益分析是水土保持方案的重要内容之一。进行投资估算是

落实措施投资的基础，也是方案实施的根本保障；通过效益分析评价水土保持方案的可行性。

(7)第 12 部分结论与建议得出主体工程水土保持分析评价结论和水土保持方案可行性分析结论。即从水土保持的角度得出项目建设是否可行的结论，并针对水土保持分析与评价中提出的问题以及确保方案实施等方面的内容对后续工作提出合理的建议和需要研究解决的问题。

(8)第 13 部分的附件、附图和附表是前述各部分内容需要附加的相关文件依据、资料和图表等。这部分属于前述各部分内容必须提供的佐证材料、文件以及相关资料、图件和表格的汇总，与前述各章内容相结合形成全面而完善的水土保持方案内容。

二、水土保持方案报告书各项内容编写要点

(一)综合说明的编写要点

综合说明作为水土保持方案报告书的第一章，为水土保持方案主体内容的核心，编写内容应简洁明了。

1. 主体工程概况

简述主体工程项目概况。主体工程所处的行政区划位置，项目建设的必要性、项目在相关行业规划中的地位和前期工作进展情况；工程所在的地理位置、建设内容、建设性质、规模和工程等级等，并说明项目组成的总占地面积、占地类型、移动的土石方量、取(弃)土场的数量与规模以及场外运输条件等内容；开竣工时间、总工期、总投资、土建工程投资等与水土保持有关的内容；方案设计深度(应与主体工程设计深度相一致)和方案设计水平年(主体工程完工后，方案确定的水土保持措施实施完毕并初步发挥效益的时间。建设类项目为主体工程完工后的当年或后一年，建设生产类项目为主体工程完工后投入生产之年或后一年)。

2. 项目区概况

简述项目所在地的地形地貌、气候类型和主要的气象要素、主要土壤、植被类型和林草覆盖率、水土流失类型和强度、土壤侵蚀模数、允许土壤流失量、在全国土壤侵蚀类型区划中所处的类型区以及在全国或省级水土流失重点防治区公告中所处的区域。

如某高速公路工程，地处东北黑土区的大兴安岭向松嫩平原的过渡地带，属于中温带半湿润季风气候区。地貌类型为中低山和漫岗丘陵；年平均气温 1.74 ~ 3.2 ℃、≥10 ℃的积温 2 480 ~ 2 500 ℃，年平均降水量 476.9 ~ 505.2 mm，年平均风速 2.3 ~ 2.8 m/s，最大风速 20.7 ~ 24.0 m/s，最大冻土深度 2.11 ~ 2.13 m；土壤主要为黑土和暗棕壤；植被由森林向草甸演替，林草覆盖率 50% ~ 80%。水土流失类型为轻度水力侵蚀，漫岗丘陵区土壤侵蚀模数 600 t/(km^2 · a)，中低山区 300 t/(km^2 · a)，土壤侵蚀容许值 200 t/(km^2 · a)，为国家公告的水土流失重点预防保护区。

3. 主体工程水土保持分析评价意见

首先说明对主体工程选址(线)比选方案的水土保持分析评价结论；其次逐条列出对主体方案推荐方案设计的水土保持分析评价结果，对不符合水土保持限制性规定的，提出改正意见或解决办法。

4. 水土流失防治责任范围与防治分区

(1)水土流失防治责任范围介绍。根据行政区、占地性质、占地类型和占地数量的统计结果、永久占地和临时占地情况,说明清楚项目水土流失防治责任范围的面积,其中项目建设区的面积为多少,直接影响区的面积是多大。若项目建设区既有征地也有与其他项目存在共用场地时,应作出说明。

(2)项目建设水土流失防治分区的划分情况。说明项目划分的水土流失各防治分区的情况。

5. 水土流失预测结果

(1)项目建设扰动面积。说明工程建设可能扰动、破坏原地貌的面积为多大,占项目总占地面积的百分比。

(2)损坏水土保持设施情况。说明工程建设期(含施工准备期、施工期和自然恢复期)损坏水土保持设施面积,其中损坏林草措施面积以及损坏林草措施面积占项目所在地林草总面积的比例,损坏水土保持工程的座数。

(3)弃土弃渣量。包括弃土弃渣总量是多少,其中建设期、运行期和施工临时堆土量各是多少。

(4)总的可能产生的水土流失总量。造成的土壤流失总量为多少,其中新增的土壤流失量为多少;新增土壤流失量中施工期(含施工准备期)、自然恢复期和运行期各是多少;可能造成的水的流失量为多少。

6. 水土保持措施总体布局及主要工程量

按防治分区分为工程措施、植物措施和临时防护措施,以表格形式说明水土保持措施的总体布设情况以及各项措施的工程量。

7. 水土保持监测概要

可按水土保持监测时段、分区、点位布设、内容和频次等方面列表说明。

8. 水土保持投资估(概)算及效益分析

(1)水土保持投资估(概)算成果。简略说明项目建设期水土保持工程总投资为多少,其中水土保持工程措施、植物措施及临时防护措施的投资分别是多少。独立费用(含水土保持监理费、水土保持监测费)、基本预备费和水土保持设施补偿费分别为多少。

(2)效益分析结论。着重说明实施水土保持方案中的水土保持措施后,与该区的防治标准相比较是否达到了防治目标的要求,可以用表格对比的形式列出;介绍水土保持损益分析的主要结论。

9. 结论与建议

结论包括两方面的内容。①对主体工程水土保持分析评价结论:说明从水土保持方面的要求看,主体工程选址(线)方案的比选结果和对主体工程推荐方案设计的分析评价意见;②水土保持方案可行性分析评价结论:根据设计水平年水土保持6项防治目标值和水土流失的影响因素分析,说明方案实施后项目建设造成的水土流失是否能得到有效的防治,能否将危害降低到最低限度,生态环境得到恢复和改善的状况。综上所述,从水土保持角度看得出项目建设是否可行的结论。

另外,根据对主体工程水土保持分析评价中存在的问题和确保方案实施等方面,对工程的后续设计单位、施工单位和施工管理及水行政职能管理部门等分别提出实施该工程水土保持方案合理化建议和在下阶段需要进一步深入研究的问题。

10. 水土保持方案特性表

水土保持方案特性表见表14-1。填写内容要点说明：①动工时间为施工准备期开始时间；②重点防治区指项目所在地归属于国家或省级水土流失重点预防保护区、重点监督区和重点治理区；③水土流失防治责任范围应等于项目建设区面积与直接影响区面积之和；④水土流失预测总量指建设期内，项目建设区内可能造成的水土流失总量（含背景值）；⑤新增水土流失量指项目建设区内由于工程建设可能增加的水土流失总量；⑥防治目标填写方案确定的设计水平年综合目标值；⑦防治措施指汇总的建设期各类防治措施的数量；⑧水土保持总投资和独立费用指建设期内由基本建设投资渠道列支的投资。

（二）方案编制总则的编写要点

1. 方案编制的目的和意义

可参考以下几方面编写：

（1）全面落实《水土保持法》及相关法规。《水土保持法》第八条规定："从事可能引起水土流失的生产建设活动的单位和个人，必须采取措施保护水土资源，并负责治理因生产建设活动造成的水土流失。"这一规定明确了防治人为水土流失的责任主体是从事开发建设的单位和个人。为此根据法律规定在明确了责任主体的同时，通过方案编制合理界定责任主体的防治责任范围，以落实防治义务和防治目标。

（2）因地制宜，综合防治。针对生产建设项目的类型，可能造成水土流失的重点区域和时段以及防治目标的要求，通过方案编制可因地制宜地使工程、植物和临时防护措施相互结合，以有利于布设科学、合理和综合的防治措施体系，为责任主体防治水土流失提供技术支撑。

（3）为后续设计和水行政主管部门的监督执法、竣工验收提供依据。方案是项目设计的组成部分，是后续设计的主要依据，方案的编制和实施，最终实现有效的防治生产建设活动造成的人为水土流失，保护生态环境，确保项目的安全运行，实现生产建设与生态建设的协调发展。

（4）编制水土保持方案的意义。可概括为有效地保护和合理利用水土资源，防治项目建设和生产造成的人为水土流失，最大限度地减少和降低生产建设对环境的影响，保证主体工程的顺利建设和安全运行。编写时应紧密联系项目和项目区的特点将内容具体化。

2. 编制依据

可根据项目建设的类型列出现行的主要依据，并特别注意依据的时效性、所属行业的有关法规和采用最新的内容。具体可包括6大类内容。

（1）法律法规。如《中华人民共和国水土保持法》、《中华人民共和国环境保护法》、《中华人民共和国环境影响评价法》、《中华人民共和国土地管理法》、《中华人民共和国水土保持法实施条例》、《建设项目环境保护条例》和各省（区、市）实施中华人民共和国水土保持法办法等。以上是所有项目都必须依据的法律法规。对于应遵循的项目所属行业的有关法规也应逐一列出。如对于穿越河流，处于河谷阶地、河滩地或在河道取沙的项目，应增加《中华人民共和国水法》、《中华人民共和国防洪法》和《中华人民共和国河道管理条例》等;在风沙区建设的项目应增加《中华人民共和国防沙治沙法》。其排列顺序先国家后地方、先法律后法规。

(2)部委规章。如《开发建设项目水土保持方案编报审批管理规定》、《开发建设项目水土保持设施验收管理办法》、《建设项目环境保护分类管理目录》和《水利工程建设监理规定》等。

(3)规范性文件。如《全国生态环境保护纲要》、《全国生态环境建设规划》、《国务院关于加强水土保持工作的通知》、《开发建设项目水土保持方案管理办法》、《关于加强大中型开发建设项目水土保持监理工作的通知》和《水利部关于划分国家级水土流失重点防治区的公告》等。

(4)规范、标准。《开发建设项目水土保持技术规范》、《开发建设项目水土流失防治标准》、《水土保持综合治理 技术规范》、《土壤侵蚀分类分级标准》、《水土保持监测技术规范》、《开发建设项目水土保持设施验收技术规程》、《水利水电工程制图标准 水土保持图》和《水土保持工程概算定额》等。此外,应用的项目所属行业的有关规范与标准也应列出。

(5)技术文件。包括主体工程项目建议书、可行性研究报告和初步设计的审查、审批文件以及方案编制委托书等。

(6)技术资料。主要包括主体工程可行性研究报告、初步设计,以及编制时应用的水土保持区划、规划、监测和土壤侵蚀调查资料等。

3. 水土流失防治标准等级的确定

按生产建设项目所处水土流失防治区和区域水土保持生态功能的重要性确定。

(1)一级标准。①地处依法划定的国家级水土流失重点预防保护区、重点监督区和重点治理区或省级水土流失重点预防保护区;②建设项目的生产建设活动对国家和省(自治区、直辖市)级人民政府确定的重要江河、湖泊的防洪河段、水源保护区、水库周边、生态保护区、景观保护区、经济开发区等直接产生重大水土流失影响,并经水土保持方案论证确认作为一级标准防治的区域。

(2)二级标准。①地处依法划定的省级水土流失重点监督区和重点治理区;②建设项目生产建设活动对国家和省(自治区、直辖市)、市级人民政府确定的重要江河、湖泊的防洪河段、水源保护区、水库周边、生态保护区、景观保护区、经济开发区等直接产生较大水土流失影响,并经水土保持方案论证确认作为二级标准防治的区域。

(3)三级标准。地处一、二级标准未涉及区域的生产建设项目。

当上述两项规定确定的防治标准出现交叉时按下列规定执行:①同一项目所处区域出现两个标准时,采用高一级标准;②线型工程项目根据上述确定原则,分段确定标准等级。

4. 指导思想

根据国家法律法规、有关政策和形势发展的要求,概括说明指导方案编制的基本理念、遵循的规律、采取的技术路线和达到的目的。例如:全面贯彻国家和地方的有关法律、法规,落实科学发展观,树立人与自然和谐相处的基本理念,遵循自然、经济和社会发展规律,围绕建设生态文明和小康社会的目标,从保护生态环境、促进资源的合理开发利用为出发点,以生态建设保护开发利用,促进开发利用与生态保护的相互协调。认真落实《开发建设项目水土保持技术规范》,总结和运用同类工程的防治经验,充分利用科研成果和施工先进技术,达到防治分区科学、措施应用合理、防治体系完善和防治效果显著的目的。

5. 方案编制原则

方案编制的原则应符合国家有关水土保持的总体要求,根据项目特点和所处的设计阶段,简要说明方案编制所遵循的主要原则,具体可概括为以下几个方面:

(1)明确责任的原则。根据《水土保持法》的规定,在明确防治主体的基础上,合理划分水土流失防治的时间和空间范围。如根据工程特点,界定项目在建设期、试运行期和生产期的水土流失防治责任范围;对于续建、改建和扩建工程,应按"以新代老"的原则,将原工程遗留的水土流失问题一并纳入该工程水土保持方案进行治理。

(2)预防为主、保护优先的原则。针对主体工程和新增水土流失的特点,按照"预防为主、保护优先、先拦后弃"的基本原则,合理限定施工扰动范围,做好土石方的合理调配和综合利用,减少土石方临时堆放及地表裸露的时间;合理配置水土保持措施,实现永久性措施和临时性措施相结合;应用先进的施工工艺和生产工艺,并通过优化施工组织形式和规范施工队伍的行为以防止新的水土流失的形成。

(3)与主体工程设计相衔接的原则。法律规定了水土保持方案报告制度,明确了生产建设项目与水土保持方案的关系。水土保持方案是依附于生产建设项目的,如果主体工程设计的内容不确定,则水土保持方案的内容也不确定。反之,如果水土保持方案未通过评审批准,则生产建设项目不能立项。因此,水土保持方案对主体工程的水土保持内容有补充或修正的作用,在主体工程设计中已设计了一些防护措施,方案编制时在对主体工程设计中水土保持工程分析的基础上,根据综合防治的要求,本着缺什么补什么、不重不漏的原则,确定方案应补充的措施,使两者结合构成完善的综合防护体系。

(4)因地制宜、综合治理的原则。不同项目及不同地理区域的水土流失状况不同,决定了水土流失防治措施必须符合各项目所在地的水土流失类型及防治分区的要求,并结合当地同类工程的水土保持经验,按照"因地制宜、综合治理"的原则,合理布局水土流失工程、植物和临时防治措施,建立选型正确、措施配套、结构合理和效益显著的综合防护体系,实现标本兼治。

(5)全面防治、突出重点的原则。生产建设项目分为线型工程、点型工程两大类,将这两大类又可分为12个二级类型工程。不同类型工程时空分布及水土流失特点不同,要在全面防治的基础上,因地、因类、因项目制宜,突出重点时段和重点部位的防治。

(6)"三同时"的原则。《水土保持法》规定:开发建设中的水土保持设施必须与主体工程同时设计、同时施工、同时投产使用,建设工程竣工验收时,应当同时验收水土保持设施。为此,在方案编制中应合理安排水土保持设施的实施进度,注重及早发挥水土保持设施的生态功能作用和增加主体工程的安全运行系数,并从方案实施的组织领导、不同设计深度的要求、资金的落实与使用以及内部监督管理等方面提出保证措施。

(7)景观协调、绿化美化的原则。方案编制应依据"统筹协调,人与自然和谐"的理念,分析评价主体工程的选址、取(弃)土场的布设及水土保持措施的配置与周边的环境的相互协调。如高速公路的取土场、弃渣场应尽量避开车辆正常行驶的可视范围,防止随意开挖裸露面或弃渣场;在路基、路堑边坡的防护上,在应用工程措施确保边坡安全的状况下,注重植物措施的配置和乔灌花草的合理搭配,使水土保持措施的实施与环境的绿化和美化相统一，与周边的景观相协调。

（8）经济合理的原则。在确保水土保持生态功能的条件下，避免盲目追求标准过高、造价昂贵的措施。工程措施尽量做到就地取材，植物措施应从适于当地生长的树种和草种中选择，以减少建设期的投入和运营期的养护工作量。如在西部地区，水资源紧缺，若过多地选用外来的植物种类，依赖灌溉设施和不足的水源条件，必然会增加工程造价和加剧当地的水资源供应压力。因此，选用当地耐旱、抗逆和繁殖力强的旱生、沙生植物，既可达到绿化和固沙的目的，又节省了水土保持的投资。

6. 设计深度和设计水平年

（1）方案编制的设计深度。方案编制深度应与主体工程的设计深度相一致。主体工程处于可行性研究阶段，方案编制也为可行性研究深度；主体工程处于初步设计阶段，则方案编制也应达到初步设计深度。

（2）设计水平年。设计水平年为主体工程完工后，方案确定的水土保持设施实施完毕的年份。届时方案确定的各项设施均已布设到位，能稳定发挥或初步发挥水土保持的功能，达到方案确定的防治目标，满足水土保持专项验收的要求。一般情况为，建设类项目设计水平年，指主体工程完工的当年或后一年；建设生产类项目为主体工程完工后投入生产之年或后一年。

（三）项目概况编写要点

1. 基本情况

主要包括建设项目的名称、项目法人单位、项目所在地的行政区划位置、地理位置（附地理位置图）、建设目的与性质、工程任务、等级与规模，若与其他项目有依托关系也应作出说明。对于矿山类项目，还应介绍矿山的境界范围、资源与可采储量、开采年限、可采方式、接替计划和首采区等情况。也可用表格的形式反映工程特性和经济技术指标，如表 14-2 为某公路工程特性表。编写时不同类型项目的工程特性表可根据工程具体情况增减内容。

表 14-2　某公路工程特性表

<table>
<tr><td colspan="4">一、项目的基本情况</td><td>所在流域</td><td></td></tr>
<tr><td>项目名称</td><td colspan="3"></td><td>建设地点</td><td></td></tr>
<tr><td>建设单位</td><td colspan="3"></td><td>建设性质</td><td></td></tr>
<tr><td>总投资</td><td colspan="3">亿元</td><td>土建投资</td><td>亿元</td></tr>
<tr><td>建设期</td><td colspan="5">共××个月。计划××××年××月××日开工，××××年××月××日竣工</td></tr>
<tr><td rowspan="6">建设规模</td><td rowspan="3">主线</td><td>公路等级</td><td>四车道高速公路</td><td>设计行车速度(km/h)</td><td></td></tr>
<tr><td>长度(km)</td><td></td><td>路基宽度(m)</td><td></td></tr>
<tr><td>路面类型</td><td></td><td>桥梁宽度(m)</td><td></td></tr>
<tr><td rowspan="3">连接线</td><td>公路等级</td><td></td><td>设计行车速度(km/h)</td><td></td></tr>
<tr><td>长度(km)</td><td></td><td>路基宽度(m)</td><td></td></tr>
<tr><td>路面类型</td><td></td><td>桥梁宽度(m)</td><td></td></tr>
</table>

续表 14-2

<table>
<tr><td colspan="7">二、项目组成及主要技术指标</td></tr>
<tr><td colspan="2" rowspan="2">项目组成</td><td colspan="3">占地面积(hm^2)</td><td rowspan="2">主要工程项目名称</td><td rowspan="2">主要技术指标</td></tr>
<tr><td>合计</td><td>永久占地</td><td>临时占地</td></tr>
<tr><td rowspan="7">主体工程区</td><td>路基</td><td></td><td></td><td></td><td>特大桥</td><td></td></tr>
<tr><td>路基防护工程</td><td></td><td></td><td></td><td>大桥</td><td></td></tr>
<tr><td>中央隔离带</td><td></td><td></td><td></td><td>中桥</td><td></td></tr>
<tr><td>桥涵工程</td><td></td><td></td><td></td><td>小桥</td><td></td></tr>
<tr><td>隧道工程</td><td></td><td></td><td></td><td>涵洞</td><td></td></tr>
<tr><td>路线交叉工程</td><td></td><td></td><td></td><td>隧道</td><td></td></tr>
<tr><td>附属设施</td><td></td><td></td><td></td><td>互通式立交</td><td></td></tr>
<tr><td colspan="2">施工生产生活区</td><td></td><td></td><td></td><td>分离式立交</td><td></td></tr>
<tr><td colspan="2">施工便道</td><td></td><td></td><td></td><td>通道/天桥</td><td></td></tr>
<tr><td colspan="2">(土、砂、石)料场</td><td></td><td></td><td></td><td>管理设施</td><td></td></tr>
<tr><td colspan="2">弃渣场</td><td></td><td></td><td></td><td>施工道路</td><td></td></tr>
<tr><td colspan="2">合计</td><td></td><td></td><td></td><td>拆迁安置</td><td></td></tr>
</table>

<table>
<tr><td colspan="8">三、项目土石方挖填工程量(万 m^3)</td></tr>
<tr><td colspan="2">项目组成</td><td>挖方</td><td>填方</td><td>调入方</td><td>调出方</td><td>外借方</td><td>弃方</td></tr>
<tr><td rowspan="7">主体工程区</td><td>路基</td><td></td><td></td><td></td><td></td><td></td><td></td></tr>
<tr><td>路基防护工程</td><td></td><td></td><td></td><td></td><td></td><td></td></tr>
<tr><td>中央隔离带</td><td></td><td></td><td></td><td></td><td></td><td></td></tr>
<tr><td>桥涵工程</td><td></td><td></td><td></td><td></td><td></td><td></td></tr>
<tr><td>隧道工程</td><td></td><td></td><td></td><td></td><td></td><td></td></tr>
<tr><td>路线交叉工程</td><td></td><td></td><td></td><td></td><td></td><td></td></tr>
<tr><td>附属设施</td><td></td><td></td><td></td><td></td><td></td><td>(管理、服务、收费区等)</td></tr>
<tr><td colspan="2">施工生产生活区</td><td></td><td></td><td></td><td></td><td></td><td></td></tr>
<tr><td colspan="2">施工便道</td><td></td><td></td><td></td><td></td><td></td><td></td></tr>
<tr><td colspan="2">土(砂、石)料场</td><td></td><td></td><td></td><td></td><td></td><td></td></tr>
<tr><td colspan="2">弃渣场</td><td></td><td></td><td></td><td></td><td></td><td></td></tr>
<tr><td colspan="2">合计</td><td></td><td></td><td></td><td></td><td></td><td></td></tr>
</table>

2. 项目组成与布置

以主体工程推荐方案为基础，说明项目由哪几部分组成，介绍平面布局并附平面布置图，主要技术指标和各组成部分内容可从工程特性表中予以了解。根据主体工程设计情况，说明项目附属工程的建设内容，并对项目建设所需的附属工程予以说明。若为改扩建工程还应说明与原工程的联系，如利用原工程征占地面积和供水、供电、通信、道路、排土场和其他设施情况等。

在介绍项目组成时，应将工程和水土流失特点、施工方式相近的进行归类。如公路项目由线路工程、取土场、弃渣场、施工生产生活区、施工便道和供电与通信线路等部分组成；水利水电枢纽工程由枢纽工程、库区、施工生产生活区、弃渣场、取料场、道路、移民安置、专项设施迁建、输电与通信线路和供排水管线等部分组成。

3. 施工组织

①主要介绍施工场地的布置、施工工艺、主要工艺和时序，分段分部分进行施工的应列表说明，重点阐述与水土保持相关的内容，如表土剥离、施工营地、材料堆放场地、施工道路、取料场、贮灰场、排土场和弃渣场等布置情况。对于隧道和穿河等土石方开挖工程，要说明出渣方法、出渣量及弃渣的处置方法。可附主要施工工艺流程图。②说明施工方法特别是土石方工程挖、填、运、弃的施工方法和工艺。③说明建设生产用的土、石、沙、沙砾料等的数量、来源及相应的防治责任。对自采加工料，应说明综合加工系统、料场的位置、数量、可采量及弃渣场的确定情况等。④施工所用的水电等能源供应方式和设施布局情况也应予以说明。

4. 工程征占地

工程征占地包括永久性占地和临时性占地，应按项目组成及行政区划列表说明占地性质、占地类型和占地面积等内容。如表 14-3 所示为某民用机场工程占地表。

表 14-3 某民用机场工程占地表 （单位：hm^2）

占地性质	项目组成	占地面积	占地类型		
			林地	草地	农地
永久占地	飞行区	107.60	100.0	5.6	8.00
	航站区	20.66	20.66		
	进场道路	7.87	5.00	0.87	
	供电线路	0.02	0.01		
	场外排水区	0.34	0.34	0.02	
	小计	149.49	126.01	6.49	8.00
临时占地	进场道路	5.47	3.88	3.59	
	供电线路	0.36	0.16		
	场外排水区	0.43	0.43	1.2	
	小计	6.76	4.97	4.79	
合计		156.25	130.98	11.28	8.00

5. 土石方平衡

分项或分段说明工程挖填方量及工程挖填方总量。用土石方平衡表反映项目各组成部分及总体土石方平衡情况，包括挖方量、填方量、调入方量、调出方量、借方量和弃方量，并对弃方量的利用情况作出说明。土石方平衡应根据项目设计资料、标段划分、地形地貌、运距、土石料质量、回填利用率、剥采比等合理确定取土量、弃土量和开采、堆弃地点与形态等，并附土石方平衡表和土石方流向框图。对于线型建设项目，应根据施工条件按自然节点如河流或隧道等分段进行土石方平衡计算。注意：不能将专设的取料场、弃渣场参与土石方平衡计算。

6. 工程投资与施工进度安排

应介绍主体工程总投资、土建投资、资本金构成及来源等。为与土建投资统一，总投资采用静态投资。

施工进度安排应说明主体工程总工期，包括施工准备期、开工时间、完工时间、投产时间和建设进度安排等。对于分期建设的项目还应介绍清楚前期和后期项目的情况。同时从施工准备期开始，按项目组成绘制主体工程施工进度单线横道图。

7. 拆迁与移民安置

主要介绍拆迁（移民）安置、专项设施改建等内容。包括拆迁（移民）规模（迁移的户数、人口）、搬迁规划和范围、安置原则、安置方式、安置地点和集中安置的占地面积等。移民安置、移建工程，由建设单位负责的应将其作为一个防治区，列入防治责任范围。

（四）项目区概况编写要点

项目区概况介绍应满足对主体工程水土保持分析评价、水土流失预测和水土保持防治措施布设等方面的要求，按以下内容简述。

1. 自然环境概况

（1）地质。简述项目区所处的大地构造位置、地质结构和工程地质情况，重点说明项目区的岩性、地下水埋深、地震烈度（衡量地震强度的标准称为地震的震级；衡量地面和建筑物等受到地震影响的破坏程度称为烈度。震级是表示地震本身大小的等级，与震源释放出来的能量多少有关；离震中越近，烈度越大；反之越小，烈度可分 12 度）和不良地质灾害现象等内容。

如项目区及周边有不良地质灾害，应对其详细调查，明确其类型、活动范围及对工程的影响，包括岩石风化、斜坡滑动、崩塌、岩溶、河流的侵蚀与堆积、泥石流、塌陷和塌岸等灾害，以便于分析不良地质灾害可能对项目建设的影响及其应采取的防治措施。

（2）地形地貌。地形地貌主要介绍项目区的地貌类型（我国地貌划分为平原、盆地、高原、丘陵、低山、中山、高山和极高山几类，见表 14-4）、地表形态要素、地表物质组成等。对于项目区地表形态的描述，应重点说明项目区内海拔的最高点、最低点，高差范围；项目区平均地面坡度、最大坡度、最小坡度和沟壑密度等。

（3）气候气象。主要介绍项目区所处的气候带、所属的气候类型（线型工程跨几个气候区的，应分别加以说明）和主要气象要素。重点说明与工程、植物措施配置相关的气象因子，如年均气温、≥10 ℃的积温、极端最高气温、极端最低气温、最高月平均气温、最低月平均气温;无霜期、冻土深度;年平均降水量、降水量年内分配状况、最大日降水量、年蒸发量;全年大风日数、平均风速、主导风向、沙尘暴天数等与水土流失强度、植物措施配置及复耕相关的气象因子。此外,还需介绍典型工程设计所用到的设计频率的暴雨特征值。

表 14-4　中国地貌分类表

类别	绝对高度(m)	相对高度(m)	地面特征
平原	多数 <200		平坦,偶有浅丘孤山
盆地		盆底至盆周高差在 500 m 以上	内流盆地地势平坦,外流盆地分割为丘陵
高原	>1 000	比附近低地高出 500 m 以上	古侵蚀面或沉积面保留的部分平坦,其余部分起伏崎岖
丘陵		<200	宽谷低岭,或聚或散
低山	500～1 000	浅切割 100～500 中等切割 500～1 000	山形圆浑,地面零乱,但比丘陵分布规则
中山	1 000～3 500	浅切割 100～500 中等切割 500～1 000 深切割 >1 000	有山脉形态,但分割破碎
高山	3 500～5 000	浅切割 100～500 中等切割 500～1 000 深切割 >1 000	尖峰峭壁,谷深山高
极高山	>5 000	>1 000	位于现代冰川和雪线以上,冰峰雪岭,山形高峻

(4)水文。主要包括项目区及周边区域的水系、地表水状况、径流模数、输沙量、河流平均含沙量、河道冲淤情况、洪水(水位、水量)与建设场地的关系、最高洪水位和防洪要求等情况,必要时应附水系图。若项目区包含沟道工程应说明设计频率的洪峰流量、洪水总量及防洪作用。通过分析当地发生山洪的情况,为确定水土保持措施的设计标准提供依据。

(5)土壤。简要介绍项目区和周边区域的土壤类型及分布、土层厚度、土壤理化性质和土壤的可蚀性,根据植被恢复的需要还应说明土壤质地和土壤肥力情况。为采取措施进行土地利用改良和防治水土流失提供科学依据。

(6)植被。主要介绍项目区在全国植被分区中的区属、当地林草植被类型,包括乡土树(草)种,主要群落类型、植被的垂直及水平分布、林草植被的覆盖率和生长状况等基本情况。

2. 社会经济概况

主要说明社会经济情况、土地利用情况、当地的支柱产业和产业结构调整方向等与水土保持关系密切的内容。点型工程以乡级、线型工程以县级为单位进行调查统计。不需单独编报移民(拆迁)安置区水土保持方案的,应说明拟安置或迁建区的位置、面积、土地利用现状等基本情况。

社会经济概况的描述应包括下列内容:①项目区人口、人均收入、产业结构;②项目区的土地类型、利用现状、分布及面积,基本农田、林(草)地面积以及各种用途的土地所占比例、人均基本农田及人均耕地等情况。根据需要可列表说明。

3. 水土流失和水土保持概况

介绍项目区在全国土壤侵蚀类型区所处的区域;项目区及周边区域水土流失类型、强度、面积、土壤侵蚀模数和允许土壤流失量等,并说明允许土壤流失量和项目区水土流失背景值取值的依据,可通过列表、附图的形式进行说明。此外,根据项目周边区域的水土流失状况说明对工程项目的影响。

水土保持概况主要包括两方面内容:一是项目区及其周边区域的水土保持现状,二是项目区本身的水土保持问题。①重点介绍项目区国家级、省级和县级水土流失重点防治区划分情况,项目区的水土保持概况如项目区内现有水土保持设施及科研、监测等设施的类型、数量、保存状况、防治水土流失的效果(含减沙、保水、保土效益以及经济效益、社会效益和生态效益等);②水土流失治理程度、主要经验、成功的防治工程类型和适生林草品种及管护经验等内容;③同类型开发建设项目水土保持经验如水土保持工程措施的类型、临时防护工程的类型与布设、设计标准、施工组织和管理养护等经验;④对于扩建项目,应介绍上一期工程的水土保持措施实施情况,包括水土保持措施类型、工程已经完成的数量、发挥的效益、还存在的问题和对本方案的建议等。

(五)主体工程水土保持分析与评价编写要点

主体工程的水土保持制约性的分析评价,应对照《开发建设项目水土保持技术规范》的限制性规定,对主体工程的选址(线)和总体布局、取料场的选址、弃渣场的选址、施工组织设计、主体工程施工规定、工程管理和土石方平衡等进行分析评价,对不符合水土保持规定和要求的提出变更或补救方案,使项目建设既符合水土保持要求,又达到项目建设的目的。

1. 主体工程选址(线)的水土保持分析评价

在可行性研究阶段,除改建、扩建工程外,主体工程的选址(线)一般都有比选方案,评价时首先审查主体工程推荐方案是否符合水土保持限制性规定,如果推荐方案不符合规范中的限制性规定,还应从水土保持角度对其他比选方案进行论证,提出水土保持意见;如果推荐方案和比选方案都存在不符合限制性规定,应对水土保持影响最小的方案提出补救意见。具体分析方法参考以下案例。

案例1:某铁路工程可行性研究阶段选址(线)的水土保持分析评价方法(见表14-5)。

从表14-5分析可知,除项目选线占用农耕地外,均符合水土保持限制性规定要求。对于不可避免占用耕地采取缴纳开垦费方式,委托相应级别的国土资源部门落实耕地占补平衡,确保耕地面积、数量和质量相当。

表 14-5　某铁路工程选址(线)的水土保持分析评价表

规范中对主体工程选址(线)的限制性规定		对照规定对本案例的分析	根据分析提出解决办法
严格限制行为	(1)选址应避开全国水土保持监测网络中的水土保持监测站点、重点试验区,不得占用国家规定的水土保持长期定位观测站	均不占用,符合要求	
	(2)城镇建设项目应提高植被建设标准,注重景观建设,注意排水、集雨工程	该项目为绕城工程,站场进行绿化,布设了排水设施。路基边坡 <3 m 时,采用草、灌护坡;>3 m 时采用浆砌石框架内植草护坡。路堑边坡采用喷混植生防护,以提高植被建设标准,注重排水和景观建设。符合要求	
普遍要求行为	(1)选址必须兼顾水土保持要求,宜避开生态脆弱区、泥石流易发区、崩塌滑坡危险区、固定非固定沙丘区以及易引起严重水土流失和生态恶化的地区,最大限度地减少人为水土流失	项目区生态环境好(不属于沙丘区),所经过的平原区水土流失轻微;经过的山丘区采取加大路堑侧沟平台宽度和实行削坡取土,降低路堑边坡高度,防治滑坡产生。符合要求	
	(2)选址(线)宜避开国家划分的水土流失重点预防保护区和重点治理成果区,最大限度地保护现有土地和植被的水土保持功能	项目区地处区域为省级划分的重点监督区。符合要求	
	(3)工程永久占地不宜占用农耕地,特别是水浇地、水田等生产力较高的土地	设计时尽量注意少占耕地,占用了 5 亩耕地,未占用水浇地和水田。不符合要求	落实耕地占补平衡规定,确保耕地数量和质量相当
	(4)在高填深挖路段,宜采用加大桥隧比例的方案,减少大填大挖。填高大于 20 m、挖深大于 30 m 的,原则上采用桥隧方案。路基、路堑在保证稳定的基础上,宜采用植物防护或工程与植物防护相结合的设计方案	桥涵比例占 80.3%,路基边坡 <3 m 时,采用草灌防护;>3 m 时用浆砌石框架内植草防护。路堑采用喷混植生防护。符合要求	

取料场、弃渣场的选址分析可参考上述方法予以分析评价。

2. 主体工程推荐方案设计的水土保持分析评价

对主体工程推荐方案设计的分析评价是在选址(线)评价的基础上,从水土保持角度对主体工程施工组织、主体工程施工、工程管理、工程布局和土石方挖填平衡等五个方面进行分析评价，通过评价对不符合开发建设项目水土保持技术规范的部分提出合理化建议或解决办法，达到最大限度地减少水土流失、保护生态、保护自然景观的目的。以主体工程施工为例说明分析评价的方法。

案例2：某铁路主体工程施工的水土保持分析评价（见表14-6）。

表14-6　某铁路主体工程施工的水土保持分析评价

规范中对主体工程施工的限制性规定		对照规定对本案例的分析评价意见	根据分析评价提出解决办法
绝对限制行为	开挖土石方和取料不得在指定取土(料)场以外地方乱挖	该工程不设取料场，所缺填料外购	
严格限制行为与要求	(1)施工道路、伴行路、检修道路等应严格控制在规定范围内，减少扰动范围，采取拦挡、排水等措施，必要时设桥隧，临时道路在施工结束后应进行迹地恢复	在设计中明确要求施工道路控制在规定范围内，施工结束后进行迹地恢复，但缺少临时防治措施设计	在方案中补充临时防护措施设计
	(2)在主体工程施工前，应剥离表土层并集中堆放，施工结束后用于复耕地、林草地的覆土	设计中规定施工前将表土剥离，集中堆放在站场、路基两侧等地，表土剥离量21.69万m^3，施工结束后用于复耕地、林草地覆土	
	(3)减少地表裸露时间，遇暴雨或大风天气应加强临时防护，雨季填筑土方时应随挖随运、随填随压	设计中按要求作出了明确规定	
	(4)临时堆土(石、渣)及料场的成品料应集中堆放，设沉沙、拦挡等措施	设计中明确要求集中堆放，但缺乏临时防治设施	方案中补充临时防治措施设计
	(5)开挖土石方和取料场，应先设置排水、沉沙、拦挡等措施后再开挖	项目不设取料场，在路堑开挖时没设置临时措施	方案中补充临时防治措施设计
	(6)土(砂、石、渣)料在运输过程中应采取保护措施，防止沿途散溢，造成水土流失	设计中没提出要求	在方案保证措施的加强施工管理中提出该要求

由表14-6分析可知，对照施工限制行为与要求，绝大多数符合要求。不符合要求的主要是缺少临时防治措施和在土、砂、石料运输过程中缺少保护措施。对临时防治措施，在方案设计中予以补充；对运输土、砂、石料过程中应采取保护措施，在方案实施保证措施中提出该要求。

对于其他的主体工程施工组织、工程管理、工程布局和土石方挖填平衡等内容可参考上述方法分别进行分析评价。

通过上述五方面的分析评价，对不符合限制性规定和要求的，在水土保持方案中进行补充，或对主体工程后续设计提出合理化建议；对不符合绝对性限制行为的设计内容，水土保持方案中应有明确的结论，并与主体设计单位共同协调提出处理意见；对确实无法避免的严格限制类行为，方案设计中应提高防治要求。

3. 主体工程设计中水土保持工程的分析评价

（1）水土保持工程的界定。根据水利部水土保持监测中心水保监[2008]8号文规定：①以防治水土流失为主要目标的防护工程，应界定为水土保持工程。以主体工程设计功能为主、同时兼有水土保持功能的工程，不纳入水土流失防治措施体系，仅对其进行水土保持分析与评价；当不能满足水土保持要求时，可要求主体设计修改完善，也可提出补充措施（纳入水土流失防治措施体系）。②对建设过程中的临时征地、临时占地，因施工结束后需归还当地群众或政府，水土流失防治责任将发生转移，须通过水土保持验收予以确认，各项防护措施均应界定为水土保持工程，纳入水土流失防治措施体系。③对永久占地区内主体设计功能和水土保持功能难以直观区分的防护措施，可按破坏性试验的原则进行排除：假定没有这项防护措施，主体设计功能仍旧可以发挥作用，但会产生较大的水土流失，该项防护措施应界定为水土保持工程，纳入水土流失防治措施体系。

（2）对界定为水土保持工程措施的具体要求。对界定为水土保持工程措施的内容可按项目组成逐个、逐项措施进行分析，介绍措施的位置、设计标准，建筑物的形式、主要尺寸和建筑材料，并列出工程量表。对其中的拦渣措施、防洪排导措施，还应复核其工程等级、防洪标准，分析其安全性。

（3）不界定为水土保持工程的措施。应按项目组成逐个、逐项分析其水土保持功能，但不列工程量。

（4）综合评价。按项目组成逐个分析主体已列防治措施能否满足防治水土流失的需要，如不能满足需要，应提出方案需要增加的措施。主体已列和方案新增水土保持措施互相结合、科学配置，形成综合防治体系。

为了便于界定上述两类措施，水利部水土保持监测中心水保监[2008]8号文《开发建设项目水土保持方案技术审查要点》中提出的界定意见如下。

（1）植物措施。各类植物措施均应界定为水土保持工程。

（2）拦挡措施。①燃煤电站贮灰场的灰坝属主体工程正常运转不可缺少的组成部分，方案只对其进行评价，不应界定为水土保持工程，但坝坡的综合护坡可作为水土保持工程；②冶金、有色金属等建设项目尾矿库的尾矿坝、冶炼渣库（赤泥库）挡渣坝不应界定为水土保持工程，方案只对其进行评价，但是排土场（废石场）拦渣坝、挡渣墙则应界定为水土保持工程；③井采矿排矸场的挡矸墙、拦矸坝应界定为水土保持工程，露天采矿排土场挡土墙、挡土坝应界定为水土保持工程；④水利水电工程弃渣场的挡渣墙、拦渣坝应界定为水土保持工程；⑤公路铁路工程路堑、路堤的挡土墙不应界定为水土保持工程；⑥管道工程横坡和顺坡段边坡挡墙不应界定为水土保持工程，而穿跨越河（沟）道的护岸措施,应界定为水土保持工程。

(3)排水措施。①电厂厂区、冶金和有色金属项目的选矿厂、煤矿工业广场、露天采场、水利水电工程生产生活区、公路服务区、铁路站场、输气和输油管道工程的站场、输变电工程站所等区域内的排水措施和区域外的截、排水措施,均应界定为水土保持工程;②公路和铁路路基的截、排水措施均应界定为水土保持工程;③在干旱缺水和沿海缺淡水的地区采取的降水蓄渗措施,应界定为水土保持工程。

(4)地面硬化工程。永久占地范围内的场地和道路硬化一般不应界定为水土保持工程,根据水土保持评价确需补充硬化措施的,可将此部分纳入水土保持投资。采用透水形式的硬化措施也可纳入水土保持投资。

(5)护坡工程。植物措施护坡、工程措施结合植物措施的综合护坡,如三维植物网护坡、混凝土网格植草护坡、六边形混凝土植草护坡、浆砌石拱型网格植草护坡等,均应界定为水土保持工程。单纯的工程护坡,如整片的浆砌石护坡、混凝土预制块护坡,一般不应界定为水土保持工程,特殊需要的可经方案论证后界定为水土保持工程。处理不良地质所采取的护坡,如混凝土喷锚护坡不应界定为水土保持工程。对于无不良地质、坡度缓的稳定坡面,如果主体设计采用单纯工程措施护坡,方案编制时应将护坡形式改为综合护坡或者植物护坡,并界定为水土保持工程。

(6)土地整治措施。土地整治措施应界定为水土保持工程。

(7)表土剥离及临时防护。表土剥离及临时防护应界定为水土保持工程。

(8)临时拦挡和覆盖措施。临时拦挡和覆盖措施均应界定为水土保持工程。

(9)其他。料场、渣场、施工生产生活区(含材料堆放地)等临时占地范围内的各类防护措施,均应界定为水土保持工程。降水蓄渗工程也应界定为水土保持工程,但江河湖海的防洪堤、防浪堤、抛石护脚等措施和厂区围墙等不应界定为水土保持工程。

4. 结论意见

(1)说明主体工程选址(线)、取料场和弃渣场位置选择的水土保持分析评价结论。

(2)对主体工程推荐方案设计提出合理化建议。通过对主体工程推荐方案设计的分析评价,提出合理化的建议,供初步设计时参考。对不符合水土保持限制性规定的提出解决办法。

(3)主体工程已列的水土保持措施、植物措施和临时防护措施与方案新增的各项水土保持等措施合理配置,形成水土保持综合防治措施体系。

(4)对可能诱发次生崩塌、滑坡、泥石流灾害的灰场、弃土(石、渣)场、排土场、排矸场、高陡边坡等提出在初步设计阶段进一步复核安全稳定的要求。

(六)水土流失防治责任范围与防治分区

1. 水土流失防治责任范围

合理地确定防治责任范围,科学地划分防治区域,是进行分区治理建立综合防治措施体系的基础。水土流失防治责任范围是指开发建设单位或个人,对开发建设行为可能造成水土流失必须采取有效措施进行防治的区域,包括项目建设区和直接影响区。

(1)项目建设区。指项目永久占用、临时占用、租用和管辖范围的土地,即项目征、占、用、管的土地。水利水电枢纽工程应包括水库淹没区。扩建、改建项目利用原有工程占地面积和管辖范围的,也应计入项目建设区。

(2)直接影响区。指项目建设区以外,由于开发建设活动可能造成水土流失及其直接危害的区域。直接影响区包括的内容为:①未征用的施工便道、临时堆土、堆渣、堆料占地;②灰渣场下方向、渣场、取料场和道路周边可能影响的区域;③地下采空项目对地表的影响区;④可能诱发泥石流、滑坡、崩塌和塌岸的区域;⑤水库周边可能引起滑坡、塌岸的区域;⑥桥梁上下游可能引起滞洪、冲刷的区域;⑦隧道进出口、仰坡及排水工程下游可能影响的区域;⑧排水沟尾段引起冲刷的区域;⑨规模较小的拆迁安置和道路等专项设施拆迁区。

直接影响区的范围应依据区域地形地貌、自然条件和主体工程设计文件,结合对类比工程的调查,根据风向、边坡、洪水下泄、排水、塌陷、水库水位消落、水库周边可能引起的浸渍,排洪涵洞上下游的滞洪、冲刷等因素,经分析后确定,不能简单地外延。当类比工程极少时,可参照下列范围研究确定:①线型工程:山区上边坡 5 m,下边坡 50 m;桥隧上边坡 5 m,下边坡 8 m;管道两侧各 5 ~ 10 m。丘陵区上边坡 5 m,下边坡加 2 m。风沙区两侧各 50 m。平原区两侧各 2 m。②点型工程:有坡面开挖的两侧各 2 m。③沉陷面积:可直接引用主体工程设计的预测范围。煤炭行业的经验公式是采空区面积乘以 1.2 为沉陷面积。④定向钻探穿越工程,根据被穿越工程的规模确定,一般取进出口两侧各 10 ~ 200 m。⑤人工边坡的直接影响范围可参考表 14-7。

表 14-7 人工边坡可能影响范围估算 (单位:m)

边坡类型	边坡高度			
	<8	8 ~ 15	15 ~ 20	20 ~ 30
土质开挖	5 ~ 8	8 ~ 12	20	
石质开挖	3 ~ 5	5 ~ 8	8 ~ 12	12 ~ 15
堆弃边坡	5 ~ 8	8 ~ 15	15 ~ 20	20 ~ 30

注:表中数值为从边坡的下边界起外延的范围,直接影响区可用表中的数值减去放坡(含马道)占用的范围。

水土流失防治责任范围的面积为:按上述方法确定的项目建设区面积和直接影响区面积之和。在方案编制中用文字说明清楚,并按项目组成、项目建设区、直接影响区与占地类型和列表进行汇总说明,跨行政区的,应将防治责任范围落实到县级。

2. 水土流失防治分区划分

水土流失防治分区的划分应根据野外调查勘察结果,按照项目区所处土壤侵蚀类型、地形地貌、主体工程布局、施工扰动特点、建设时序、自然属性、土壤侵蚀强度等因素,在确定的防治责任范围内划分一级或多级防治区。

防治分区的划分应各区之间具有显著的差异性,区内改造利用途径基本一致;对于跨土壤侵蚀类型区或在同一土壤侵蚀类型区但地貌类型复杂的项目,应按类型区的地貌分级划分类型区;一级分区应具有控制性、整体性和全局性的特点,各级分区层次分明而且具有关联性和系统性。另外，需要注意直接影响区一般不单独划分防治区，应随项目建设区一起划分。但井采矿工程的采空沉陷区域应单独划分一个防治区，并提出防治要求，不计算工程量和投资。

(1)点型工程水土流失防治分区的划分。可直接按工程建设造成水土流失的类型和强度，结合施工区划分。例如某选煤厂项目水土流失防治分区划分结果见表14-8。

表 14-8　某选煤厂项目水土流失防治分区表

序号	防治分区	数量(hm^2)	占地类型	水土流失特征	分区特征
1	工业场地防治区	20.55	草地	施工准备期场地开挖整平形成裸露地表和地面设施基础开挖的临时堆土、堆渣场产生水土流失	堆土堆料多，场地内施工集中，施工强度大
2	场外道路防治区	21.20	草地	路基修筑造成植被破坏，水土流失发生在道路开挖、回填施工过程中，施工对地表土壤的扰动强烈，导致水蚀、风蚀加剧	因属线型工程，施工土方工程量大，影响范围大，施工期易发生水土流失
3	铁路专用线防治区	30.23	草地	修筑路基造成植被破坏，水土流失发生在道路开挖、回填施工过程中，施工的扰动强烈，致使水蚀、风蚀加剧	铁路工程施工强度、占用面积和影响范围均较大，施工期的土石开挖易造成水土流失
4	排矸场防治区	22.71	草地	部分堆渣产生水土流失，生产期矸石堆放水蚀、风蚀加剧	为集中堆渣区，弃渣体松散，抗蚀性差，矸石场表面易造成水土流失且危害大
5	场外输电线路防治区	8.52	草地	塔基开挖造成植被破坏，形成水蚀、风蚀加剧	对周边的植被破坏较大，形成裸露地表和临时堆场，施工管理不便。不能疏漏水土流失的防治
6	场外给排水管线防治区	7.39	草地	基槽开挖造成植被破坏，形成的水蚀、风蚀加剧	施工作业带宽，植被破坏严重，形成裸露地表和临时堆场。施工管理不便，易疏漏水土流失防治措施
合计		110.60			

(2)线型工程水土流失防治分区的划分。宜先按土壤侵蚀类型区划分一级分区，再按地貌类型划分二级分区，在二级分区内按水土流失强度、特点结合施工标段进一步划分三级分区。例如某输气管道项目水土流失防治分区划分结果见表14-9。

表 14-9　某输气管道项目水土流失防治分区

一级防治分区	二级防治分区	三级防治分区	水土流失特点
码头防治区	护岸区		水力侵蚀为主
接收站防治区	工艺区 辅助生产区 公用工程区		工程建设为“点型”特征，水土流失形式为面蚀，影响范围较小
陆地管道防治区	管道作业带区	丘陵区管道作业带区 平原区管道作业带区	工程建设为“线型”特征，水土流失影响表现为“带状”，影响范围大。由于地貌的变化，导致施工工艺发生变化，水土流失形式为面蚀、沟蚀和重力坍塌等多种形式并存
	临时施工道路区		
	穿越工程区	河流穿越区 公路穿越区 铁路穿越区	
	分输站场区 永久弃渣场区 临时堆土场区		工程建设为“点型”特征，水土流失形式为面蚀，影响范围较小

（七）水土流失预测编写要点

水土流失预测是指按照开发建设项目正常设计进行、无采取水土保持措施的条件下，预测其建设和生产过程中可能产生的水土流失及危害。通过科学预测项目建设造成的人为水土流失，客观地分析评价水土流失危害，可以为确定适宜的水土流失防治措施、合理布设防治措施体系、安排防治措施的施工进度和实施水土保持监测提供重要依据。

1. 工程建设可能造成水土流失的影响因素分析

根据工程所处水土流失类型区，结合不同类型工程施工和生产特点，按防治分区分时段（如施工准备期、施工期和自然恢复期）分析说明各分区造成新增水土流失的因素和水土流失的类型。

如水利水电工程可主要从以下几个方面进行分析：①水电站工程在场地平整、施工道路和输电线路等设施修建过程中，将地表植被和结皮清除，应结合当地的地形地貌、降水总量及其季节分配、暴雨强度及其频率、大风时间及发生的季节进行分析，可能形成水土流失的类型如水蚀或风蚀；②由于施工场地多处于狭窄的河谷或沟谷区，同时大坝、厂房、船闸、溢洪道等建设需开挖的工程量大，因此应从开挖工艺、边坡防护设施和排水系统建设等方面分析可能造成水土流失的影响因素，可能形成水蚀或重力侵蚀；③由于该类工程的弃土（渣）量特别大，因此必须结合当地的集中降雨时间、暴雨强度和频次，从弃渣的机械组成、渣场位置、拦挡措施及其上游来水等方面分析可能造成的水土流失及其危害；④针对水电工程建设形成大量的废石土渣乱堆弃于河滩或者水库淹没区内的实际，遇大暴雨或者坍塌，造成大量弃渣（土）直接进入河道，因此必须在调查的基础上，结合渣场的具体位置、堆渣体的高度和边坡、周边拦挡措施及其设计标准、河道洪水位和汛期上游来水等情况进行分析。可通过列表或绘制水土流失框图的形式详尽反映该内容。

2. 水土流失预测的范围、单元和时段

水土流失预测范围应为项目的永久占地和临时占地面积。直接影响区因为没有征占地，所以只能对可能造成水土流失危害进行分析，但不进行水土流失预测，即直接影响区面积不能包括在预测范围内。

预测单元一般与划分的水土流失防治分区相一致，并在防治分区的基础上进一步细化。如火电厂防治分区划分为厂区、施工生活区、贮灰场、供排水管线、输电与通信线路、厂外道路和铁路专用线等；对于厂区、施工生活区两个防治分区，又可划分为扰动区和临时堆土区两个二级单元；临时堆土区还可再划分为平面和边坡堆土区两个三级单元。贮灰场的堆灰区又可划分为平面和边坡两个三级单元（见表 14-10）。

表 14-10　某火力发电厂水土流失预测单元及预测时段　（单位：a）

<table>
<tr><th colspan="3">预测单元</th><th>施工期
（含施工准备期）</th><th>自然恢复期</th><th>运行期</th></tr>
<tr><td rowspan="3">厂区</td><td colspan="2">扰动区</td><td></td><td></td><td></td></tr>
<tr><td rowspan="2">临时堆土区</td><td>平面</td><td></td><td></td><td></td></tr>
<tr><td>边坡</td><td></td><td></td><td></td></tr>
<tr><td rowspan="3">施工生活区</td><td colspan="2">扰动区</td><td></td><td></td><td></td></tr>
<tr><td rowspan="2">临时堆土区</td><td>平面</td><td></td><td></td><td></td></tr>
<tr><td>边坡</td><td></td><td></td><td></td></tr>
<tr><td>厂外供排水管线</td><td colspan="2"></td><td></td><td></td><td></td></tr>
<tr><td>输电与通信线路</td><td colspan="2"></td><td></td><td></td><td></td></tr>
<tr><td>厂外道路</td><td colspan="2"></td><td></td><td></td><td></td></tr>
<tr><td>铁路专用线</td><td colspan="2"></td><td></td><td></td><td></td></tr>
<tr><td rowspan="3">贮灰场</td><td colspan="2">扰动区</td><td></td><td></td><td></td></tr>
<tr><td rowspan="2">堆灰区</td><td>平面</td><td></td><td></td><td></td></tr>
<tr><td>边坡</td><td></td><td></td><td></td></tr>
</table>

预测单元划分的原则是：①地形地貌、扰动地表的物质组成相近；②土地利用现状基本相同；③扰动地表方式、形态相似，时段相同；④水土流失成因、强度基本一致，类型相同；⑤同一预测单元集中连片，形成一个或几个集中的区域。

各单元的预测时间确定的方法：施工期根据主体工程施工进度安排确定；自然恢复期按气候区划确定。一般湿润区为 1 年，半湿润区 2 年，干旱半干旱区 3 年；运行期从试运行到方案服务期末。

另外，各单元的水蚀、风蚀时间不一定一致；同一单元的水蚀、风蚀时间也不一定一致。预测时间应按最不利的因素考虑，例如超过雨季（风季）长度的按1年计，不超过雨季（风季）长度的按占雨季（风季）长度的比例计算。

预测时段的确定方法：建设类项目划分为施工期（含施工准备期）和自然恢复期两个时段；建设生产类项目划分为施工期（含施工准备期）、自然恢复期和运行期三个时段。

3. 水土流失预测的内容与方法

水土流失预测内容应该包括：①开挖扰动原地貌和损坏地表植被面积；②损坏水土保持设施的数量和面积；③弃土弃渣量；④可能造成水土流失总量和新增水土流失量；⑤可能造成水土流失的影响及危害（见表14-11）。

表14-11　水土流失预测内容和方法简介

预测内容	主要特点	预测方法
扰动原地貌及损坏地表植被面积预测	①工程永久及临时占地开挖扰动地表、占压土地和损坏林草地类型、面积；②工程专项设施建设（包括移建）破坏原植被类型、面积	查阅技术资料、主体设计图纸、土地利用现状图等资料，并结合实地勘察测量分析确定
弃土（渣）量及其堆放位置、数量、高度以及流失量预测	①工程弃土、弃渣、临时堆土及施工生活垃圾堆放量；②所占用土地类型、面积、对原地形的再塑造等	查阅设计资料，现场实测，弃土、弃石分别统计分析
损毁水土保持设施数量及面积预测	测算现有水土保持设施的面积，包括植物措施及工程设施（主要有水土保持林草地、坡改梯、排水沟、水渠等）的损害情况及数量	依据项目所属省（自治区、直辖市）有关规定，结合现场调查测量和地形图进行分析统计
土壤流失总量及新增土壤流失量	预测工程施工活动可能造成的水土流失量	通过类比法、数学模型法、试验观测法和专家评估法等方法确定
可能造成水的流失量预测	预测项目建成后可能造成的地表（地下）水的流失数量	根据项目建成前、后径流系数的变化和抽排水数量进行估算
水土流失的影响及危害	水土流失对工程、土地资源、下游河道、周边生态环境、地表（地下）水等方面的影响以及导致土地资源退化的可能性	定性分析

在此重点介绍可能造成土壤流失量的预测方法和水流失量的预测方法。

1）可能造成土壤流失量的预测方法

a. 土壤流失强度预测

扰动前（原地貌）土壤侵蚀模数，可根据当地自然条件、水文手册、土壤侵蚀基础资料、库坝淤积量测定和相关试验研究资料等综合分析确定。

扰动后土壤侵蚀模数通常采用的预测方法有下面几种。

（1）类比法。选用临近的与本工程土壤侵蚀因素和施工工艺等相近、有实测或监测资料的类比工程，从地形地貌、气象特征、植被类型和林草覆盖率、土壤和扰动地表的物质组成、土壤侵蚀类型、原地貌土壤侵蚀模数、地面坡长与坡度、弃土(石、渣)堆积形态和施工工艺等影响水土流失的主要因子进行可比性分析，可比性强的可直接采用类比项目土壤侵蚀模数的实测或监测值。当可比性较差时，可用主导因子或原地貌侵蚀模数进行比较提出修正系数，对类比工程的实测或监测值进行修正，并给出类比工程实测或监测成果以及预测工程项目参数选取的计算表。

(2)数学模型法。采用的模型已通过专家鉴定，并有 3 年以上各因子的实测资料。

(3)试验观测法。利用当地已有的试验观测资料，也可在项目区设立监测小区、观测场，采用天然降雨或人工模拟降雨试验、风洞试验，取得不同预测单元土壤侵蚀模数。

(4)专家评估法。适用于条件差、没有监测资料、不具备试验条件的偏远地区。可采用专家评估和其他方法相结合来进行预测。

(5)航空照片判读法。适用于大范围的项目。

扰动前后土壤侵蚀模数应分单元、时段予以列表说明，如表 14-12 所示。

表 14-12　某火电厂施工期和自然恢复期土壤侵蚀模数预测　　(单位：t/(km^2·a))

<table>
<tr><th colspan="3" rowspan="2">预测单元</th><th rowspan="2">原地貌</th><th rowspan="2">施工期</th><th colspan="3">自然恢复期</th></tr>
<tr><th>第 1 年</th><th>第 2 年</th><th>第 3 年</th></tr>
<tr><td rowspan="3">厂区</td><td>扰动区</td><td></td><td></td><td></td><td></td><td></td><td></td></tr>
<tr><td rowspan="2">临时堆土区</td><td>平面</td><td></td><td></td><td></td><td></td><td></td></tr>
<tr><td>边坡</td><td></td><td></td><td></td><td></td><td></td></tr>
<tr><td rowspan="3">施工生活区</td><td>扰动区</td><td></td><td></td><td></td><td></td><td></td><td></td></tr>
<tr><td rowspan="2">临时堆土区</td><td>平面</td><td></td><td></td><td></td><td></td><td></td></tr>
<tr><td>边坡</td><td></td><td></td><td></td><td></td><td></td></tr>
<tr><td>厂外供排水管线</td><td></td><td></td><td></td><td></td><td></td><td></td><td></td></tr>
<tr><td>输电与通信线路</td><td></td><td></td><td></td><td></td><td></td><td></td><td></td></tr>
<tr><td>厂外道路</td><td></td><td></td><td></td><td></td><td></td><td></td><td></td></tr>
<tr><td>铁路专用线</td><td></td><td></td><td></td><td></td><td></td><td></td><td></td></tr>
<tr><td rowspan="3">贮灰场</td><td>扰动区</td><td></td><td></td><td></td><td></td><td></td><td></td></tr>
<tr><td rowspan="2">堆灰区</td><td>平面</td><td></td><td></td><td></td><td></td><td></td></tr>
<tr><td>边坡</td><td></td><td></td><td></td><td></td><td></td></tr>
</table>

b. 土壤流失面积预测

土壤流失面积为各预测单元的扰动地表面积和堆积物投影面积，预测面积也可列表说明，可参考表 14-12 的格式。

c. 土壤流失量预测

根据上述预测的各单元土壤流失强度、面积和各时段预测时间，按以下公式计算土壤流失量：

$$W = \sum_{j=1}^{3} \sum_{i=1}^{n} (F_{ji} M_{ji} T_{ji}) \tag{14-1}$$

$$\Delta W = W - W_{原} \tag{14-2}$$

式中　W——土壤流失量，t；

ΔW——新增土壤流失量，t；

F_{ji}——某时段某单元的预测面积，km^2；

M_{ji}——某时段某单元的土壤侵蚀模数，$t/(km^2 \cdot a)$；

T_{ji}——某时段某单元的预测时间，a；

i——预测单元，$i = 1, 2, 3, \cdots, n$；

j——预测时段，$j = 1, 2, 3$，指施工期、自然恢复期和运行期。

土壤流失量计算表的格式参考表 14-13。

表 14-13　某火电厂施工期可能造成土壤流失量表

预测单元			侵蚀面积(hm^2)	扰动后侵蚀模数($t/(km^2 \cdot a)$)	侵蚀年限(a)	土壤流失总量(t)	原地貌侵蚀模数($t/(km^2 \cdot a)$)	原地貌土壤流失量(t)	新增土壤流失量(t)
厂区	扰动区								
	临时堆土区	平面							
		边坡							
施工生活区	扰动区								
	临时堆土区	平面							
		边坡							
厂外供排水管线									
输电与通信线路									
厂外道路									
铁路专用线									
贮灰场	扰动区								
	堆灰区	平面							
		边坡							

2）可能造成水流失量的预测方法

工程建成后地表水输出项目区的总量较原生地貌条件下地表水输出量之差，称为水流失量。因项目工业广场、路面和部分边坡的硬化及建筑物的修建，减少了降雨的入渗，加大了水的损失。水的损失可采用径流系数法计算。

$$W_{\omega} = \sum_{i=1}^{n} F_i H_i (\alpha_i - \alpha_{0i}) \qquad (14\text{-}3)$$

式中 W_{ω}——项目建成后年水流失量，m^3；

i——预测单元，$i=1,2,3,\cdots,n$；

F_i——第 i 个预测单元面积，hm^2；

H_i——第 i 个预测单元年降水量，mm；

α_i——第 i 个预测单元建成后自然恢复期地表径流系数；

α_{0i}——第 i 个预测单元原地貌径流系数。

可通过列表说明计算结果（参考表 14-13 的样式）。

3）水土流失危害分析

通过对同类项目的考察，结合本项目实际情况，充分利用预测结果，从以下几方面分析水土流失危害：①对土地资源和生产力可能造成的影响分析；②对河流行洪、防洪的影响分析；③对可能形成泥石流危害性的分析；④对可能出现地面沉陷和危害的分析；⑤对可能形成滑坡和崩塌的危险性分析；⑥对周边环境可能造成的影响分析；⑦对地下水位下降的影响分析；⑧对地表水资源损失及城市洪灾的影响分析。

4. 预测结论与综合分析

预测结论包括以下内容：

（1）项目建设扰动、破坏原地貌和植被面积××hm^2。

（2）损坏水土保持设施面积××hm^2、某工程××座等。

（3）项目施工期弃土（石、渣）××万 t；运行期弃灰（渣、矸石）××万 t。

（4）造成土壤侵蚀总量××万 t；新增土壤侵蚀量××万 t，其中施工期××万 t，自然恢复期××万 t，运行期××××万 t。

（5）可能造成的水流失量××万 m^3。

通过对上述预测结果的综合分析，以便为下一步选择防治措施类型、进行防治措施的布设、安排措施进度和水土保持监测奠定必要的基础。具体对水土流失防治措施和水土流失监测的指导性意见可应用表格的形式予以汇总（见表 14-14）。

根据同类项目的防治经验和水土流失预测结果，分析各单元应采取的工程措施、植物措施和临时防护措施的类型；施工进度本着土建施工避开强降雨和大风天气、减少地表裸露面和裸露时间、先拦后弃和“三同时”制度原则，提出进度安排的指导性意见；水土流失防治的重点时段和重点部位，即土壤侵蚀量大的时段和土壤侵蚀量多的单元；水土保持监测应明确重点监测时段和部位（重点防治时段和重点防治部位就是监测的重点）。不同类型开发建设项目水土流失的重点时段和重点部位可参考表 14-15 的内容。

表 14-14　某工程水土流失预测结论综合分析表

防治分区及预测单元		应采取的防治措施			防治工程实施进度	水土流失防治与水土保持监测		监测点位布设
		工程	植物	临时		重点时段	重点部位	
厂区	扰动地表							
	临时堆土							
施工生产生活区	扰动地表							
	临时堆土							
厂外供排水管线								
厂外道路								

表 14-15　不同类型开发建设项目水土流失特征表

工程类型	工程特点	主要流失时段	重点流失部位
公路、铁路	线路长，穿越的地貌类型多，取土弃土和土石方流转的数量大	施工期、运行初期	路堑和路基边坡、取料场、弃土（渣）场
水利水电	位于狭谷地带，移民安置数量大，土石方移动强度大	施工准备期、施工期	主体工程区、弃渣场、取土场
管线工程	线路长，穿越河流和铁路，公路等工程多，作业带宽，临时堆土量大	施工期	临时堆土场、线路穿越区
火电、核电	工程占地集中，建设周期短	施工准备期、施工期、运行期	厂区、贮灰场区
井采矿	地面扰动小，沉陷范围大，排矸多	施工期、运行期	排矸场、工业区、沉陷区
露采矿	扰动强度大，排土量大	施工期、运行期	内外排土场、采掘坑沿帮
城镇开发建设工程	人口密集区，扰动面积集中，砂石料用料大	施工准备期、施工期	建筑工地、砂石料场区
农林开发工程	多为丘陵山地，面积较大，多连片集中	施工准备期、施工期、运行期	林下、破坏面等
冶金化工工程	扰动面积集中，砂石料用量大	施工准备期、施工期、运行期	渣场、尾矿库

（八）防治目标及防治措施体系布设编写要点

根据项目所在区域、项目类型，确定防治目标和建立综合防治措施体系，为水土保持监测、投资估（概）算和效益分析提供依据。

1. 水土流失防治目标

防治的总体目标为：防治责任范围内原有的水土流失得到基本治理；新增水土流失及土地沙化得到有效控制；不会对周边地区和下游造成水土流失危害和安全威胁，生态得到最大限度的保护，环境明显改善，达到国家规定的水土流失防治的6项定量指标（即扰动土地整治率、水土流失总治理度、土壤流失控制比、拦渣率、林草植被恢复率和林草覆盖率）。

2. 防治措施体系布设

防治措施体系布设，是在对主体工程设计分析评价的基础上，将主体已列防治措施和方案新增的工程措施、植物措施和临时防治措施按照防治分区科学配置、优化布局，既注重防治分区内部的可行性、合理性和科学性，又重视各分区之间的联系性和系统性，形成有效控制水土流失、促进改善生态的综合防治措施体系。如图14-1为某井采煤矿水土流失防治措施体系框图，图14-2为某高速公路水土流失防治措施体系框图。

开发建设项目水土流失综合防治措施体系的布设应特别注意以下几点：①掌握开发建设项目水土流失防治措施的类型、形式和应用范围；②了解全国土壤侵蚀各类型区水土流失特点和防治的特殊要求；③考虑不同类型建设项目的防治要求；④注重平原和城市建设项目的特殊要求；⑤处于不同地貌类型区的同一工程，其防治措施的类型和布局应有差异性。如公路的平原和山区地段防治措施应有不同特点。

3. 分区防治措施典型设计

按照防治措施体系，分区、分类、逐项对防治措施进行设计。如同类措施在两个以上的，应选择有代表性的进行设计；若同类措施仅1~2个，应进行单独设计。

（1）各类项目设计深度。不同类型开发建设项目工程的可行性研究阶段的设计深度有差异，但方案编制应达到统一的深度。例如表14-16为水利水电和公路、铁路项目水土保持措施体系设计要求表。

（2）各类措施典型设计要求。按照水利部水土保持监测中心水保监[2008]8号文转发的《开发建设项目水土保持方案技术审查要点》中对典型设计的要求执行。如拦挡措施的设计要求为：①在地形图上绘制平面布置图；②初步确定拦渣坝轴线位置、挡土墙位置和走向；③确定设计标准，初步确定建筑物的形式、主要尺寸和主要建筑材料；④绘制主要断面图；⑤列表给出主要技术参数的取值（如内摩擦角、渗透系数、安全系数和黏滞系数等）；⑥给出稳定分析的公式、参数、结果和结论；⑦列表给出主要工程量和单位工程量指标；⑧明确使用范围。

4. 防治措施工程量和实施进度安排

水土保持措施工程量根据典型设计的单位工程量推算。①工程措施和临时防护措施的工程量按措施类型、规模和定额计算项目的工程量，分别列出；②水土保持植物措施的工程量按乔木、灌木株数，草皮、植草面积，园林绿化面积统计，并说明防护面积和抚育管护工作量等；③按照工程措施、植物措施和临时防护措施分区列表汇总；④按防治分区列出水土保持措施工程量汇总表以及分年度实施工程量表。

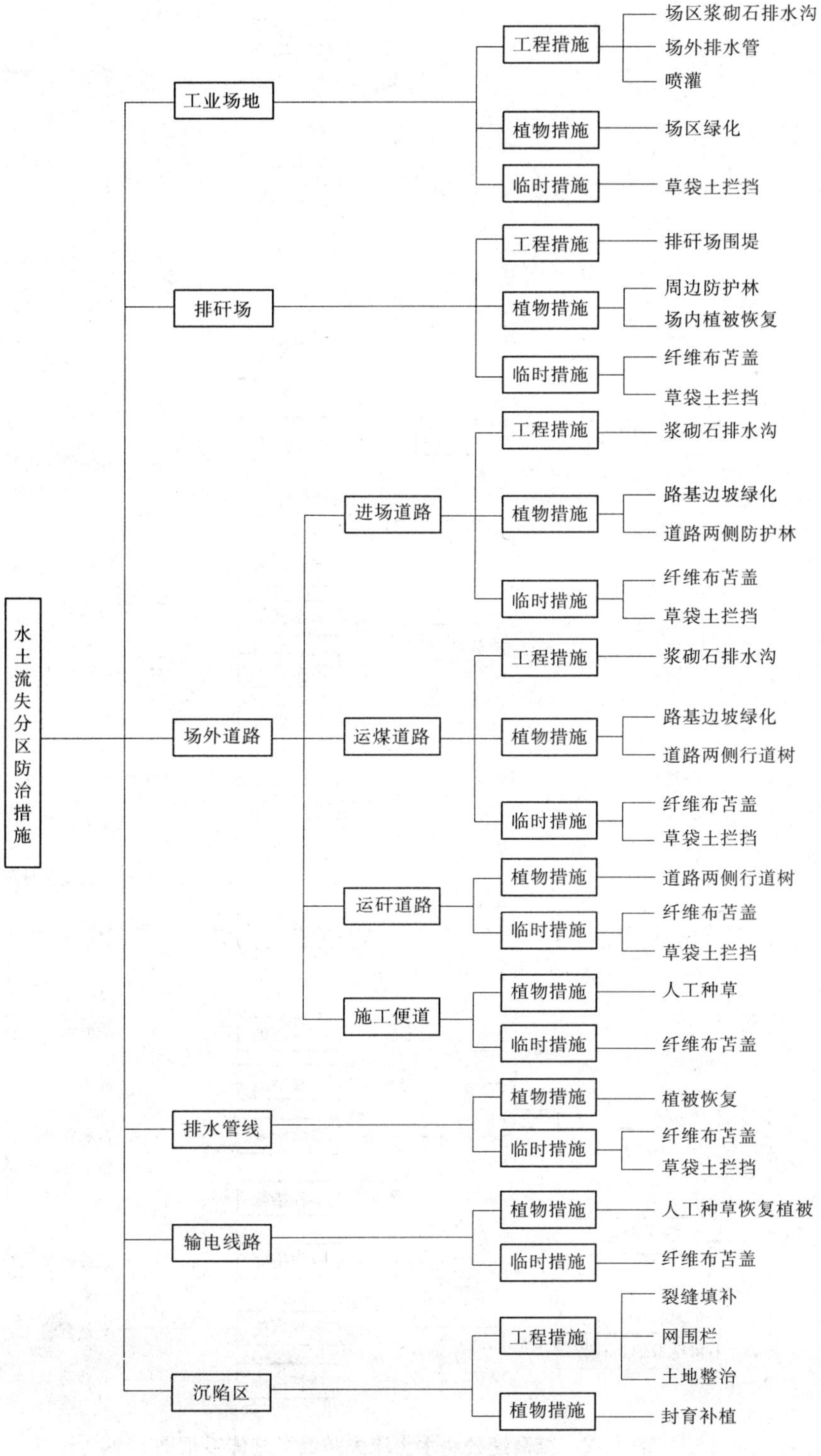

图 14-1　某井采煤矿水土流失防治措施体系框图

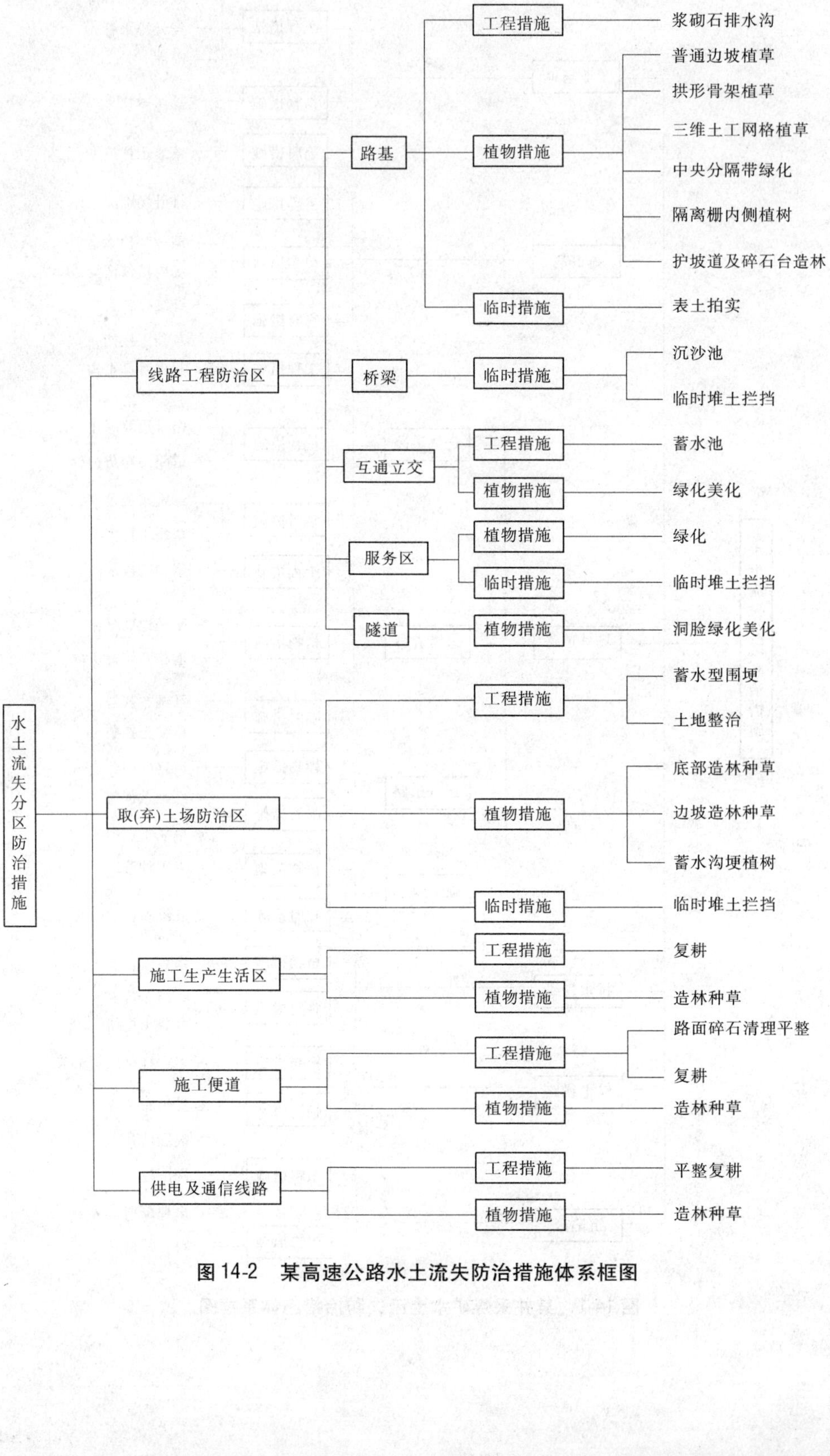

图 14-2　某高速公路水土流失防治措施体系框图

表 14-16　水利水电和公路、铁路项目水土保持措施体系设计要求表

项目类型	主体及附属工程	施工生产生活场地	施工道路	取土场	采石（料）场	弃渣场	移民安置搬（拆）迁区
水利（泵站）水电	位置和面积确定，分场地做典型设计，估算工程量（水电项目可达到初步设计）	位置和面积确定，按地形类型做典型设计，估算工程量	位置和面积确定，按地形类型做典型设计，估算工程量	位置和面积确定，逐个做典型设计，估算工程量	位置和面积确定，逐个做典型设计，估算工程量	位置和面积确定，逐个做典型设计，估算工程量	搬迁区、集中安置区、生产安置区属于建设区，提出水土保持要求，按指标法估算投资；专项迁建项目单独编制方案
公路、铁路	位置和面积确定，按类型区做典型设计，估算工程量	数量和面积确定，按地形类型做典型设计，估算工程量	长度和面积确定，按地形类型做典型设计，估算工程量	位置和面积确定，按地形类型做典型设计，估算工程量	落实水土保持责任	位置和面积确定，做典型设计，估算工程量	分散安置区，拆迁安置区作为影响区，提出水土保持要求

实施进度的安排应遵循与主体工程的进度相配合、避开不利气象因素的时段、“先拦后弃”和紧凑有序的基本原则。水土保持设施实施进度图按照主体工程和水土保持工程措施、植物措施及临时防护措施分别绘制施工进度横道图（时间以月为单元）。见图 14-3。

（九）水土保持监测内容编写要点

水土保持监测是掌握原生水土流失状况、了解项目建设和生产过程中水土流失类型、强度、数量变化和危害以及水土流失发展趋势的有效手段。根据《水土保持监测技术规程》（SL 277—2002）的相关规定，开发建设项目水土保持监测要以扰动地面监测为中心、以水土流失严重时段、严重部位和潜在危险区域为重点，全面反映 6 项防治目标的内容，应用不同的监测方法布设有代表性的监测点位。为此，水土保持方案监测内容的编写应介绍清楚水土保持监测的内容、方法、时段、监测点位和频次，估算所需的人工、设施和物耗，以落实监测的具体内容。

1. 监测范围、分区和时段

监测范围为项目水土流失防治责任范围，监测分区应与水土流失防治分区相一致。监测时段：①建设类项目为施工前、施工准备期至设计水平年；②生产建设类项目为施工前、施工准备期至设计水平年和运行期三个时段，其中运行期提出检测技术要点。

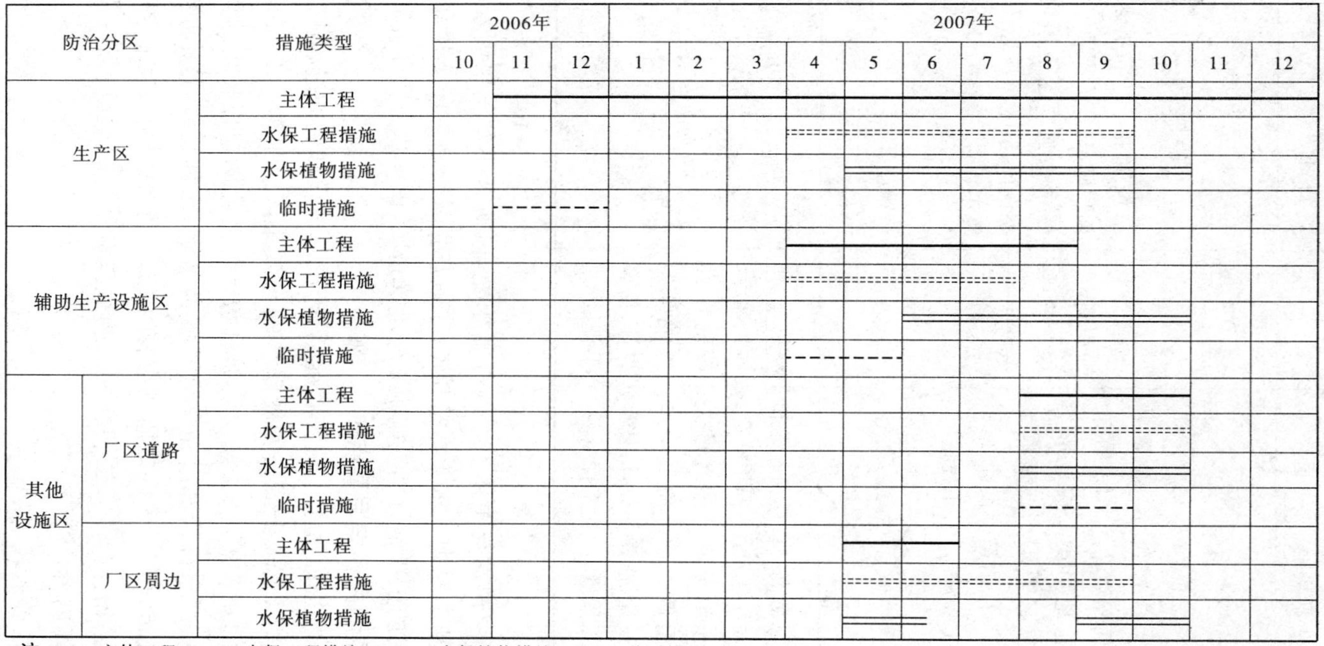

注：——主体工程；======水保工程措施；═══ 水保植物措施；- - - - 临时措施。

图 14-3　某工程水土保持措施施工进度横道图(示例)

2. 监测内容、监测方法和频次

(1)监测内容主要包括以下几方面:①影响水土流失的因子监测,包括地形地貌、土壤性质、植被覆盖率和降雨、风等因子;②水土保持生态环境监测,如水系的变化情况、项目占地和扰动地表面积,挖填方数量及面积,弃土(石、渣)量及堆放形态和面积,临时堆土的数量、堆放时间、形态和占地面积,项目区林草覆盖度等;③水土流失动态监测,包括水土流失类型、面积、强度和流失量的变化,以及对下游和周边地区造成的危害和趋势等;④水土保持措施防治效果监测,包括各类防治措施的数量和质量,如林草措施的成活率、保存率、生长情况及覆盖率,工程措施的稳定性、完好程度和运行情况,各类防治措施的拦蓄保土效果等;⑤项目建设区水土流失背景值的监测和防治目标的监测,水土流失背景值主要在施工前进行监测,防治目标的监测主要反映项目扰动土地整治率、水土流失总治理度、土壤流失控制比、拦渣率、林草植被恢复系数和林草覆盖率等6项指标的内容。

(2)监测方法。采取调查监测与定位观测相结合的方法。线型工程以调查为主,辅以必要的典型定位观测;点型工程采用样地调查和地面定位观测相结合的方法。大面积、长距离、跨省区的特大型项目,可采用遥感手段进行监测(可参考第五章的相关内容)。

(3)监测频次。水土保持监测频次可根据监测内容和工程建设进度具体确定频次。可按照水利部水保[2009]187 号文规定执行。如正在使用的取土(石)场、弃土(渣)场的取土(石)、弃土(渣)量以及正在实施的水土保持措施建设情况等,至少每 10 天监测记录 1 次;扰动地表的面积、水土保持工程措施拦蓄效果等至少每 1 个月监测记录 1 次。水蚀的定位监测频次为雨季前、后各 1 次;雨季每月监测 1 次,遇到日降水量大于 50 mm 时加测。

3. 监测点位布设

监测点位为用于观测水土流失强度的监测点位置。监测点位布设的基本原则是:①具有代表性。不同水土流失类型分区均应布设监测点,以对比观测原地貌与扰动后地貌水土流失量的变化;不同分区相同部位应当至少布设选择一个监测点。②监测点尽量布设在交通方便、便于管理以及尽量避开人为活动干扰的地段。③分时段因项目布设点位,如施工期布设临时观测点,运行期布设永久、临时结合的观测点。对于工程规模大、影响范围广、建设周期长的大型建设项目应布设长期观测点;特大型项目监测点布设应符合区域水土保持监测网络的要求,尽量与区域固定监测点位布设相结合,并纳入监测网络统一管理。

根据上述原则,不同类型项目监测点位的布设各有区别。如水利水电工程布设的监测点位主要为:施工中弃土(渣)场、取土(石)场、大型开挖面、排水泄洪区的施工期临时堆土(渣)场和不稳定岸坡等部位;建筑工程主要为施工中的地面开挖、弃土、弃渣和土石料临时堆放场地。总之,监测点位的布置应结合工程所在地域、工程类型、规模大小和工期长短等来确定,同时应附监测点位布置图。

4. 监测制度与监测成果

开发建设项目水土保持监测应由具有水土保持监测资质的单位承担。受委托的监测单位应按方案要求的监测范围、时段、内容、监测重点和监测方法编制实施规划。监测人员要持证上岗,应对监测成果及时进行分析和上报。工程竣工后提交水土保持监测报告,作为水土保持专项验收的依据。

(十)投资估算及效益分析的编写要点

1. 投资估算编制依据与原则

(1)水土保持措施投资包括已列投资和方案新增投资两部分。注意:不能重复计列。

(2)投资估算的编制应按有关规定执行。估(概)算编制的项目划分、费用构成、编制方法和估(概)算表格等应依据《开发建设项目水土保持工程概(估)算编制规定》(水利部水总[2003]67号)及主体工程所属行业的概(估)算、规定、规范和定额等相关内容执行。

水土保持方案投资估(概)算的编制依据、价格水平年、工程主要材料价格、施工机械台时费、主要工程单价及单价中的有关费率应与主体工程相一致。

(3)估(概)算所采用的工程量应与典型设计、图纸和措施设计的结果相一致。

(4)采用与主体工程相一致的基础单价、取费标准、工程措施和植物措施单价,并说明编制的依据和方法。

(5)方案中的水土保持总投资不包括运行期(方案服务期内)水土保持投资。运行中的水土保持投资另列计划。

2. 水土保持投资估(概)算的编制方法及组成

水土保持投资估(概)算的编制方法采用概算定额法编制。

(1)基础单价和工程单价的编制方法同主体工程(参考相关规定)。

(2)水土保持投资估(概)算的组成。水土保持投资估(概)算由工程措施费、植物措施费、临时防护措施费、独立费用、基本预备费和水土保持设施补偿费等6部分组成。

①工程措施费按设计工程量乘以工程单价编制。另外,设备及安装工程费按设备费和安装费分别计算,计入第一部分工程措施中。

②植物措施费由材料(苗木、草和种子等)费、种植费和抚育管护费组成。

③施工临时工程费由两部分构成:一是施工期水土保持方案中设计的临时防护措施按工程量乘以单价进行编制;二是其他临时工程费,按水土保持投资中工程措施和植物措施投资之和的1.0%~2.0%进行编制。

④独立费用包括建设管理费、工程建设监理费、工程质量监督费、水土保持监测费、科研勘察设计费、技术文件咨询服务费和水土保持设施技术评估及验收费组成。按相关管理的规定和建设工程所在地的有关规定进行计算确定。

⑤基本预备费按上述4部分投资之和的6%或主体工程所属行业的规定计算。

⑥水土保持设施补偿费依据项目所在地的省(自治区、直辖市)的标准执行。

3. 估(概)算结果

介绍项目建设期水土保持总投资及治理费(即构成、植物和临时工程费)、独立费用、基本预备费和水土保持设施补偿费的金额,并按相关规定列出各种估(概)算计算表、估(概)算附表和估(概)算附件(单独成册,随估(概)算报审)。

1)估(概)算表

(1)水土保持投资估(概)算总表;

(2)工程措施估(概)算表;

(3)植物措施估(概)算表;
(4)临时工程估(概)算表;
(5)独立费用估(概)算表;
(6)分年度投资表。

2)估(概)算附表

(1)水土保持工程单价汇总表;
(2)水土保持主要材料预算价格汇总表;
(3)水土保持次要材料预算价格汇总表;
(4)施工机械台时费汇总表;
(5)水土保持主要工程量汇总表;
(6)水土保持主要材料用量汇总表;
(7)水土保持工程工时数量汇总表。

3)估(概)算附件(单独成册,随估(概)算报审表)

(1)人工预算单价计算表;
(2)主要材料运杂费计算表;
(3)主要材料预算价格计算表;
(4)施工用电价格计算书;
(5)施工用水价格计算书;
(6)补充施工机械台时费计算书;
(7)砂石料单价计算书;
(8)混凝土材料单价计算表;
(9)工程措施单价计算表;
(10)植物措施工程单价计算表;
(11)独立费用计算书;
(12)分年度投资计算表。

4.防治效益预测与分析

防治效益包括生态效益、社会效益、经济效益和损益分析。

水土流失防治效益预测就是根据方案设计的水土保持工程措施、植物措施和临时防护措施的布局与数量,通过定向说明和定量计算6项防治指标,将该指标值与方案所确定的水土流失防治目标值进行对比,对比分析值若达到方案确定的目标值,则方案可行。否则将重新布设防治措施,提高防治效益。以此来达到通过落实方案编报的水土保持措施内容控制人为水土流失的形成、改善生态环境和保障工程安全运行的目的。

社会效益主要从减轻水土流失危害、保证工程安全运行和促进社会进步三方面结合工程实际定向分析。若为农林类开发建设项目,还应分析直接经济效益和间接经济效益。

另外,项目建成后,从项目及周边地区的水土资源可持续利用,恢复土地生产力、改善生态环境状况、水土保持功能、成本及水土流失危害和促进地区经济协调发展等方面进行较为全面的分析。以损益分析的关键因子评价项目对水土流失的影响。

（十一）方案实施保证措施编制要点

为确保按时保质保量地实施水土保持方案和实现方案确定的目标，编制时应重点考虑以下几个方面的内容：

（1）加强组织领导。项目建设单位要设立专门的水土保持管理机构，明确水土保持管理机构的职责，制定水土保持管理的规章制度和建立水土保持工程档案。

（2）实行招标投标制。项目法人须将水土保持工程纳入项目的招标管理中，并在设计、施工、监理、监测和验收等各个环节逐一落实；合同文件中应有水土保持条款，特别是要明确施工和监理、监测单位的水土保持责任与具体要求。

（3）确保后续设计工作落实方案的内容。水土保持方案确定的各项水土保持防治措施，均应在工程初步设计、施工图设计阶段予以落实。主体工程初步设计中必须有水土保持专章，项目初步设计审查时应有审批水土保持方案的水行政主管部门参加。

（4）加强施工管理。施工期应严格控制和管理车辆、机械的运行范围，防止扩大对地表的扰动；设立保护地表和植被的警示牌；严禁乱堆、乱放弃土（石、渣）；注意施工和生活用火安全，防止火灾烧毁地表植被；对泄洪、防洪设施进行经常性检查维修，保证防洪安全；对于建成的水土保持设施应有明确的管理维护要求。

（5）加强各项制度的落实。如工程监理、水土保持监测和监测验收等制度的落实。

（6）加强资金来源和使用管理工作。说明各项水土保持设施资金纳入项目建设资金统一管理，所需费用全部纳入工程总体安排和年度计划中，并且建立水土保持资金档案。

（十二）结论与建议

1. 结论

（1）主体工程水土保持分析评价结论。包括主体工程选址（线）方案水土保持比选结果及分析评价意见和主体工程推荐方案设计的水土保持分析评价意见。

（2）水土保持方案可行性分析结论。包括水土保持效益分析结果（设计水平年的6项防治指标达到或超过目标值）、损益分析结果（该项目水土流失影响指数低于调查统计的同类项目影响指数的平均值，即说明方案实施后水土流失得到有效的控制。可参阅有关资料查表得到同类项目水土流失影响指数和通过计算求出该项目水土流失影响指数进行比较），得出水土保持方案可行性分析意见。

（3）综合分析结论。根据对主体工程水土保持的综合分析评价和水土保持方案的可行性分析结论，得出从水土保持角度看，项目建设是否可行的结论。

2. 建议

根据对主体工程水土保持分析评价，针对存在问题和确保水土保持方案实施等方面，对后续设计单位、施工管理部门和施工单位分别提出建议及下阶段需深入研究的问题。如对后续设计单位的建议、对施工管理部门的建议和对施工单位的建议等。

本章小结

本章重点讲述了水土保持方案报告书的内容及报告书各部分内容的编写要点和要求。学习本章使学生明确编写水土保持方案报告书所需用的主要相关资料。通过介绍项目概况和实地考察，初步具有确定水土流失防治责任范围和划分防治分区的能力；初步具有对主体工程水土保持分析与评价的能力、分析不同类型工程重点防治时段、重点防治部位的能力和根据不同类型工程采取水土保持防治措施体系的能力。

复习思考题

1. 简述水土保持方案分类的主要依据。

2. 在编写水土保持方案报告书时，各部分内容之间有何联系？

3. 搜集案例分析该工程项目概况中与水土保持相联系的主要内容有哪些？熟悉主体工程水土保持分析与评价、防治目标以及防治措施体系布局的主要编写要点。

4. 如何划分防治责任范围和防治分区？

5. 熟悉土壤流失量和水流失量的预测方法步骤。

6. 简述水土保持监测的内容和时段。

7. 水土保持效益分析有何意义？

8. 水土保持方案报告书中的结论和建议主要包含哪些内容？试说明得出结论和提出建议的实质性意义。

第十五章 水土保持方案实例分析

【学习目标】

掌握不同类型工程项目概况的特点;不同类型项目主体工程水土保持分析与评价内容的编写要点;不同类型工程水土流失防治措施体系布局的主要区别。熟悉井采矿、露天采矿项目以及铁路、公路等项目区概况的主要内容以及项目区水土流失和水土保持概况需介绍的重点内容;水利水电枢纽工程建设过程中造成水土流失的特点以及采取的水土保持防治措施体系的组成和布局特点;城镇建设区自然环境与水土流失现状的关系。了解各类典型工程建设项目在建设及运行过程中水土流失防治分区划分的方法、不同生产建设项目水土流失预测的方法以及通过投资估算和效益分析,从水土保持角度来判断建设项目是否可行的方法。

第一节 矿产开采项目水土保持方案分析

一、井采矿项目水土保持方案分析(以某斜沟矿井为例)

(一)项目概况

某斜沟矿井及选煤厂工程(以下简称斜沟煤矿),位于河东煤田北部远景普查区的中南部。井田南北长约 22 km,东西宽约 4.5 km,总面积为 88.64 km^2。煤资源储量 24.44 亿 t,可采储量为 12.70 亿 t。开拓方式采用斜井(主斜井、副斜井、回风斜井),采煤方法采用一次采全高长壁采煤法。

(二)项目区概况

项目区位于山西吕梁山脉的西北端黄土丘陵沟壑区。属温带半干旱大陆性季风气候,年平均气温 8.7 ℃,无霜期 178 d,≥10 ℃以上积温 3 506 ℃,年平均降水量 470.0 mm,汛期降水量 380.3 mm,占全年降水量的 80.91%。该地 10 年一遇 24 h 设计暴雨量为 111.8 mm,20 年一遇 24 h 设计暴雨量为 136.5 mm,年平均蒸发量 2 082.4 mm,年平均风速 2.6 m/s,最大冻土深度 1.31 m。该区地形大部分为山丘区,有少部分处于岚漪河阶地。地势东南高、西北低,工业场地海拔 943.5 ~ 985.0 m。项目区土壤以淡栗褐土为主。植被区划属晋西北黄土丘陵灌丛草原地区,自然植被覆盖度低,物种较少。植被覆盖率 20% ~ 50%。

(三)工程建设造成水土流失特点

本项目区属黄河河龙区间多沙粗沙治理区,由于区内山高沟深坡陡,雨量集中,土壤质地差,土体结构松散,水力侵蚀极为严重,属于中度以上侵蚀区,原地貌土壤侵蚀模数在 280 ~ 10 000 t/(km^2 · a);该区多年平均风速为 2.6 m/s,大风日数为 3.2 d,风力侵蚀轻微。

该项目为新建工程,在主体工程和附属工程施工准备及建设过程中扰动面积大,破坏力强,移动土石方量多,可能造成的沉陷范围较大,尤其是会受到潜在采空塌陷区的影响,主要表现为对地质构造和地下水的影响,从而导致对地面的破坏和对植被生长的影响与破坏。

该工程施工期间极易造成较大面积和强度较大的水土流失,增加水土流失量。如矸石和弃渣堆放过程中,由于风力作用,在矸石和弃渣的表面容易产生风化与剥蚀;而在有较大倾角和边坡位置,很容易产生不同形式的水力侵蚀。在其他的施工区域,也不同程度地发生风蚀和水蚀。

(四)水土保持现状及评价

1.水土保持现状

项目区正在实施"黄河水保生态工程重点小流域治理项目"和"世行贷款项目",该项目以治理水土流失、改善生态环境和实现农业经济可持续发展战略为目标,以增加植被、拦沙固土、蓄洪排清和提高经济效益为核心。重点通过以小流域为单元,实行工程措施、植物措施相结合,山、水、田、林、路综合治理,梯、坝、林、果、草配套开发,全面保护和合理开发利用自然资源,进行集中、综合、连续开发治理,治管结合,从而从根本上控制水土流失,最大限度地达到提高土地生产力的目的。

世行贷款"蔚汾河流域水土保持综合治理"项目,治理面积 1 113 hm^2,其中淤地坝 10 座,营造经济林 2 133 hm^2,用材林 2 333 hm^2,灌木林 4 387 hm^2,人工种草 133 hm^2。

世行贷款"扶贫开发"项目治理面积 4 667 hm^2,其中利用淤地坝造地 50 hm^2,营造经济林 2 333 hm^2,水土保持林 100 hm^2。

2.项目区水土保持评价

通过多年的实践,项目区积累了丰富的水土保持经验,主要为以下几点。

(1)沟道采取工程和固岸防冲林相结合的防治措施。在沟道内布设拦沙坝、护岸及谷坊等工程措施,前期拦沙滤水,后期发展沟坝地,增加耕地面积,减少过度垦荒,缓和人地矛盾。同时在沟道适宜地段营造固岸防冲林,防止沟岸冲刷扩延,保护两岸农田。

(2)坡耕地实施坡改梯或退耕还林还草工程。该项措施在保证基本农田的基础上,促进了畜牧业和林果业的发展,增加了农民的收入。

(3)生态修复。对沙化弃耕地和荒草地以封禁治理为主,同时通过选择适宜林草品种,补植补种,加速植被恢复和生态修复。

(4)工程实施与管理。工程建设长期坚持实行项目法人制、招标投标制、建设监理制和资金报账制等制度。加强管理,确保预期发挥效益。

在总结多年来水土保持经验的同时,项目区目前还存在着的主要问题为:①项目监测工作滞后,大部分煤矿未能按监测要求实施,致使监测资料不足,不能为编制水土保持方案提供依据;②措施布局零乱,缺乏系统性和整体性;③工程措施较薄弱,防洪拦渣能力不够;④裸露面多,植被恢复率低;⑤崩落区、侵蚀区面积大,治理任务艰巨。

(五)水土流失预测

施工建设期为重点防护时段,其次为施工准备期;工业场地、弃渣场、排矸场和排洪工程防治分区为新增水土流失的主要区域,也是建设期重点防治区。

水土流失的预测采用资料调查法、实测法和引用资料法进行预测。

1. 资料调查法

对于建设期扰动原地貌、破坏植被面积预测，弃土（石、渣）量水土流失的预测，采用资料调查法。

2. 实测法

水力侵蚀强度预测采用实测法。对井工矿已有的路基边坡的侵蚀沟作现场样方调查，对路基边坡侵蚀沟的实测数据用下列公式来估算路基边坡平均水力侵蚀模数：

$$M = \frac{\gamma V_E}{m} \tag{15-1}$$

式中 m——路基边坡堆弃年限，a；

γ——岩土容重，t/m^3（此处取 $\gamma = 1.65\ t/m^3$）；

V_E——样方总侵蚀量，m^3/hm^2；

M——平均水力侵蚀模数，$t/(hm^2 \cdot a)$。

根据计算，路基边坡平均水力侵蚀模数为7 400 $t/(hm^2 \cdot a)$。

3. 引用资料法

该工程风蚀量的预测引用附近已建成的同类项目资料。

根据预测结果，斜沟煤矿建设工程在建设期扰动、损坏水土保持设施面积54.36 hm^2；造成水土流失面积54.36 hm^2。造成水土流失直接影响区面积1 982.05 hm^2；新增土壤侵蚀量10 400.84 t，其中施工准备期新增土壤侵蚀量2 428.23 t，工程建设期新增土壤侵蚀量7 336.78 t，植被恢复期新增土壤侵蚀量635.83 t，人为水土流失较为严重。

（六）水土流失防治措施体系

1. 水土流失防治措施总体布局

（1）工业场地防治分区。主体工程已有场地排水沟、边坡防护、场地绿化和表土剥离等措施；方案新增沉沙池、编织袋装土护脚临时防护措施。

（2）场外道路防治分区。主体工程已有进场道路绿化措施；方案新增排水沟、其他道路两侧的植物措施。

（3）场外管线防治分区。主体工程已有及时回填平整、恢复农田和自然恢复植被措施；方案新增开挖土方绿网遮盖临时防护措施。

（4）弃渣场防治分区。方案新增拦渣墙、排水沟和渣面、渣坡覆土及恢复植被措施。

（5）排矸场防治分区。方案新增堆石坝、排水竖井、排洪涵洞和排矸场周边栽植防护林措施。

（6）排洪工程防治分区。主体工程已有场地截洪沟、排洪暗涵和弃渣场截洪沟措施，方案新增截洪沟施工区和保护带植被恢复措施。

（7）首采塌陷防治分区。主体工程采取筹建观测站、预留保安煤柱、移民搬迁、专人巡查、裂缝填充、地面整治、补偿等措施。

2. 水土流失防治措施体系

某斜沟煤矿项目水土流失防治措施体系见图15-1。

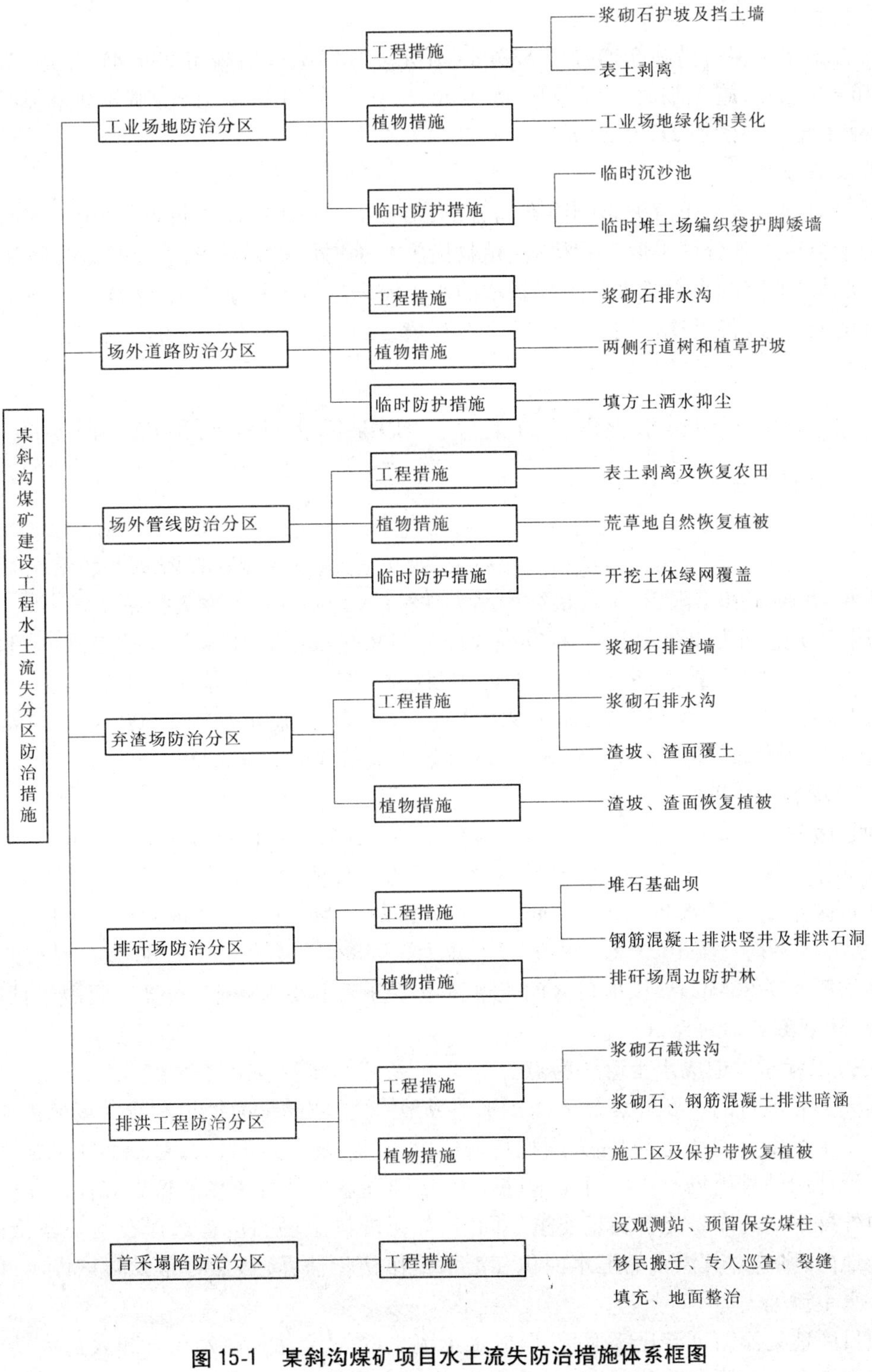

图 15-1　某斜沟煤矿项目水土流失防治措施体系框图

(七)投资估算及效益分析

1. 投资估算

本方案水土保持措施新增投资533.84万元。其中工程措施费239.41万元,植物措施费16.96万元,施工临时工程费9.65万元,独立费用217.09万元;基本预备费28.99万元,水土流失补偿费21.74万元。

2. 效益分析

通过对项目区水土流失影响因素的分析,结合本工程水土流失特点,确定工程的水土流失防治分区。各分区采取工程措施、植物措施与临时防护措施相结合的综合防治措施后,对项目区原有的水土流失和工程新增的水土流失进行了科学防治,达到了6项定量防治指标的要求,改善了项目周边地区的生态环境,工程建设具有良好的生态效益、经济效益和社会效益。

二、露天采矿项目水土保持方案分析(以某露天铁矿石采选工程为例)

(一)项目概况

某铁矿二期(Ⅰ采场)采选工程,位于河北省滦县、一期工程(Ⅱ、Ⅲ采场)的北侧。项目年产铁矿石800万t,属大型项目。总投资28.9亿元,其中土建投资9.1亿元。项目建设期3年,矿山服务年限30年。最终产品为铁精矿,开采方式为露天开采。

项目占地总面积276.2 hm^2,扰动地表面积209.9 hm^2,占压水土保持设施面积88.5 hm^2。固体废弃物总量为11.5亿t。新建项目包括采矿场1处,选矿厂1处,表土堆场1处,排岩胶带5 km,水源井2个,加压泵站1座,泵房2座,输水管线1 500 m,高位水池3座,截洪沟4 550 m,场外输电线路5.0 km及场外通信线路250 m等。

(二)项目区概况

项目区位于丘陵区,采矿场及选矿厂起伏较大,其他位置相对较为平坦。项目区属暖温带大陆性气候,春季干旱多风,夏季炎热多雨、湿润,秋季天高气爽,冬季寒冷少雪、干燥。项目区年平均降水量为680 mm,年平均蒸发量为1 648.3 mm,年平均日照时数2 696.9 h,年平均气温10.5 ℃,≥10 ℃积温为3 948 ℃,最大冻土深80 cm,无霜期175 d,年平均风速2.86 m/s。该项目区的土壤按土类分区主要为褐土,植被属暖温带落叶阔叶林带,林草覆盖率约为30%。

(三)工程建设造成水土流失特点

露天采矿项目的主要特点是大面积平整场地,采掘场的全面挖损和排土场的占压,使原地貌发生了巨大的变化,形成大面积的人造山,疏松物质堆积量大,对地面扰动强烈,通常需要设计内外排土场。在项目实施过程中,需要注意内外排土场的位置和使用年限,并核实内外排土场的库容能否满足要求。同时,如果外排土场的位置选择在地势较低的山谷或洼地内,则应对其洪水的汇水面积和汇水量作初步估算,必要时布设防护设施,以避免加重水土流失。

项目区地处滦河下游丘陵地带,形成水土流失的外营力主要为水力和人为活动。采矿场内现有多处砖厂和采矿点,人为活动造成的侵蚀严重,侵蚀强度为中度;选矿厂位于丘陵坡地,部分为荒草地,部分为坡耕地,以水力侵蚀为主,侵蚀强度为轻度;排岩胶带主要为荒草地，以水力侵蚀为主，侵蚀强度为轻度；供水系统部分为耕地，部分为荒坡地，以水力侵蚀为主，侵蚀强度为微度和轻度。项目区侵蚀模数背景值为 600 t/(km^2·a)。滦县的水土流失面积，在全国第一次土壤侵蚀遥感调查时为 279.14 km^2，到全国第二次土壤侵蚀遥感调查时已下降到 248.75 km^2。

（四）水土保持现状及评价

该铁矿二期（Ⅰ采场）采选工程，在项目选址、总体布局、施工布置等方面较多地考虑了水土保持问题。项目区不属于崩塌、滑坡危险区，但由于采矿场的深挖，可能在采矿场内诱发部分崩塌、滑坡等水土流失危害。主体工程应进一步优化施工时序，减少施工期的水土流失。

主体工程中的截洪沟、挡土墙、厂区绿化等措施，满足水土保持要求，能够起到防治水土流失的作用。表土存放、废弃物处理等符合环境保持和水土保持要求。

本方案将在场外供水系统、场外输电线路、场外通信线路等方面，补充完善水土保持措施体系。

（五）水土流失预测

本项目水土流失预测主要采取资料调查法、类比实测法和引用资料法进行预测。对于建设期扰动原地貌、损坏植被面积预测、弃土（石、渣）量预测采用资料调查法。对排土场、采掘场水土流失量预测，主要采用相邻露天采矿工程现场调查和类比实测法进行，并结合本工程所在区域的微地形、地貌等下垫面状况的差异，确定本工程排土场、采掘场的水土流失量；对于工业场地、地面运输系统、供排水管线、供电通信线路等工程，在施工过程中产生的水土流失主要采取类比实测法和资料调查相结合的方法进行预测。

根据预测，该工程扰动地表面积 209.9 hm^2，其中占压、损坏水土保持设施面积 88.5 hm^2。建设期及生产期弃土弃渣总量 11.5 亿 t，水土流失总量 36 180 t，比原地貌新增土壤侵蚀量 18 896 t。水蚀强度最大的时段为建设期，强度较大的区域为采矿场、选矿厂和表土堆积场。

造成水土流失的主要原因为采矿场表层剥离、采矿场深挖、采矿场排水、废石及尾矿排放、选矿厂厂区建设、排岩胶带基础开挖、场外水电通信基础开挖及临时占地等。

可能造成的水土流失危害主要为：影响采矿场等主体工程自身安全，对项目周边生态环境会产生一定的影响，对项目区河流水质和水循环可能会产生影响。

（六）项目区水土流失防治措施体系

该项目划分为采矿场区、选矿厂区、表土堆场、排岩胶带区、场外水电通信区、施工便道区和施工生产生活区 7 个防治分区，分别布置水土保持措施。本方案新增措施包括以下几项。

1. 采矿场区

植物措施：在采矿场周围布置防风林带，栽植毛白杨 3 000 株。

临时措施：提出对运输车辆进行遮盖、对运输道路洒水降尘等要求。

2. 选矿厂区

植物措施：对浆砌石挡土墙进行垂直绿化，栽植五叶地锦 4 250 株。

临时措施：对因修筑平台产生的临时弃土设置草袋装土临时拦挡，长度 500 m。

3. 表土堆场区

工程措施：在表土堆场外侧修排水沟1 850 m，与一期表土堆场的外侧排水沟相连，将水排至一期排水沟。在表土堆场坡脚修浆砌石挡土墙2 450 m。在表土堆场顶部边缘四周修筑排水沟2 300 m。

植物措施：在表土堆场周围布置防风林带，栽植毛白杨1 850株。在表土堆场顶部及边坡、平台处种紫穗槐37.5万株，树下播撒高羊茅37.5万 m^2。

4. 排岩胶带区

植物措施：对排岩胶带基础开挖、临时弃土破坏的区域恢复植被，混播无芒雀麦、波斯菊3 900 m^2。

临时措施：在排岩胶带基础开挖前，对可能产生的临时弃土设置草袋装土临时拦挡措施，总长300 m。

5. 场外水电通信区

工程措施：对坡地上输水管线施工破坏的地埂恢复为砌石地埂，总长55 m。

植物措施：将高位水池基础开挖产生的弃渣运往废石转运站；对该区被损毁的灌草地进行绿化，播撒高羊茅3 000 m^2。

临时措施：在输电线路和通信线路基础开挖前，设置草袋装土临时拦挡措施，总长350 m；将高位水池场地平整时产生的弃渣，均匀堆置于场地周围筑成土埂，总长140 m。

6. 施工便道区

植物措施：施工便道结束后，将施工便道恢复植被，播撒高羊茅1 000 m^2。

临时措施：将挖方段产生的少量弃方，均匀堆置在便道下游一侧，修筑挡土墙总长300 m。

7. 施工生产生活区

植物措施：施工结束后，将选矿厂施工生产生活区和高位水池施工生产区恢复植被，混播无芒雀麦、波斯菊，面积分别为10 000 m^2 和100 m^2；将水源地施工生产区复耕。

临时措施：在采矿场和选矿厂的施工生产区内各设置沉沙池1座；在采矿场和选矿厂的施工生产生活区分别修排水沟500 m和300 m；对选矿厂、高位水池、水源地施工生产区的沙砾料采取草袋装土临时拦挡措施，长度分别为200 m、30 m、50 m。

（七）投资估算及效益分析

1. 投资估算

水土保持方案新增投资949.5万元，其中包括：工程措施费295.6万元，植物措施费167.2万元，施工临时工程费21.5万元，独立费用244.5万元，基本预备费43.7万元，水土保持设施补偿费177.0万元。

2. 效益分析

当水土保持方案中的防护措施和主体工程设计的防护措施实施后，至设计水平年防治效果为：扰动土地整治率达95%，水土流失总治理度达85%，土壤流失控制比为0.7，拦渣率为95%，林草植被恢复率为95%，林草覆盖率为20%，可以实现方案确定的防治目标。

通过本方案的实施，可以实现较好的生态效益，以及一定的社会效益和经济效益。

第二节　交通运输项目水土保持方案分析

一、铁路建设项目水土保持方案分析(以某运煤专用铁路为例)

(一)项目概况

北方某特大煤田运煤专用铁路,地处黄土高原,跨越黄河多沙粗沙区,穿过库布齐沙漠和毛乌素沙地边缘,是我国水土流失重点预防监督区域,也是国家水土保持重点治理区。

该铁路北起北方某大型工业城市,跨越黄河,经黄土高原的鄂尔多斯高原,沿乌兰木伦河到煤田开发区。全线铺轨 222 km。全线共建特大桥 6 座,总长 4 420 m;大桥 15 座,总长 3 635 m;中型桥 50 座,总长 3 375 m;小型桥 10 座,总长 257 m。涵洞 350 座,总长 7 549 m。隧道 1 座,长 854 m。全线共设车站 18 个。在中途城市设机务段,在铁路南北站分别设机务折返所。铁路建设期 3 年。设计年输送煤炭能力 1 000 万 t。

(二)沿途周边地区概况及水土流失状况

1. 沿途周边地区概况

铁路沿途需经过四种地貌类型区。首先经过 36 km 黄河冲积平原,地表由黄河冲积、洪积挟带的细沙、黏土物质沉积而成,是当地的农业主产区。之后进入 39 km 覆沙丘陵区,该区气候干燥,处于半荒漠、干草原和荒漠草原过渡带,地面流动沙丘占 80%,有部分沙生植物。再经过 47 km 的丘陵沟壑区,水土流失强烈,基岩裸露,沟壑纵横,土地支离破碎。最后进入 50 km 覆沙丘陵区,该区属于干旱草原、栗钙土地带,沙丘居多,流动沙丘占 40% ~50%。

线路经过 2 条河流,均为多沙河流。河流的输沙模数为 5 150 ~7 590 t/(km^2·a),平均含沙量在 1 000 kg/m^3 以上,其中泥沙粒径大于 0.25 mm 以上的粗沙占输沙量的 38%,该地区是输入黄河泥沙的主要来源地之一。

该地区属大陆性干旱寒冷气候区,具有干燥、少雨、多风、气温低且变化大、暴雨集中、蒸发强烈等特点。年均降水量为 150 ~400 mm,其中 7 ~9 月降雨占全年的 65% ~70%。年平均气温 5.5 ~6.2 ℃,无霜期 143 ~160 d。大风日数最多 49 ~95 d,年平均风速 3.2 ~3.6 m/s,大风日数 23 ~28 d,年扬沙日数 68 ~108 d。气候条件也是加剧水土流失形成的主要原因之一。

2. 水土流失状况

当地干燥、气温低而变化大的条件加速了物理风化的过程,增多了地表松散物质,加上降雨集中且暴雨多、大风时间长等外营力的作用,使原生的水土流失剧烈发生。铁路经过的区域,侵蚀沟深大多在几十米,有的上百米。沟壑密度为 6 ~11 km/km^2,沟壑面积占土地总面积的 20% ~30%,个别地方高达 60%,土壤侵蚀模数为 5 000 ~18 800 t/(km^2·a),属于严重侵蚀区域。水土流失特点是风蚀和水蚀兼有,并且多交替形成。冬春季节以风蚀为主,大多数沙土被搬运到背风坡面和沟道内,到夏秋季节以水蚀为主,泥沙被洪水挟带,一部分直接注入黄河,一部分沉积在河口及下游,造成对农田、房屋、交通等设施的危害,风水蚀循环往复,形成对当地环境和经济发展的长期困扰。该地区强度沙漠化面积达2.76 万 km^2,占总土地面积的32%。大多数地区土地裸露,植被稀疏。

自20 世纪50 年代开始,当地已进行了长期的水土保持工作,其中有几条大流域的治理是国家水土保持重点治理区。国家、地方和当地群众投入了大量的人力、物力、财力进行水土流失的防治工作,取得了明显的效果。

(三)水土流失预测

1. 防治责任范围的界定

根据本铁路沿线各区段调查资料,参考包兰线、乌吉线铁路建设资料,铁路建设施工破坏宽度一般每侧为 100 m 左右,两侧 200 m,共 171 km 的路段,直接影响区为 34.2 km^2,其中铁路征地 13.45 km^2。

2. 对地表可蚀性的影响

施工期间,大量土体和岩石被剥离、扰动和堆积,破坏了自然状态下的稳定和平衡,将使土体的抗蚀指数降低,土壤侵蚀加剧。

3. 新增水土流失量预测

根据某煤矿设计研究院《东胜—神府煤田水土流失环境影响评价报告书》的调查资料和专家的意见,铁路破坏影响范围新增加的土体侵蚀量为30%(包括施工便道、临时建筑等对水土流失的影响),该铁路影响区内新增水土流失 91 299 t/a。

该工程修建期的弃土石量为 487.46 万 m^3。其中隧道开挖、滨河路基段、深挖路堑段、沿线桥涵施工等的弃土弃石52 万 m^3 大多倒入河道中,产生大量的水土流失。地表新增侵蚀和弃土弃石侵蚀两项,新增水土流失量 256.1 万 t/a。

4. 风蚀沙化预测

该铁路穿越风沙区,经过沙区的里程为 81 km,建开放车站 9 个,修大、中、小桥共 7.5 km,隧道 1 座,施工土石方 573.3 万 m^3。破坏了潜在沙化土地的地表结构,植被遭破坏,土层被松动,极易造成新的沙漠化土地。由于线路建设动用大量土石,在沙化地区建站场,使该区域的沙化面积增加 1.2 km^2,沙漠化率可增加到 50.9%。

(四)水土流失防治措施体系

根据水土流失预测,铁路建设防治水土流失的区域分为沿线施工区、铁路两侧影响区。有些措施是原设计中已有的,有些经水土保持方案论证属新增项目。

采取的水土流失防治措施如图 15-2 所示。

(五)投资估算及效益分析

1. 投资估算

以上水土保持工程在原主体工程设计中已在多处作出了设计,其投资已列入主体工程投资中。现就水土保持后评价时增加的投资作一说明。

1)沿线废弃土石整治工程

弃渣整平、斜坡防护工程共需投资 292.73 万元。

2)防沙治沙工程

除原设计的投资 448.8 万元的治沙工程外,新增潜在沙化土地的治理,投资为 123.94 万元。

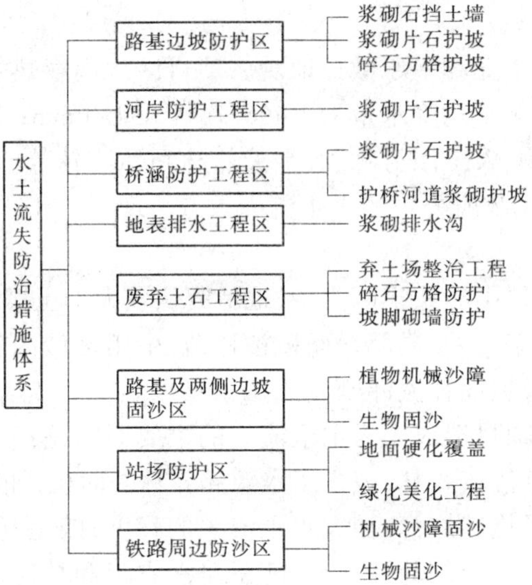

图 15-2　水土流失防治措施体系

2. 效益分析

原设计中采取的水土保持措施,可减少水土流失量 18.19 万 t/a,但侵蚀量仍大于修建铁路前当地的水土流失量。经补作水土保持工程后,水土流失量减少到 21.37 万 t/a,低于原生地表年侵蚀量 30.43 万 t/a。沙化土地治理后,原有的 17.4 km^2 沙化土地减少到 5.56 km^2,沙化率由修路前的 47% 降到 16%。营造的 633 hm^2 防风固沙林草对保护铁路安全、改善沿线地区的生态环境都有积极作用。

二、公路建设项目水土保持方案分析(以岑溪至兴业高速公路为例)

(一)项目概况

西部开发省际公路通道阿荣旗至北海公路南宁—梧州—桂林支线岑溪至兴业段高速公路(以下简称岑溪至兴业高速公路),该段公路路线总长 172.257 km,其中主线全长 128.193 km(含岑梧高速连接线 1.404 km),按双向 4 车道高速公路标准设计,路基宽 28 m,设计时速 120 km/h;玉林东、玉林北 2 段高速公路连接线总长 22.863 km,按双向 4 车道高速公路标准设计,路基宽 26 m,设计时速为 100 km/h;昙容(南渡互通)、容县、山围、民乐 4 段二级公路连接线总长 21.201 km,按二级公路标准设计,路基宽 12 m,设计时速为 80 km/h。

全线新建大桥 14 座、4 316 m,中桥 15 座、880 m,小桥 29 座、696 m,隧道 8 座,涵洞 598 道,互通式立交 13 处,分离式立交 18 处,通道 283 处,服务区 4 处。路基工程土石方总量 3 195.44 万 m^3,其中土方量 1 981.33 万 m^3,石方量 1 214.11 万 m^3;修建沥青混凝土路面 3 270.51 万 m^3;主体工程共征用土地 1 309.4 hm^2,拆迁房屋 56 600 m^2。计划 2005 年 7 月开工,总工期 3 年,估算总投资为 49.94 亿元。

(二)沿途周边地区概况及水土流失状况

1. 沿途周边地区概况

本段公路经过山岭重丘和平原微丘地貌。项目区属南亚热带湿润季风气候,年平均气温为21.3~21.9 ℃,年平均降水量为1 466.7~1 634.0 mm;土壤以赤红壤和水稻土为主,公路沿线多为农作物、人工用材林、次生天然林和经济林等。项目区内以轻度水力侵蚀为主,属省(区)级人民政府公告的水土流失重点治理区。

2. 水土流失状况

拟建公路沿线地形以山岭重丘区为主,地形起伏较大。土壤以花岗岩风化母质为主,土层较深,结构疏松,凝聚力差;局部地面植被稀疏,由于区域内年降水量大,雨量集中且强度大,容易造成沟蚀及坡面径流冲刷侵蚀。

当地各类生产建设项目造成人为水土流失的主要原因是:一是毁林开荒,破坏植被,造成水土流失;二是乱砍滥伐森林,减少了水源涵养林的面积,加剧了径流的形成,从而导致土壤的冲刷侵蚀;三是烧砖烧瓦,加大水土流失的程度;四是开渠修路、开矿、取土采石过程中的乱采滥挖,废土废渣的乱堆乱弃,随意挤占农田和林地,破坏植被,污染水体,淤塞江河。当地盛产花岗岩,开采加工花岗岩造成的水土流失已成为造成当地最严重水土流失的原因之一。

(三)水土流失预测

1. 扰动原地貌、损坏土地及植被面积的预测

根据实地调查及查阅有关公路建设的技术资料,经分析预测,工程建设造成原地貌、土地及植被损坏面积共1 602.33 hm^2,其中包括水田84.89 hm^2、旱地894.00 hm^2、林地411.26 hm^2、荒草地212.18 hm^2。

2. 弃土(渣)量的预测

拟建公路建设中的动用土石方量较大,虽经调运利用,但由于受地形条件所限,部分路段会形成较多的弃渣。经预测,该工程建设所产生的弃渣总量为675.93万 m^3。包括路基工程施工产生的弃渣411.35万 m^3,拆迁建筑物产生的弃渣量2.55万 m^3,不良地质路段清淤换土产生的弃渣量36.12万 m^3,路基清表土产生的弃渣225.91万 m^3。其中永久弃渣533.76万 m^3,用作覆土的临时表土弃渣142.17万 m^3。

3. 损坏水土保持设施面积的预测

拟建公路施工期损坏的水土保持设施主要有旱地、林地、荒草地等。据统计,该公路建设将损坏水土保持设施的面积达1 517.44 hm^2。

4. 可能造成的水土流失面积的预测

公路建设可能造成的水土流失面积包括主体工程区、取土场区、弃渣场区、施工便道区和施工生产生活区的占地面积。经统计分析可能引起的水土流失面积为1 602.33 hm^2。

5. 可能造成的水土流失危害预测

在公路建设中,造成水土流失面积为1 602.33 hm^2,施工期水土流失总量为84.50万t,其中新增水土流失量为82.10万t。

(四)水土流失防治措施布局

水土流失防治措施体系如图 15-3 所示。

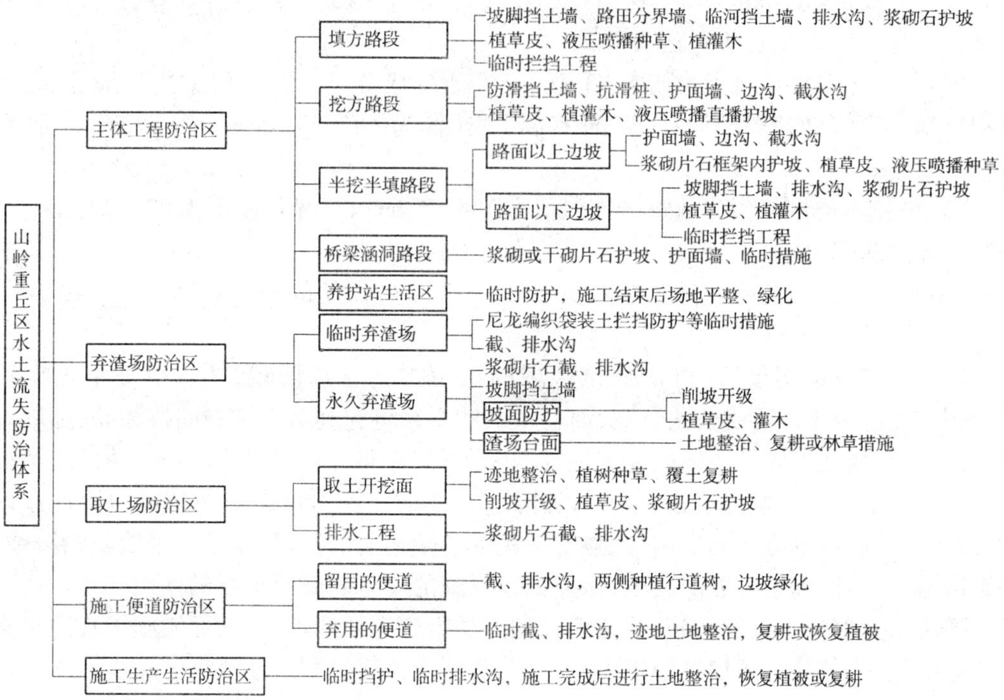

图 15-3　拟建公路水土流失防治措施体系框图

根据水土保持“三同时”制度,规划的各项防治措施与主体工程同时施工、同时验收,各项水土保持措施在公路建设施工期内全部完成,在施工过程中边开挖边防护,工程完成后及时做好植被恢复工作。

(五)投资估算及效益分析

1. 投资估算

根据工程可行性研究报告得到主体工程中具有水土保持功能措施的投资为 42 457.09 万元,其中公路绿化里程 172.257 km,投资为 2 583.86 万元;路基排水与防护工程 127.331 万 m^3,投资 33 280.36 万元;涵洞 598 处,投资 6 592.87 万元。

本方案新增投资为 5 671.98 万元,其中方案新增水土保持措施投资 5 384.36 万元,水土保持设施补偿费 227.62 万元,水土保持设施竣工验收报告编制费 60.00 万元。

2. 效益分析

本方案设计的水土保持措施实施后,预计因公路建设造成的水土流失将得到有效的控制和改善,具体可体现在以下 6 项防治指标方面。

(1)扰动土地整治率。水土保持措施防治面积为 1 547.22 hm^2,永久建筑物面积为 32.71 hm^2,水面面积为 11.82 hm^2,扰动地表面积为 1 651.49 hm^2。经计算,扰动土地治理率为 96.38%。

(2)水土流失治理度。水土保持措施实施面积为 1 547.22 hm^2,造成水土流失面积为

1 618.38 hm^2。经计算,治理度达95.60%。

(3)土壤流失控制比。该项目区土壤侵蚀容许值为500 t/(km^2·a),方案目标值在平原微丘区为500 t/(km^2·a),在山岭重丘区为600 t/(km^2·a)。经计算,其控制比在平原微丘区为1.0,在山岭重丘区为1.2。

(4)拦渣率。在综合考虑675.93万m^3弃渣的成分、性质、堆放方式与地点、防护措施和运输等因素的情况下,估算的实际拦渣量为642.85万m^3,经计算,拦渣率为95.11%。

(5)林草植被恢复率。植物措施面积为936.95 hm^2,可绿化面积为974.29 hm^2,植被恢复系数为96.17%。

(6)林草植被覆盖率。林草总面积为793.67 hm^2,责任范围面积为1 651.49 hm^2,林草植被覆盖率为48.06%。

水土保持方案实施后,可使绿化区域的植被得到有效恢复,林草植被覆盖率将达48.06%,不仅美化了沿线公路景观,而且植被的根系可起到对土壤的固持加筋、锚固和支撑的作用,有效地加固了边坡的稳定性,防止了沿路两侧水土流失的形成。另外,植被的增加对改善沿线小气候环境也有一定的作用,方案的实施将促进当地环境向良性循环的方向发展。同时,本方案的实施,加强了工程区危险地段的护坡、排水及采取防治滑坡、坍塌等措施,对防治重力侵蚀的发生,保障工程设施的安全起到了重要的作用。

随着水土保持工程的实施,公路建设的弃渣得到有效治理,开挖面实施工程防护和植物防护措施,大部分区域植被得以恢复,使工程区泄入河道的泥沙量显著减少。不仅可改善河道水质,提高江河的自然景观,同时可减缓河床的淤积速度和减轻洪涝灾害,具有良好的社会效益。

第三节　水利工程项目水土保持方案分析

一、淮河流域重点洼地治理工程

(一)项目概况

淮河流域重点洼地治理涉及河南、安徽、江苏、山东四省。治理范围:河南省为豫东、豫东南地区的沿淮及淮河主要支流小洪河、贾鲁河、颍河下游等3片洼地;安徽省为八里河、焦岗湖、正南洼、西淝河下游、架河、高塘湖、北淝河下游、高邮湖、澥河、沱河、天河等11处洼地;江苏省为里运河渠北(淮安市治理工程)、里下河(泰东河工程、盐城市及泰州市治理工程)、废黄河(徐州市治理工程)等3片洼地;山东省为南四湖滨湖、沿运、郯苍等3片洼地。治理洼地总面积为10 659.23 km^2,其中河南省2 813.43 km^2,安徽省3 361.00 km^2,江苏省1 798.60 km^2,山东省2 686.20 km^2。

主要工程内容:本次治理规划按除涝防洪标准疏浚、开挖河道(或干沟)950.86 km(其中河南省345.77 km,安徽省362.10 km,江苏省145.64 km,山东省98.45 km);加固或新修堤防437.54 km(其中河南省20.53 km,安徽省225.50 km,江苏省34.00 km,山东省157.51 km);新建或重建、维修加固涵闸502座(其中河南省148座,安徽省109座,江苏省216座,山东省29座)、桥梁274座(其中河南省45座,安徽省86座,江苏省137座,山东省6座)和排涝站(排灌站)210座(其中河南省20座,安徽省39座,江苏省103座,山东省48座)。

(二)项目区水土流失特点

淮河流域重点平原洼地排涝工程项目区的地势平坦低洼,地貌形态属平原区。地形起伏变化不大,地面平整,坡比较小,区内土壤结构疏松,林木植被稀少,人口增长较快,农业生产垦殖指数高。根据《土壤侵蚀强度分类分级标准》(SL 190—1996)和2000年全国第二次土壤侵蚀遥感调查成果,结合外业实地调查,本区水土流失主要发生在河道岸坡,侵蚀类型主要为水力侵蚀;在粉砂段及堤防边坡等部位主要为水力侵蚀和重力侵蚀。水力侵蚀主要表现形式为面蚀和沟蚀。根据调查资料,项目区土壤侵蚀强度为微度至轻度,(土壤侵蚀的背景值)淮北侵蚀模数为270 t/(km^2·a),淮南为300 t/(km^2·a),小洪河下游洼地和贾鲁河、颍河下游洼地的侵蚀模数为200 t/(km^2·a);河南省境内沿淮洼地侵蚀模数为300 t/(km^2·a);江苏省境内土壤背景侵蚀模数为335~477 t/(km^2·a);山东省境内滨湖涝洼区侵蚀模数为756 t/(km^2·a),沿运涝洼区滕州西部滨湖洼地及薛城西部滨微山湖地区侵蚀模数为854.3 t/(km^2·a),薛城区的西南部及沿运河、伊家河地区侵蚀模数为938 t/(km^2·a),郯苍涝洼区侵蚀模数为702 t/(km^2·a)。

河南省项目建设区除小洪河下游洼地位于本省水土流失三区划分外,其他均属于省级重点预防保护区;安徽省项目建设区位于本省的水土流失重点监督区;江苏省除废黄河、东台境内的泰东河的少部分属本省水土流失严重的沿海平原沙土区,其余工程所在区域均不在省级划定的重点防护区,项目区属于省级水土流失重点监督区;山东省项目建设区位于本省的水土保持重点监督区及重点治理区。

(三)水土流失预测

该项目水土流失预测主要采取实地调查法、类比实测法、图面量算法和引用资料法等。对于扰动原地貌面积、新增水土流失面积和损坏水土保持设施数量的预测,采取对主体工程可行性研究报告中的相关设计内容进行分析,结合实物指标调查结果通过分析后予以确定;对可能产生的弃土、弃渣量的预测,主要是分析项目主体设计报告中挖填情况及其数量,经挖填平衡分析后确定工程建设弃土、弃渣量;对扰动地面土壤侵蚀量的预测,采取实地调查法、图面量算法和类比分析法,其中土壤侵蚀模数(包括背景值、工程建设扰动后的土壤侵蚀模数值)的确定,采取类比分析法和实地调查法相结合。

水土流失预测范围为本工程的项目建设区。结合该项目的特点,本方案的水土流失的预测内容和结果如下。

1.扰动或破坏原地貌、土地及植被面积

该工程建设对原地貌、土地及植被的扰动和损坏指工程占地、取土、弃土及施工临时压占土地等面积。根据工程设计报告,结合实地调查,测算出工程扰动原地貌、破坏土地和植被面积共计5 953.78 hm^2,其中河南省290.69 hm^2,安徽省2 209.7 hm^2,江苏省3 213.76 hm^2,山东省239.63 hm^2。

2.弃土、弃渣量

(1)主体工程施工弃土弃渣量。淮河流域河南省重点平原洼地治理工程土石方挖填情况为：沿淮洼地土方开挖 12.33 万 m^3，土方填筑 9.36 万 m^3，围堰填筑 1.98 万 m^3，围堰拆除 1.98 万 m^3，其中填筑方全部利用开挖料，其余弃渣弃于弃渣场；小洪河下游总开挖量 165.66 万 m^3，堤防工程总填筑量 63.8 万 m^3，围堰填筑 2.53 万 m^3，其中河道疏浚工程可利用量 66.33 万 m^3，其余弃渣弃于弃渣场；贾鲁河、颍河下游土方开挖 192.39 万 m^3，土方填筑 5.36 万 m^3，围堰填筑 1.19 万 m^3，其中填筑方全部利用开挖料，其余弃渣弃于弃渣场。

淮河流域安徽省重点平原洼地治理工程土石方挖填情况：土方开挖 2 951.56 万 m^3，土方回填 577.24 万 m^3，围堰填筑 369.21 万 m^3，围堰拆除 60.46 万 m^3，取土区取土 745.7 万 m^3。

淮河流域江苏省重点平原洼地治理工程总弃土量为 3 175.904 4 万 m^3，其中泰东河工程 2 366 万 m^3、盐城市里下河洼地治理工程 14.93 万 m^3、泰州市里下河洼地治理工程 132.193 万 m^3、里运河洼地治理工程 9.781 4 万 m^3、废黄河洼地治理工程 653 万 m^3。

淮河流域山东省重点平原洼地治理工程土石方挖填情况如下：土方开挖 461.13 万 m^3，土方回填 270.61 万 m^3，围堰填筑 47.32 万 m^3，导流渠开挖 36.2 万 m^3，取土区取土 53.6 万 m^3。

经挖填平衡后，弃土（渣）量共 6 593.38 万 m^3，其中河南省 288.14 万 m^3，安徽省 2 801.71 万 m^3，江苏省 3 175.90 万 m^3，山东省 327.64 万 m^3。

（2）临时建设工程的弃渣量。本项目临时房屋建筑多利用原有的房屋设施，导流建筑物为土方填筑工程，其余基本不产生弃渣。施工结束后，临时房屋拆除按每 100 m^2 产生弃渣 2.5 m^3 计，河南省洼地治理工程临时建筑总面积 3.91 hm^2，产生弃渣总量为 0.1 万 m^3。其他三省的弃渣一般用于路基垫层，不会产生流失，因此没有考虑其弃渣量。

（3）施工期生活固体废弃物量。施工人员进驻后产生的生活垃圾，按施工人数和施工总工期估算。经计算，河南省在治理工程的整个施工期垃圾总排放量 4 247 t，按 1.3 t/m^3 计算，折合弃渣量 0.33 万 m^3。其他三省没有考虑其施工期生活固体废弃物量。

（4）移民拆迁弃渣量。移民拆迁区采用典型调查法，综合确定弃渣量。移民拆迁区在拆迁房屋及公共设施过程中，将产生部分弃渣。根据典型调查和同类型工程类比，按每拆迁 1 m^2 产生弃渣 0.45 m^3 计算，估算移民拆迁区拆迁房屋将产生弃渣的弃渣量：河南省 1.85 万 m^3，安徽省 6.18 万 m^3，江苏省、山东省没有考虑移民拆迁弃渣量。

移民安置区的房屋和附属设施新建挖方较少，挖填基本平衡，不计弃渣量。

（5）弃土弃渣总量预测。通过预测，本项目将产生弃土弃渣总量为 6 601.87 万 m^3，其中河南省为 290.42 万 m^3（包括主体工程施工弃渣 288.14 万 m^3，临建工程弃渣 0.1 万 m^3，施工期固体废弃物 0.33 万 m^3，移民拆迁安置弃渣 1.85 万 m^3），安徽省为 2 807.91 万 m^3（其中主体工程弃土弃渣量 2 741.27 万 m^3，围堰弃土 60.45 万 m^3，移民拆迁安置弃渣量 6.18 万 m^3），江苏省为 3 175.90 万 m^3，山东省为 327.64 万 m^3。

3. 损坏和占压水土保持设施面积预测

根据《水土保持法》的规定，通过实地查勘、调查、量算和对项目征占地情况分析，本工程在建设过程中将损坏和占压水土保持设施主要有林地、园地、草地等。经计算，工程共占用破坏水土保持设施面积 763.61 hm^2，其中河南省 28.87 hm^2，安徽省 542.2 hm^2，江苏省160.65 hm^2,山东省31.89 hm^2。

4. 可能造成水土流失量的预测

1)水土流失背景值预测

水土流失背景值采用下列公式计算。

$$W_0 = \sum_{i=1}^{n}(F_i \cdot M_i \cdot T_i)/100 \tag{15-2}$$

式中 W_0——原地貌水土流失背景值,t;

F_i——项目区面积,hm^2;

M_i——土壤侵蚀模数背景值,$t/(km^2 \cdot a)$;

T_i——计算时段,a;

n——水土流失防治分区的数目。

通过预测计算,项目区水土流失背景值总计为6.751 7万t,其中河南省0.201 4万t,安徽省2.935 3万t,江苏省3.252 8万t,山东省0.362 2万t。

2)新增水土流失量预测

(1)工程建设可能造成的水土流失量预测。工程建设可能造成的水土流失量包括扰动原地貌、土地与植被造成水土流失和弃土弃渣产生的水土流失,其预测方法采用类比分析法。主要发生时段在工程建设期和运营初期,转入运营中后期,随着人力、机械的退出,水土流失逐渐接近自然状态。因此,该部分预测仅考虑施工期和运营初期造成的水土流失。预测范围包括主体工程建设区、临时占地区、弃土区和移民安置区。

工程建设可能造成的水土流失量按下列公式计算:

扰动地表流失量

$$W_1 = \sum_{i=1}^{n}(F_i \cdot M_i \cdot T_i) \tag{15-3}$$

式中 W_1——扰动后的水土流失量,t;

F_i——可能造成水土流失的面积,hm^2;

M_i——施工扰动后和植被恢复中的土壤侵蚀模数,$t/(km^2 \cdot a)$;

T_i——计算时段,a;

n——扰动计算水土流失的区域个数。

经计算,工程区因扰动和弃土(渣)造成的水土流失总量为295.831 0万t,其中河南省2.456 0万t,安徽省56.759 5万t,江苏省230.121 1万t,山东省6.494 4万t。

(2)工程区新增水土流失量。工程区预测时段内新增水土流失量为工程区因扰动和弃土(渣)造成的水土流失总量与工程区水土流失背景值之差。

经计算,本项目工程水土流失总量为295.83万t,减去背景值6.76万t,即新增水土流失量289.07万t。

5. 可能造成水土流失危害的预测

根据水土流失预测结果,在本工程建设过程中,工程区占地范围内原有地貌将遭到不同程度的破坏,河道、弃渣场、取料场等原地貌将发生改变,将扰动原地貌、损坏土地和植被面积5 963.7 hm^2,损坏水土保持设施面积763.61 hm^2,弃土弃渣(石)6 601.87万m^3,

可能造成水土流失量 295.83 万 t。如不采取防治措施,将对区域土地生产力和生态环境产生不同程度的影响,工程区域将由原有的轻度水土流失区转变为强度甚至极强度水土流失区。

(四)水土流失防治措施布局及防治措施体系

1. 水土流失防治措施总体布局原则

(1)按防治区的防治要求布设。由于洼地治理工程的自然条件和施工工艺、时序不同,因此在水土流失分区的基础上,确定重点防治区和一般防治区。重点防治区有弃土(渣)区、取土区、堤防工程区、涵闸、桥梁和泵站工程区等;一般防治区有施工营地和生产区、管理工程区、施工道路区、移民安置区等。

(2)从水土保持的实际出发,结合河道开挖、堤防填筑、涵闸、桥梁和泵站工程建设的特点,进行全面规划,综合治理,形成工程措施和植物措施相结合的格局。

2. 总体布局特点

本方案根据洼地治理工程主体工程施工总体布置方案和施工特点,以及项目建设区和直接影响区新增水土流失预测结果与防治目标,结合各影响区域的地形、地质、地貌类型、土壤条件以及工程涉及地区的水土保持生态建设规划,在对主体工程中具有水土保持功能的措施进行全面评价的基础上,拟定本工程水土保持措施的总体布局。

(1)确定重点防治区域。针对洼地治理工程建设"点"多、"线"长、"面"广的特点,新增水土流失防治,以主体工程建设区的弃土(渣)区、取土区、堤防工程区、涵闸、桥梁和泵站工程区、临时堆土区等为重点防治区域。将临时措施与永久措施相结合、工程措施与植物措施相结合,"点、线、面"相结合,形成完整的防护体系。

(2)工程措施为先导并与土地整治和植物措施相结合。在专设的弃土(渣)场、取土场、泵站主体工程区、涵闸、桥梁主体工程区等"点"状位置,以工程措施(拦挡工程、护坡工程、排水工程、围堰工程)为先导,土地整治措施和植物措施相结合,通过建立综合的防治体系,使弃土(渣)场、取土场、泵站主体工程区、涵闸、桥梁主体工程区等区域的水土流失得到有效控制。

(3)结合工程特点分段防护。在河道堤防区、沿堤防背水坡堆放的弃土区、施工道路建设区等"线"状位置,结合主体工程的施工特点进行分段防护,根据各个工程段的不同情况布设工程措施和植物措施,如河道堤防在城区时按城区防洪标准和园林标准来布设措施。

(4)大面积的施工区合理配置防治措施,提高水土流失的防治效果。在整个工程施工区的"面" 上,工程措施、土地整治和植物措施相互配合,按照系统工程原则,合理利用土地资源,处理好局部与整体、单项与综合、眼前与长远的关系,提高水土流失的防治效果,降低工程投资,改善生态环境。

3. 水土流失防治措施体系的构成

本项目水土流失防治措施体系主要由预防措施和治理措施组成,洼地治理工程水土流失防治措施体系如图 15-4 所示。

(五)水土保持措施典型设计

由于洼地治理工程涉及河南、安徽、江苏、山东四省,每个省的设计在选定植物措施的种类和工程措施型式上各有特点。因此,各分区防治措施分省(区)选择典型设计。现就安徽省各分区防治措施典型设计予以简介。

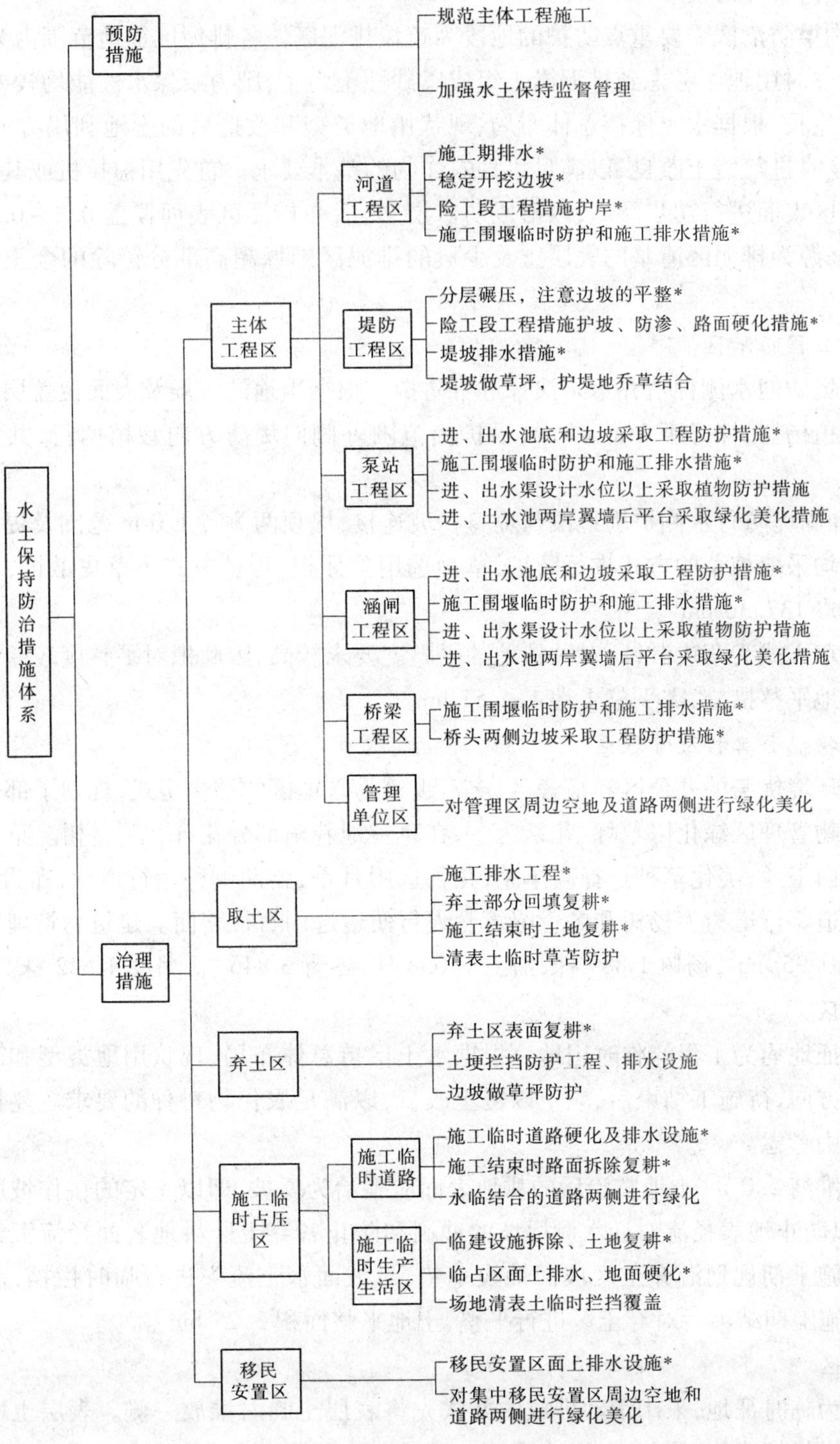

注：带＊号的措施为主体工程已有的。

图 15-4　洼地治理工程水土保持总体防治措施体系

1. 河道、沟渠防治区

河道、沟渠防治区需要重点防护的地段为疏浚排泥区。各排泥区征地范围内为耕地，均为工程的临时用地。考虑到排泥淤土组成以砂性土为主，肥力及保水性能均较差，不利于农作物的生长，根据水土保持总体布局、现状用地类型和改造后的土地利用方向，在施工结束后，及时进行覆土改良，以满足耕种农作物的基本要求。首先用拖拉机或其他压实工具对排泥区表面进行初步碾压，以形成防渗层，之后在排泥区表面覆盖 0.2 ~ 0.3 m 的熟土，土料来源为排泥区清基的表层土及少量的排泥区围堰超高部分铲除的余土和削坡土体。

2. 堤防工程防治区

对新建堤防迎水侧种植乔木防浪林进行防护。根据当地的气候及表面覆盖层的立地条件选择栽植杨树，株行距 2 m × 3 m，沿护堤范围外侧向堤防方向栽植两行，共需杨树 4 300株。

新建、加固堤防背水侧护堤地段与堤身护坡连接，堤顶两侧各 1.0 m 范围及堤防背水侧护堤地段均采取植草的方式进行防护，草种选用狗牙根，种植方式为草皮散铺，共需种植狗牙根草皮 137.36 hm^2。

由于植草方式为草皮散铺，对种植地的平整度要求较高，因此拟对平整度较差的种植区域采取土地平整措施，需平整土地 114.57 hm^2。

3. 建筑物配套工程及管理区

为建设环境优美的办公区和宿舍区，丰富建筑物管理区的结构型式，规划了部分园林景观。建筑物管理区绿化以草坪、花坛为主，在草坪地栽植部分花卉和观赏树。草坪中美化树种选用白玉兰，美化草种选择高羊茅，花种选用月季；路两侧种植行道树，布设宽 1.5 m 的人行便道。行道树为杨树和冬青绿篱。人行便道选用石板路面。建筑物管理区共需种植高羊茅 0.95 hm^2，杨树 1 889 株，白玉兰 638 株，冬青 3 846 株，月季 1 522 株。

4. 弃土区

弃土区征地均为工程的临时用地。根据水土保持总体布局、现状用地类型和改造后的土地利用方向，待施工结束后，应予以覆土改良，以满足农作物耕种的要求。复耕费已在主体工程中考虑。

弃土区堆高 2.0 m，土地整治后的耕地表面应整治为反坡，即以一定的耕作坡度向背水侧倾斜，以防止地表径流对迎水侧堤坡的冲刷和防止各弃土区耕地表面径流汇集对坡面的冲刷。施工期规划沿弃土区坡面铺设草垫，对坡面水土流失进行临时拦挡，需草垫 6.44 hm^2。施工期结束后对弃土区进行平整，土地平整面积 3.25 hm^2。

5. 取土区

取土区为临时征地，采用滚动堆放的办法先将表层土临时堆放一侧。表层土堆放期间用草垫临时拦挡或临时覆盖。堤防清基土就近堆放在洼地或取土坑中。取土完毕后进行复垦措施，将堆放一边表层土回填平整翻松，并根据取土区周边沟渠道路现状恢复取土区田间灌排沟渠、耕作道路，同时应恢复修建临时占地取土区对外灌排沟渠的连接，以保证取土区复垦后能满足耕地灌排的基本要求，保障复垦还耕措施的落实，该部分已在主体工程中考虑。取土区需6.44 hm^2 草垫临时拦护。

6.施工临时生活区、临时道路区

工程完工后施工单位须将地表建筑物及硬化地面全部拆除恢复。清理拆除产生的废弃物、清除施工遗留不利于作物生长的杂物，及时清运，集中堆放，并做好防护工作。对表层土翻松和田间灌排沟渠的配套恢复，进行耕地恢复及覆土绿化，场地平整过程中掺入适量的作物秸秆或者农家肥增加土壤有机质含量。此部分已列入主体工程中，不再考虑新增措施。施工布置占用耕地需在使用结束后恢复田间沟渠等配套设施。

7.移民安置区

根据国家标准《村镇规划标准》(GB 50188—93)及工程拆迁安置区的实际情况，集中安置的居民点绿化面积应符合相关标准的要求。考虑宜规划移民区的道路绿化带和组团绿地。每个安置点规划两个绿化组团，各绿化组团面积为300 m^2。草坪选用马尼拉(满铺)，配景植物雪松、白玉兰、桂花、冬青。集中安置居民点内部交通道路栽植杨树作为行道树，每4 m栽植1株。

移民安置区共需种植高羊茅1.76 hm^2，杨树725株，白玉兰442株，雪松221株，桂花553株，冬青884株，月季553株。

在上述防护措施实施后，应注重对措施的维护管理，特别是植物措施需专门的管护，以确保成活率，达到发挥各项水土保持措施的效益和有效防治水土流失的目的。

(六)投资估算及效益分析

1.投资估算

淮河流域重点平原洼地治理工程水土保持总投资23 781.44万元，其中主体工程已列投资18 505.66万元，本方案增加投资5 046.54万元，包括河南省462.21万元、安徽省1 169.16万元、江苏省2 970.40万元、山东省444.77万元。

2.效益分析

通过采取工程及植物相结合的综合防治措施后，项目区内除永久建筑物占地外，遭到破坏的水土保持设施得到全部治理，治理面积为4 743.09 hm^2，治理率达到95%，达到目标值，新增水土流失得到有效治理；绿化面积为3 022.99 hm^2，植被恢复率达到98%。

根据水土流失预测，工程建设扰动原地貌面积5 953.74 hm^2，在没有任何水土保持措施的情况下，新增水土流失量为289.08万t，通过采取水土保持措施后，保土总量为289.08万t，保土率可达98%。

通过对具备植物生长条件的区域采取植树、种草和复耕还田措施，有效地控制了项目区水土流失，提高了地面林草的覆盖度，也改善了土壤的理化性质，改善了贴地层的温度、湿度和风力。随着植被覆盖度的提高和植物种类的多样化，还可以促进野生动物繁殖，使项目区的生态环境得到改善。

水土保持方案实施后的社会效益主要体现为：保证河道堤防稳定和各种配套建筑物安全，在一定程度上改善了河道水质，并有效地恢复了土地生产力。

二、调水及灌渠工程水土保持方案编制(以南水北调中线一期引江济汉工程为例)

(一)项目概况

南水北调中线一期引江济汉工程,从长江流域上荆江沙市河段附近引水,补济汉江兴隆以下河段流量和补充东荆河灌区水源,改善汉江下游生态用水、灌溉、供水和航运条件。引水规模为设计引水流量350 m^3/s,最大流量500 m^3/s,年平均引水量28.0亿m^3,$p=85\%$保证率,引水量39.8亿m^3。工程总投资46.49亿元,计划建设总工期4年。

(二)项目区概况

该工程地处汉江平原的中部,位于长江及最大支流汉江两大水系之间。渠线处于长江及汉江的一、二级阶地上,地貌类型为垄岗状平原、岗波状平原、湖沼区平原及低洼平原等4类。项目区属于北亚热带季风气候,四季分明,无霜期短,日照长。雨量充沛,年平均降水量1 040 mm,年平均蒸发量1 240 mm左右,年平均气温16.2 ℃,风向以东北风和偏北风为主,年平均风速2.3~2.4 m/s。项目区水系发育良好,湖泊众多,地表水资源丰富。工程建设场区总体位于扬子准地台的汉江盆地西部的江梁洼地。项目沿线土壤类型有水稻土等7个土类,土层深厚,土壤肥沃。主要植被为农业经济作物,原生林带较少,人工林地多以经济林、农田防护林、堤防防护林、行道树和"四旁"树为主,植被覆盖度相对较低。

项目区的水土流失类型主要是水力侵蚀,以面蚀和沟蚀为主。水土流失强度以微度为主,仅岸坡和堤坡处有少量的轻度侵蚀。项目区水土保持情况相对较好,原生水土流失较小,水土流失背景值为297 $t/(km^2 \cdot a)$,项目所在地区水土流失容许值500 $t/(km^2 \cdot a)$。轻度以上的土壤侵蚀总面积304.47 km^2,全部处于沙洋县,占沙洋县国土总面积的14.9%,荆州区和潜江市全部为微度侵蚀。

(三)水土流失预测

该项目属于建设类项目,工程建设过程中将有大量的土石方开挖和回填,对原地貌、地表植被和土壤的破坏性强,会降低地表的抗蚀力。同时会形成大量的裸露坡面,这些坡面因表层结构疏松易诱发新的水土流失。另外,工程建设会产生大量弃土,也会形成新的水土流失和生态破坏。

因项目区年平均降雨量大,降雨集中而且多发生暴雨,降雨强度大,以产生水力侵蚀为主。加之项目沿线穿越的河湖渠系众多,工程建设造成的水土流失直接进入河湖渠系,会带来严重的威胁。

(1)扰动原地貌、损坏土地及植被面积的预测。根据施工组织设计,结合现场调查,经过初步测算,该工程在施工过程中共计扰动地表面积3 362.37 hm^2,其中荆州区1 633.19 hm^2,沙洋县1 362.98 hm^2,潜江市366.20 hm^2。

(2)弃土量预测。工程设计土方开挖5 595.21万m^3,其中渠道开挖4 952.31万m^3,穿越庙湖、海子湖和长湖共清淤94.21万m^3,交叉建筑物开挖499.86万m^3,导流工程开挖48.83万m^3。工程共回填土方1 526.24万m^3(压实方),其中利用挖方1 497.12万m^3,土料场开采185.8万m^3,产生弃土4 166.55万m^3。

(3)损坏水土保持设施面积和数量的预测。扰动地表面积的水浇地、菜地和园地为损坏水土保持设施面积。经初步测算，损坏水土保持设施面积为 104.00 hm^2，其中荆州区 45.54 hm^2，沙洋县 39.25 hm^2，潜江市 19.21 hm^2。

(4)可能造成水土流失量预测。经计算，该项目在施工期水土流失量为 30.29 万 t，新增水土流失量 28.44 万 t；运行初期水土流失量为 2.86 万 t，新增水土流失量 2.27 万 t。预测水土流失总量达到 33.15 万 t，新增水土流失总量 30.71 万 t。

(5)可能造成水土流失危害。淤积河道，降低河道行洪能力；降低土壤肥力和破坏土地资源；填埋周边农田，淤塞灌排水系，影响农业生产；对工程安全会造成一定的影响。

(四)水土保持措施

1.总体布局

项目建设区水土流失防治主要将工程措施和植物措施相结合，做到“点、线、面”的相互结合，综合防治，形成完整的防治体系。根据施工区的特点，在弃土场等“点”型区以工程措施为主；在引水渠线、施工道路等“线”型区，以工程措施为主，植物措施为辅；在整个施工区“面”上，土地整治和植物措施相结合，合理利用土地资源，改善生态环境。该项目水土保持措施以“点”型防治区作为防治重点，做好各区水土流失的防治，实现以点带面。

2.分区防治方案

本工程可分为 7 个水土保持防治分区，其中弃土场、料场为重点防治区。

(1)主体工程防治区。①渠道。龙州垸进口端的沉沙池在工程运行期间，每年约有 10 万 m^3 的泥沙沉积，每年需要清理沉沙池的泥沙。原主体工程设计中将泥沙清理后返还到长江不符合水土保持技术要求。因此，从水土保持角度提出清淤的弃土采取临时征用弃土方案。②交叉建筑物。建筑物开挖土方 512.55 万 m^3，计划回填利用 217.05 万 m^3。对计划回填利用的土方集中临时堆放于工程已征土地范围内，平均堆高约 2 m，周边采用袋装土拦挡(采用梯形断面)；在拦挡外侧开挖临时排水沟，排水沟底宽 0.3 m，高 0.3 m，边坡 1∶1。土方堆放边坡 1∶2，表面撒播红三叶草籽。面积共 72.35 m^2。③管理区。初步拟定了用地面积及房建面积，对具体位置未做规划。从水土保持和园林绿化的角度考虑，应栽植行道树，并进行建筑物前绿化、布设花坛和垂直绿化等。

(2)料场防治区。采取工程措施和植物措施相结合，工程措施包括排水沟、表土临时防护和土地整治。根据主体工程进度计划，表土需堆放约 1 年，应在其表面撒播红三叶草籽进行临时防护。

(3)弃土场防治区。该区为方案防治的重点内容。根据地形条件，选择沮漳河老河道作为弃土场。因沮漳河改道，现有长达十多千米的老河道不过流，河道宽 500 ~ 900 m，因渠道横穿老河道而过，可采用部分弃土填筑渠道堤岸和两岸平台，但其用土量有限，还需在渠道沿线两侧选择弃土场集中堆放，并需对弃土场采取拦挡措施、表土临时防护措施和表面排水等措施。

(4)施工便道防治区。平原湖区，施工便道挖填土方相对较小，修筑施工便道时需在便道两边沿征地界限开挖界沟，既可排走路面雨水，还可达到田路分家、防止施工车辆越界破坏耕地。龙高Ⅰ线渠道需修便道 126.00 km，交叉建筑物施工需修便道 24.50 km。

(5)施工场地防治区。施工布置采用集中设置与分散布设相结合的方式，将主要生产系统和生活设施尽量布置于各拟设管理段的征地范围内。生活用房、施工辅助企业、混凝土拌和站、砂石料堆放场和钢筋与木材加工场等尽量靠近施工场地。根据施工组织技术要求，在施工场地平整的同时布设周边排水沟。

(6)地下文物发掘防治区。对沿线文物发掘点，开挖土方临时集中堆放在渠线已征土地范围内，堆高控制为2 m左右，周边设袋装土临时拦挡。发掘完成后，将弃土集中运至主体工程规划的弃土场堆放，拆除临时拦挡措施。

(7)移民安置区。①拆迁安置区占地应统一规划。安置区内建房注意集中布置，严禁乱占耕地。“三通一平”产生的废土废渣不得任意向沟道倾倒，尽量加以利用。如利用弃土平整宅基地。当用作院内平台填筑时，要分层夯实，边坡不宜过陡，以满足稳定要求。②开挖地段要保持边坡稳定，必要时采取工程措施。如马道和护坡等，以防止滑坡和崩塌等造成灾害，并对裸露面进行土地平整后再绿化。③拆迁安置新区的建设应合理布设排水系统，防止径流集中汇集造成冲刷破坏，引起水土流失的发生。同时，应搞好村镇绿化，保护村镇以及发展庭院经济，达到保持水土和恢复与美化景观的目的。④拆迁工程完工后，对建筑垃圾应进行分类，尽量回收利用，其余废方土应运至低地填高。

第四节　城镇建设项目水土保持方案分析

一、项目概况

某住宅小区位于某地迎宾大道北侧，登高山公园南面，规划中的东湖广场西侧，翥山路东侧，地块A面积约59 655 m^2(一期)，地块B面积约45 593 m^2(二期)，其余为市政代征土地，市发改委批复土地面积合计114 000 m^2，形状规整。

本项目建设一期商品楼30栋，二期商品楼16栋及别墅20处。项目建设规模为：规划总建筑面积188 634 m^2(地上)，其中包括托幼163 m^2，住宅建筑面积180 413 m^2，商业建筑面积8 058 m^2(包括小区会所386 m^2和临街商业7 672 m^2)；地下建筑面积12 413 m^2。小区建设遵循文化、教育、健康和现代生态学的基本理念，进行了高标准与生态型的建筑设计，以高质量、规范型建设为宗旨。该小区以中低价位、中小户型的住房为主，并配套小区内功能性商铺和适量的沿街店面。楼房建设均按照坐北朝南方向坐落，采光条件较好。

二、建设区自然环境概况

建设项目所在地属于亚热带季风气候，四季气候湿润宜人，山地面积占50%，耕地占19%，水面占11%，基本上是“五山一水二分田，二分道路和庄园”，具有典型的江南特色。境内自然资源丰富，已探明的矿藏达23种之多，特别是煤、石灰石、大理石、石英石、海泡石、膨润土、瓷土、陶粒岩、锰、沙金等，其中石灰石储量达12亿 m^3，锰储量2 000万t，是全国四大产锰基地之一，该省三大煤炭工业基地之一和该省唯一的海泡石产地。

该市地貌类型以构造侵蚀作用所造成的中低山与低山丘陵为主，总的地势为东北高、西南低。地形起伏变化较大，山地最高处海拔超过1 600 m，而平原最低点海拔仅20 m，最大相对高差 1 500 m 以上。但项目建设区地形较为简单,以农田和荒地为主,地势相对较为平坦。

该市热量丰富,雨量充沛,年平均降水量 1 763.5 mm,年内降水量分布很不均匀,主要集中在 4~6 月,该期降水量约 823.5 mm,占年平均降水量的 45%;7~9 月为干旱少雨季节,降水 383.7 mm,不到 4~6 月降水量的 1/2。地区降水也有差异,境内北部至东部山区年平均降水量 1 750~1 850 mm,而中部和西南部为 1 650~1 750 mm。无霜期长。

项目区土壤主要为自然土壤和水稻土。该区属常绿阔叶林区,森林覆盖率 47%。主要类型有针叶林、常绿阔叶林、落叶阔叶林、针叶与阔叶混交林、常绿落叶混交林以及竹林等,大部分分布在北部与东部山区,其次是中部山区或半山区。落叶阔叶林的主要树种有小叶栎、麻栎、栓皮栎、锥栗、黄檀、山合欢、化香树等;常绿阔叶混交林的主要树种有青冈栎、木荷、香枫、橡树、栲树和樟树等;针叶林树种主要有马尾松和杉树。本项目主体工程建设区域无大量植被。

三、建设区水土流失及水土保持现状

(一)水土流失现状

根据《某省人民政府关于划分水土流失重点防治区的公告》,该区域属于该省人民政府公告的重点预防保护区和重点监督区。该区的水土流失侵蚀类型多样,水力侵蚀和重力侵蚀并存。各种母质发育的土壤都存在水土流失,且特点各异,面蚀、沟蚀相互交错,沟蚀点多面广,侵蚀最为严重。还有相当数量的滑坡、坍塌和崩岗分布。

根据资料统计及项目编制组现场调查取样分析,项目建设区水土流失背景值大于整个城市水土流失侵蚀背景值,本项目土壤侵蚀模数背景值采用 602.51 t/(km^2·a)。

(二)水土保持现状

根据建设项目所在市“建设山水园林生态城市”的构想,充分发挥了水土保持在生态建设中的主体作用。在治理思路上,继续坚持以小流域为单元,生态优先,生态、经济、社会三大效益相统一,因地制宜,实行综合、科学、集中连片治理。在综合治理的基础上,发挥自然修复的能力,加快水土流失治理步伐,促进人与自然和谐相处。在治理组织形式上,深化改革,探索政府推动和依靠市场机制推动相结合的办法,推动社会办水保的进程。据不完全统计,近 5 年全市共治理水土流失面积 16 775 hm^2,其中修建水平梯田 760 hm^2,营造水土保持林 3 340 hm^2,发展经果林 2 800 hm^2,种草 360 hm^2,封禁治理 9 285 hm^2,其他 230 hm^2;修建各类水土保持防护工程 180 座(处),投工 300.2 万个;完成土石方 267 万 m^3。治理速度、工程规模、质量和效益等均有显著的提高。

四、新增水土流失预测

根据工程分析,本项目产生水土流失的区域分为一期工程防治区、二期工程防治区、取土场防治区、弃土场防治区和代征道路用地防治区等五个分区。

本项目水土流失预测主要采取实地调查法、类比实测法、查阅开发建设项目的技术资料和引用资料法。

(一)扰动原地貌、损坏土地和植被面积的预测

通过查阅开发建设项目的技术资料,利用设计图纸,结合实地查勘,对项目建设期、生产运行期开挖扰动地表、占压土地和损坏林草植被的面积,按一期工程防治区、二期工程防治区、代征道路防治区、取土场防治区、弃土场防治区等分别进行统计:一期工程防治区占地5.97 hm^2,二期工程防治区占地4.56 hm^2,代征道路防治区占地0.21 hm^2,取土场防治区占地3.76 hm^2,弃土场防治区占地0.75 hm^2,总计扰动面积为15.25 hm^2。

(二)弃土、弃石、弃渣量的预测

对于工程建设过程中产生的弃土、弃石、弃渣量,根据可行性研究报告以及类似工程资料进行测算;对于料场开采产生的弃土、弃石、弃渣量,按表层剥离量进行推算。初步测算出:工程总弃渣量4.49万 m^3,约7.73万t,其中土方3.56万 m^3,约5.87万t;石方0.93万 m^3,约1.86万t。

(三)损坏水土保持设施面积和数量的预测

在工程建设用地范围内,由于施工开挖或弃渣压埋,不同程度地对原地貌形态、地表岩石结构和地表植被造成破坏,降低或丧失了其原有的水土保持功能,加速了水土流失的发生发展。对工程建设破坏的这部分地表计入损坏水土保持设施面积。经统计,工程建设造成的损坏水土保持设施面积为5.73 hm^2,应收水土保持补偿费的面积为5.73 hm^2。

(四)可能造成的水土流失危害预测

某住宅小区建设过程中,地表遭受不同程度的破坏,局部地貌将发生较大的变化,如不采取水土保持措施,主体工程项目区内新增水土流失量达633 t/a,将对该区域土地生产力、生态环境、工程本身、市政排水系统及河道冲淤变化等产生不同程度的影响。

五、水土流失量的预测

(一)预测方法

根据本工程实际情况,拟采用土壤侵蚀等级分类法进行水土流失量的预测。

$$W_s = F(M_2 - M_1) \tag{15-4}$$

式中 W_s——年新增水土流失量,t/a;

F——扰动面积,km^2;

M_1——原土壤侵蚀模数,t/(km^2·a);

M_2——扰动后土壤侵蚀模数,t/(km^2·a)。

据调查,本建设工程所在地侵蚀强度属轻度侵蚀区,M_1 为602.51 t/(km^2·a),M_2 值的确定采用类比法。经比较,本项目的自然条件及水土流失状况与在建的西山湖宾馆工程基本相似,且水土流失产生的原因、程度和影响也与之相近,故选取西山湖宾馆工程作为类比,不同施工地段扰动后的土壤侵蚀模数如下:

(1)主体工程建设所形成裸露地表的土壤侵蚀模数为6 500 t/(km^2·a);

(2)取料场开采形成裸露地表的土壤侵蚀模数为11 500 t/(km^2·a);

(3)弃土、弃渣堆放斜坡面的土壤侵蚀模数为15 000 t/(km^2·a)。

(二)水土流失量的预测

1. 主体工程建设水土流失量预测

主体工程建设水土流失扰动地面积10.74 hm^2,扰动后土壤侵蚀模数取6 500 t/(km^2·a),计算期为1年,经计算,增加水土流失量633 t。

2. 取土场水土流失量预测

取土场水土流失扰动地面积3.76 hm^2,扰动后土壤侵蚀模数取11 500 t/(km^2·a),计算期为1年,经计算,增加水土流失量410 t。

3. 弃土(渣)场水土流失量预测

弃土(渣)场占地面积0.75 hm^2,弃土、弃渣堆置后的土壤侵蚀模数取15 000 t/(km^2·a),计算期为1年,经计算,增加水土流失量108 t。

根据以上测算,本工程在施工期若不采取防治措施,将加速土壤侵蚀,每年增加水土流失量1 151 t。

六、水土流失防治措施总体布局及体系

(一)水土流失防治措施总体布局

根据本建设工程的水土流失预测结果和划定的防治责任范围,以及水土流失防治分区和防治内容,确定不同的防治分区采用不同的水土保持防治措施及布局,形成水土流失防治措施体系。

在不同类型的防治措施布局中,以植物措施为主,辅以工程措施,按照"三同时"原则,力求使本建设工程造成的水土流失得以集中和全面的治理。在发挥工程措施控制性和时效性的同时,充分发挥植物措施的长效性和景观效应,形成工程措施和植物措施相结合的防治形式,达到主体工程建设顺利,建成后安全运营,生态环境明显改善和带动地方经济持续发展的目的。

(二)水土流失防治措施体系

根据水土流失防治类型区的水土流失特点、防治责任和防治目标,遵循治理与防护相结合,植物措施与工程措施相结合,治理水土流失与绿化美化环境相结合的原则,统筹布局各类水土保持措施,形成完整的水土流失防治措施体系(见图15-5)。

七、水土保持措施典型设计

(一)一期工程建设防治区

一期工程建设防治区总面积5.97 hm^2。主要采取修建完善的永久排水系统、修筑回填土方处的挡土墙、场地绿化和边坡绿化等措施。

(二)二期工程建设防治区

二期工程建设防治区总面积4.56 hm^2,主要采取对回填土方的裸露面绿化和场地绿化措施。

(三)代征道路用地防治区

代征道路用地面积为0.21 hm^2,主要采取土地平整措施,然后结合总体规划进行施

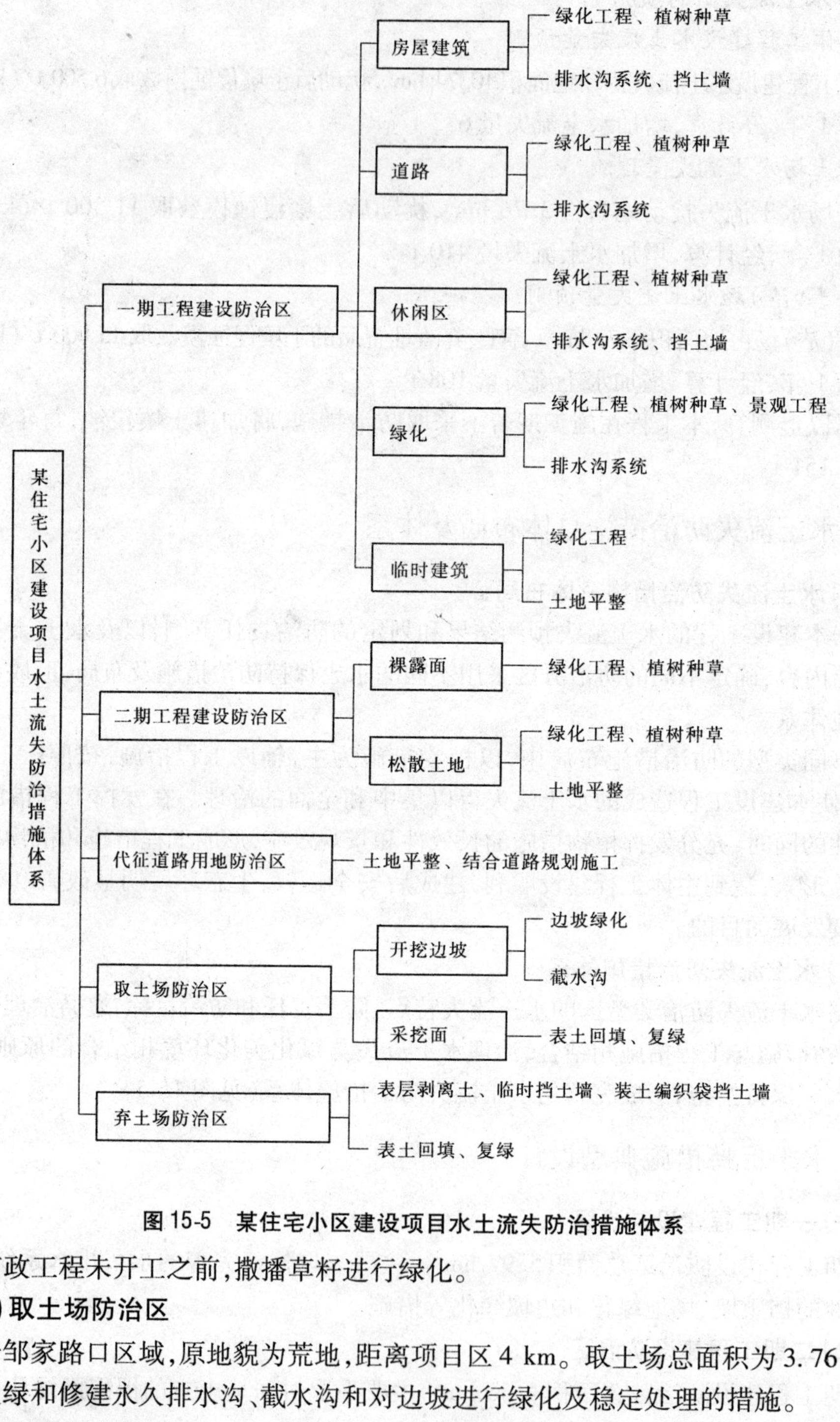

图 15-5　某住宅小区建设项目水土流失防治措施体系

工。在市政工程未开工之前，撒播草籽进行绿化。

（四）取土场防治区

位于邹家路口区域，原地貌为荒地，距离项目区 4 km。取土场总面积为 3.76 hm^2，主要采取复绿和修建永久排水沟、截水沟和对边坡进行绿化及稳定处理的措施。

（五）弃土场防治区

位于长寿路，原地貌为未经开工的洼地，位于主体工程区北 1.2 km 处。项目区为洼地，较适合弃渣堆积并进行集中处理。弃土场总面积为 0.75 hm^2，主要采取修筑挡土墙和复绿,弃土场地形特点为三面背靠高地,只需在弃土土堆的一边沿坡脚修筑挡土墙,弃土结束后进行复绿。

八、投资估算及效益分析

(一)投资估算

本住宅小区项目水土保持总投资为190.02万元(见表15-1)。

表15-1　总投资估算表　(单位:万元)

序号	工程或费用名称	工程措施费	植物措施费		独立费用	合计	已列入主体工程投资
			栽(种)植费	种苗费			
Ⅰ	第一部分:工程措施	14.46				14.46	
1	临时用地防治区	0.30				0.30	
2	主体工程建设区	9.98				9.98	
3	取土、弃渣场防治区	4.18				4.18	
Ⅱ	第二部分:植物措施		30.50	17.55		48.05	24.12
1	临时用地防治区		12.61	11.51		24.12	24.12
2	主体工程建设区		11.17	0.98		12.15	
3	取土、弃渣场防治区		6.72	5.06		11.78	
Ⅲ	第三部分:施工临时工程	92.43				92.43	
1	施工临时工程	91.80				91.80	
2	其他临时工程	0.63				0.63	
Ⅳ	第四部分:独立费用				9.45	9.45	
1	建设管理费				1.37	1.37	
2	工程建设监理费				2.75	2.75	
3	科研勘测设计费				3.00	3.00	
4	水土流失监测费				2.06	2.06	
5	工程质量监督费				0.27	0.27	
	第一至第四部分合计					164.39	
Ⅴ	基本预备费					9.86	
Ⅵ	建设期还贷利率					10.04	
Ⅶ	水土保持设施补偿费					5.73	
Ⅷ	总投资					190.02	

(二)效益分析

通过本方案对各防治分区实施相应的水土保持措施后,扰动土地治理率可达到

100%；人为新增水土流失量的95%以上得到有效的控制；林草植被恢复率接近可恢复林草植被面积的100%。措施的实施对保持该区整个生态环境的稳定，提高保水保土能力，从根本上控制项目区内及其周边地区水土流失，减少自然灾害的发生具有重要的作用。

本方案水土保持措施实施后，工程建设过程中可能造成的水土流失得到了有效的综合防治，使工程区泄入市政涵管和河道的泥沙量显著减少，一方面，改善了河道水质和江河的自然景观；另一方面，还可减缓河床的淤积速度，减少洪涝灾害，具有显著的社会效益。

九、方案实施的保证措施

（一）组织领导与管理措施

通过招标，由有经验的施工单位进行施工，并加强施工管理；施工单位要把水土保持纳入本项目建设的整个施工计划中去，严格落实"三同时"（即同时设计、同时施工、同时投产使用）制度；施工监理由具有相应资质的监理单位，施工过程中出现问题及时与设计单位联系解决，积极配合水土保持监测部门的监督与监测工作。

（二）水土保持监测保证

依据批准的水土保持方案，对建设和生产过程中的水土流失进行监测，接受水土保持生态环境监测管理机构的业务指导和管理。

（三）技术保障

由水土保持专业的工程技术人员现场指导，保质、保量地完成各项水土保持措施；雨季施工要做好预防工作，确保遇雨无重大水土流失的发生；植树种草绿化以后，为保证较高的成活率，达到预期的水土保持效果，必须按方案编制内容进行及时养护。

（四）资金保障

建设过程中发生的水土流失防治费用，从基本建设投资中列支。按照方案概算额度，工程建设单位应做到资金足额及时到位，并加强对水土保持经费使用的监督管理。

本章小结

本章简要分析了矿产资源开采、交通运输工程、水利工程及城镇建设等典型工程项目的水土保持方案类型。揭示了不同类型工程建设项目水土保持方案编制过程中的编制要点，可为熟悉和学习编制各种工程建设项目水土保持方案提供借鉴与参考。

复习思考题

1. 点型生产建设项目与线型生产建设项目在施工期形成水土流失的特点有何不同？
2. 熟悉水工程项目和井采矿工程项目水土保持方案编制所关注的主要内容。
3. 简要总结各类开发建设项目水土保持方案编制的技术要点。
4. 了解水土保持方案中水土保持措施总投资所包含的内容。

参考文献

[1] 王礼先,孙保平,等.中国水利百科全书·水土保持分册[M].北京:中国水利水电出版社,2004.
[2] SL 190—2007 土壤侵蚀分类分级标准.
[3] 文俊,李占斌,等.水土保持学[M].北京:中国水利水电出版社,2010.
[4] 吴发启.水土保持学概论[M].北京:中国农业出版社,2005.
[5] 王礼先.水土保持工程学[M].北京:中国林业出版社,2007.
[6] 王礼先,朱金兆.水土保持学[M].北京:中国林业出版社,2005.
[7] 郭索彦.水土保持监测理论与方法[M].北京:中国水利水电出版社,2011.
[8] 张广军,赵晓光.水土流失及荒漠化监测与评价[M].北京:中国水利水电出版社,2005.
[9] SL 277—2002 水土保持监测技术规程.
[10] 冯起,司建华,席海洋.荒漠绿洲水热过程与生态恢复技术[M].北京:科学出版社,2009.
[11] 孙保平.荒漠化防治工程学[M].北京:中国林业出版社,2000.
[12] 王克勤,赵雨森,陈奇伯.水土保持与荒漠化防治概论[M].北京:中国林业出版社,2008.
[13] 贺康宁,王治国,等.开发建设项目水土保持[M].北京:中国林业出版社,2009.
[14] 蔺明华,张来章,等.开发建设项目新增水土流失研究[M].郑州:黄河水利出版社,2008.
[15] 赵永军.开发建设项目水土保持方案编制技术[M].北京:中国大地出版社,2007.
[16] 焦巨仁,姜德文,等.开发建设项目水土保持[M].北京:中国法制出版社,1998.
[17] 郭索彦,苏仲仁.开发建设项目水土保持方案编写指南[M].北京:中国水利水电出版社,2010.
[18] 中华人民共和国水利部.水土保持工程概(估)算编制规定[M].郑州:黄河水利出版社,2003.
[19] 水利部关于划分国家级水土流失重点防治区的公告.水利部公告 2006 年第 2 号.
[20] GB 50433—2008 开发建设项目水土保持技术规范.
[21] GB 50434—2008 开发建设项目水土流失防治标准.
[22] SL 73.6—2001 水利水电工程制图标准·水土保持图.
[23] 水土保持工程技术标准汇编[M].北京:中国水利水电出版社,2010.